連巴菲特也佩服——

風控》讀圖》
交易心法
讓你的利潤奔跑！

公開專家「裸K線操作法」
實戰筆記

胡雲生◎著

CONTENTS

前言　資訊時代，你可以用裸K線交易法跟緊主力　　　　　006

CHAPTER 1　什麼是「裸K線交易法」？4個步驟告訴你

1.1　以圖表展示價格，簡單易讀　　　　　　　　　　　　010
1.2　3階段交易：尋找機會、等待訊號、執行交易　　　　　011
1.3　以案例來說明，交易時一定要記住的「三等二算」　　　013
1.4　從技術原理，告訴你賺「聰明錢」的秘訣　　　　　　　022

CHAPTER 2　這4個基礎技術分析，進場前你得學會

2.1　K線：呈現價格、時間和成交量　　　　　　　　　　　026
2.2　型態學技術：看出多空力量消長　　　　　　　　　　　038
2.3　支撐線和壓力線：畫好就能做出交易計畫　　　　　　　047
2.4　趨勢線：上漲趨勢VS.下跌趨勢　　　　　　　　　　　055

CHAPTER 3 | 看圖就懂！裸K線交易法的5大技術分析

3.1	價格運動的技術原理，以道氏理論為基礎	*062*
3.2	區間結構的技術分析，從潛在的獲利空間出發	*072*
3.3	最重視趨勢結構分類的技術分析	*081*
3.4	突破的技術分析：向上穿越 VS.向下穿越	*107*
3.5	PA共振的熱區技術分析	*125*
3.6	裸K線交易法，從「讀圖」中尋找交易機會	*132*

CHAPTER 4 | 高手技巧大公開，停損點、交易陷阱通通告訴你

4.1	遵守停損原則，不用高風險也能超高獲利	*138*
4.2	做好帳戶風險控管，避免陷入笨錢模式	*141*
4.3	裸K線交易法的3種買進技巧	*145*
4.4	裸K線交易法的6種賣出技巧	*149*
4.5	3種加減倉方式：等額、遞增和交替加減倉	*157*

> **CHAPTER 5** 遵守6大交易策略，讓你買到相對低點

- 5.1 簡單粗暴的交易策略：提前標注買、賣點　　*162*
- 5.2 裸K線交易法的3種基本交易策略　　*167*
- 5.3 趨勢結構交易策略，就是「讓利潤奔跑」　　*179*
- 5.4 趨勢結構交易策略的5種進場法　　*182*
- 5.5 持股策略非常重要，投資人要這樣做　　*188*
- 5.6 用日K線圖分析大行情　　*191*
- 5.7 關於交易策略的3個經典QA　　*209*

> **CHAPTER 6** 活用交易數學，提高獲利的秘密武器

- 6.1 交易數學是什麼？　　*214*
- 6.2 交易行為的數學邏輯：做帳戶而非做交易　　*216*
- 6.3 關鍵為「如何實現一致性獲利」　　*230*

CHAPTER 7　學會了嗎？自我練習題——風控、讀圖及操作！

7.1　裸K線交易者的成長曲線　　　　　　　　　　　　　236
7.2　自我訓練的方法和工具：風控、讀圖及操作　　　　　241
7.3　建立與優化一套適合自己的交易系統　　　　　　　　244
7.4　發展出更能掌握細節的交易策略　　　　　　　　　　249
7.5　化繁為簡，學習把交易融入生活　　　　　　　　　　254

連巴菲特也佩服——風控》讀圖》交易心法，讓你的利潤奔跑！

前言
資訊時代，
你可以用裸K線交易法跟緊主力

　　裸K線交易法是交易進入資訊時代後，基於狹義的價格行為學①的一整套科學交易系統，源於高流動性的外匯和期貨市場。這類市場中，傳統的技術分析和交易方法，難以適應高槓桿和及時性的交易環境，嚴酷的交易環境迫使高槓桿交易者不斷進化。

　　機構從電腦算力出發，發展出高頻和程式兩大類交易方法。個體交易者則從行情數據的圖形直觀化著手，逐漸發展出技術分析簡單、交易規則明確、交易訊號清晰快速，以及有交易數學支撐的能夠長期一致性獲利的裸K線交易法。

　　該交易方法本質上是一種「讀圖交易法」，充分發揮個體交易者資金規模小的散戶優勢②，是個體交易者戰勝市場、戰勝機構的利器，也

---

① 狹義的價格行為學認為「價格包容一切」，交易者除了價格運動，不需關注其他任何訊息。廣義的價格行為學，則會關注特定訊息背後的市場的價格反應，並發展出專門針對特定訊息發佈日的交易策略。
② 交易中，機構訂單規模大，完成訂單通常需要一定的時間（即一個時間段），個體交易者的訂單規模小，通常可以及時完成。訂單完成的及時性，很大程度上是個體交易者相對機構的唯一優勢。

因此成為當今世界個體交易者最主流的交易方法之一。在無槓桿或低槓桿的 A 股市場，裸 K 線交易者就是對傳統技術分析交易者的降維打擊，具有明顯的工具性優勢。

傳統的技術方法注重解釋已有的價格走勢，其預測結論很難對真實的交易行為提供具體和明確的指導。裸 K 線交易法則不同，其所有的技術分析方法和工具都是為了「尋找高品質的交易機會」。在一整套風險控制措施的約束下，當交易計畫的買進訊號出現時，裸 K 線交易者會毫不猶豫地進場買進；當離場訊號出現後，無論盈虧，都會乾淨俐落地離場。

由於進出場的訊號，主要是特定型態的 K 線或是 K 線組合，加上多數的裸 K 線交易者不使用滯後性的各類技術指標，交易者們將此交易技術簡稱為「裸 K 線交易法」。

需要強調的是，雖名為「裸 K 線交易法」，但不可望文生義。裸 K 線交易法絕對不是僅依賴特定 K 線型態做交易的，更不是所謂日本蠟燭圖技術的實戰應用。

事實上，傳統的技術分析、交易策略和交易技巧，已經不再是當代主流交易理論的重點，所有的交易者都公認，不存在「聖杯」的超級交易策略。換句話說，所有的交易策略都有其適用的邊界條件。即使在適用階段，還是可能出現交易失敗，甚至連續多次失敗的情形。如果沒有良好的風控措施，任何交易策略都可能會對交易帳戶造成嚴重傷害。

交易的目的是獲利，直接的結果就是帳戶的資金曲線。當代交易理論和技術的首要問題不再是傳統的技術分析，而是資金曲線的有效管控。有效的解決方法有兩個重點，即交易數學在交易中的應用（風險管控）、交易者交易能力的訓練。

裸 K 線交易法把交易系統分為交易數學、價格行為技術分析和交易能力訓練三個子系統，並發展出一整套學習和訓練的科學體系，協助個

> 連巴菲特也佩服──風控》讀圖》交易心法，讓你的利潤奔跑！

體交易者快速、有效地「練」成一致性獲利的成功交易者。

　　本書把交易數學和交易能力訓練作為基礎邏輯，貫穿全書，向讀者全面介紹「裸K線交易法」這套科學的交易系統。書中價格行為的技術分析（圖表技術分析和交易策略）採用「威科夫價格循環和價格結構」。該價格行為模型本質上是「收斂─擴張」型態循環的識別，是歷經時間檢驗的經典價格行為（市場中最常見的），也是眾多裸K線交易者的實戰圖表模型。

　　「威科夫價格循環和價格結構」化繁為簡[3]，無論是區間交易策略，還是趨勢交易策略，交易者使用該價格行為模型做技術分析和擬訂交易計畫都非常簡單，並且清晰有效，能及時識別和掌握絕大多數高勝算和高盈虧比的優質交易機會。

　　傳統技術分析的交易者通常關注特定交易品項的漲跌；裸K線交易者主要關心交易帳戶資金曲線的增長和回檔。當你看完本書，不自覺開始重點關注自己交易帳戶的資金曲線時，你已經推開了交易成功的大門，步入成功交易者的殿堂。

---

[3] 裸K線交易法各流派採用的價格行為圖表模型都很簡單。也就是說，裸K線交易法技術分析的學習和使用難度，遠低於傳統的技術分析，這是裸K線交易法的重要特徵之一。

第 1 章

什麼是「裸K線交易法」？
4個步驟告訴你

連巴菲特也佩服──風控》讀圖》交易心法，
讓你的利潤奔跑！

1.1 以圖表展示價格，簡單易讀

　　裸K線交易法使用的圖表，對價格運動的展示簡單明瞭。以日線交易者為例，通常使用純K線圖。一些裸K線交易者也會使用帶20均線和60均線的K線圖，並加上成交量。日線以下的交易可以只用純K線圖。

　　行情分析通常採用的輔助線有支撐線、壓力線和趨勢線，也就是兩條橫線加一條斜線。

　　對於多根K線型態的研判，型態是指底部型態、持續（整理）型態和頂部型態，型態內部通常不交易。Pinbar是裸K線交易法常用的術語，交易者據此研判價格運動的可能拐點，並作為交易的訊號K線。日線是價格運動最基礎的時間週期，對各種類型的交易者都很友善。本書除非特指，均使用日K線圖。

1.2 3階段交易：尋找機會、等待訊號、執行交易

　　簡單來說，裸K線交易者完成一次交易，需要分為「尋找機會」「等待訊號」和「執行交易」三個基本階段。

　　圖1-1是裸K線交易法的交易循環圖表。左側是「尋找機會」階段；中間是「等待訊號」階段，一是等待價格進入目標買進區間，二是等待出現交易的訊號K線；右側是「執行交易」階段。整個交易循環完成後，重新開始下一輪交易循環。

　　第一個步驟是「尋找機會」。所謂「尋找機會」，就是要在價格波動中找到可能獲利的交易機會。以做多為例，裸K線交易者在價格橫向運動的階段，一般會使用「支撐位買進，壓力位賣出」的交易策略。

　　圖1-1中的「分析價格結構」，就是畫出支撐線和壓力線，判斷交易品項是否正在橫向運動；「擬訂交易計畫」就是做好買賣的交易計畫，即在什麼價格區間出現什麼訊號K線後買進，買進後在什麼價格區間賣出。

　　第二個步驟是「等待訊號」。現實交易中，交易品項的價格運動可能按照計畫如約而至，也可能是另外的走勢。「等待訊號」含兩個等

連巴菲特也佩服——風控》讀圖》交易心法，讓你的利潤奔跑！

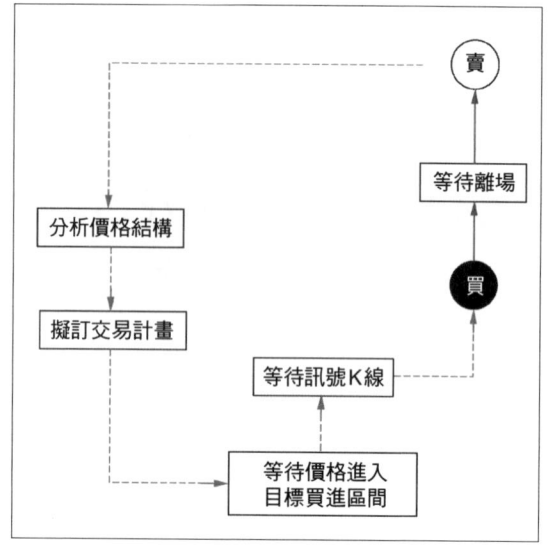

▲ 圖 1-1　裸 K 線交易法循環圖

待，一是等待價格進入目標買進區間；二是等待在目標買進區間出現訊號 K 線，例如 Pinbar。兩個條件都滿足後，才進入第三個步驟。

需要注意的是，只有當交易品項的價格運動按照交易計畫運行後，裸 K 線交易者才會執行。看見了再交易，這是裸 K 線交易者的鐵律。所謂「看見了」，是指訊號 K 線的價格收定。以日線為例，就是收盤後，當天的 K 線完整畫定，而實際的交易可能要在隔天，或者隔天之後的幾個交易日進行。

第三個步驟是「執行交易」。執行交易是一個「買─等─賣」的過程。初級裸 K 線交易者採用「停損單＋停利單」被動出場的方式賣出；中高級交易者會在這個過程中採用一些「訂單管理」的精細技巧。由於市場行情的不確定性，所以後者的優勢很難獲得直接證明。事實上，一次交易是否獲利以及獲利多寡，多少都與運氣有關，或者說是機率問題。

第 1 章　什麼是「裸 K 線交易法」？4 個步驟告訴你

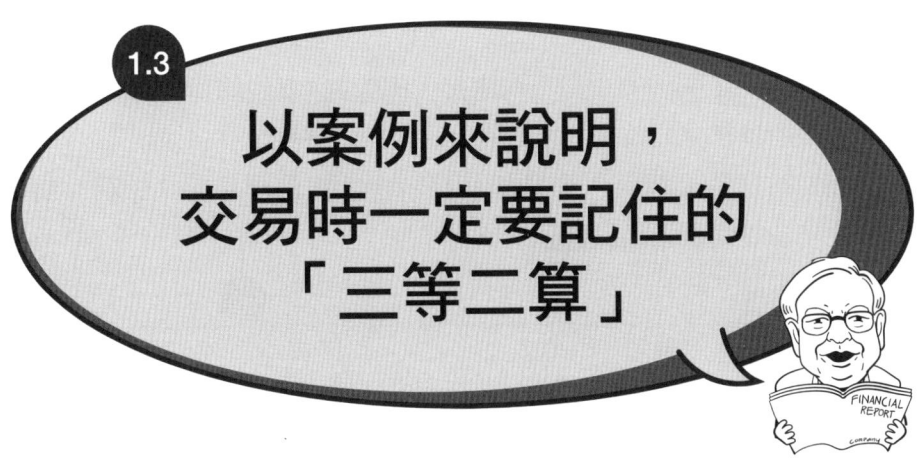

1.3 以案例來說明，交易時一定要記住的「三等二算」

接下來的案例，將從實戰的視角展示，裸 K 線交易者究竟是如何做交易的。如圖 1-2 所示，交易品項在一輪急促的下跌之後，走出兩波次的上漲。

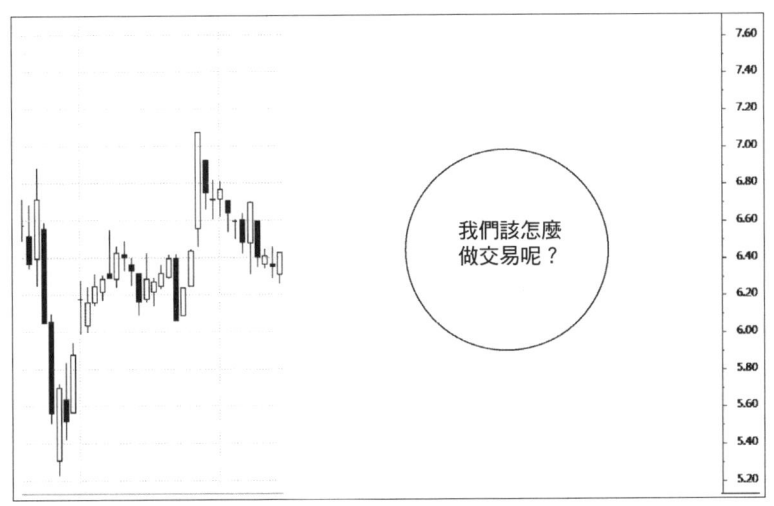

▲ 圖 1-2　裸 K 線交易法的圖表界面

13

從圖 1-2 中可以看出，第一波上漲後的整理是橫向運動，第二波上漲後的整理則是明顯的小型下跌趨勢。由於圖 1-2 中的價格運動訊息相互矛盾，所以常見的技術分析很難做出有效的研判。

面對這樣的 K 線圖，裸 K 線交易者會怎樣做交易呢？如圖 1-3 所示，交易者首先要做的就是分析價格結構。

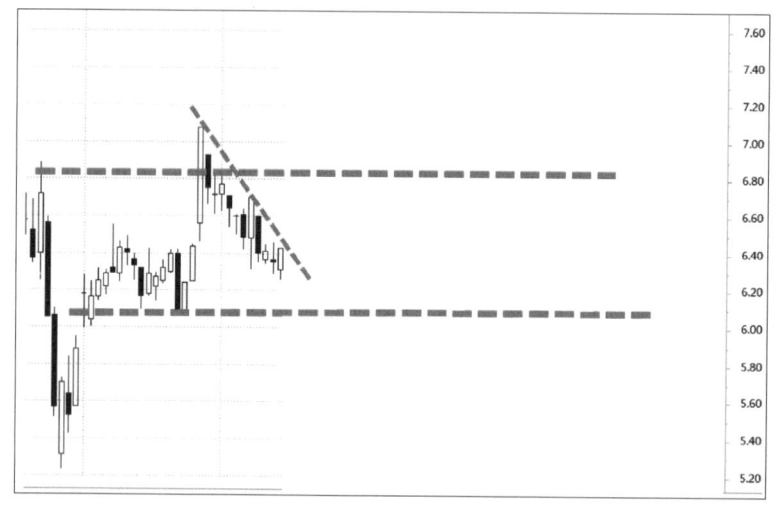

▲ 圖 1-3　分析價格結構

利用裸 K 線分析技術，裸 K 線交易者會認為這是一個潛在的、好的交易機會，因為價格波動的範圍相對較大，有足夠的獲利空間。對於潛在的交易品項，裸 K 線交易者的價格分析工具很簡單——兩條橫線（支撐線和壓力線）和一條斜線（趨勢線）。

在很多技術分析者看來，圖 1-4 中的支撐線並不是一條好的支撐線，甚至會認為不能算是支撐線，因為距離下跌的擺動低點太遠了。但是，在裸 K 線交易者的眼中，這是一條強而有力的支撐線。原因在於支撐線下方有兩根大陽線，大陽線後又跳空到支撐線上方，更好的訊號

第1章 什麼是「裸 K 線交易法」？4 個步驟告訴你

是第一波回檔出現一根大陰線測試支撐位，隨後迅速拉起第二波更強勢的上漲。

因此，這是一根由下方大陽線、缺口和大陰線測試共同確定的支撐線。當價格再次來到支撐線附近時，會是一個高品質的交易機會。

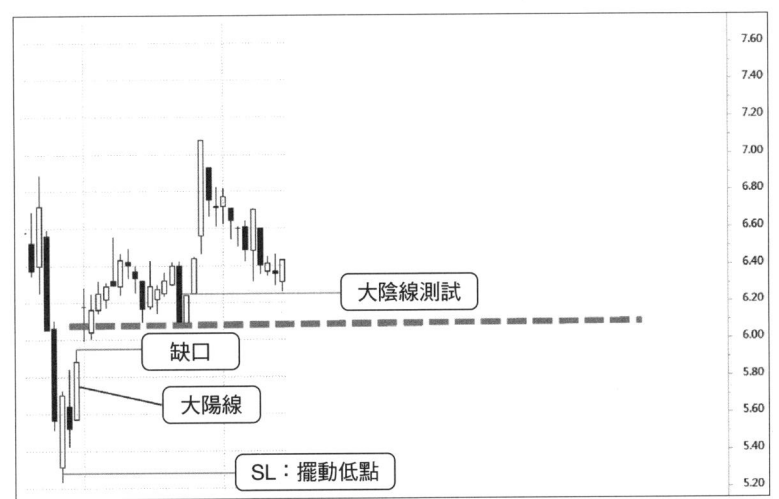

▲ 圖 1-4　裸 K 線交易法的支撐線

交易計畫如圖 1-5 所示，支撐線附近作為目標買進區間，停損放在支撐線下方，停利放在壓力線附近。

當目標買進區間出現訊號 K 線後，執行交易計畫。擬訂好交易計畫就進入交易循環的第二個階段「等待訊號」。圖 1-6 中，三角形指示的是一根開高陰線，間隔一天後是一根標準的小 Pinbar，可以認為這裡形成了一個小型雙底。

這時可以進場交易嗎？答案是不可以！因為價格運動並沒有進入到交易計畫的目標買進區間。

指示陰線出現後的第六天，連續 3 天下跌的 K 線觸及支撐位，隨後

連巴菲特也佩服──風控》讀圖》交易心法，
讓你的利潤奔跑！

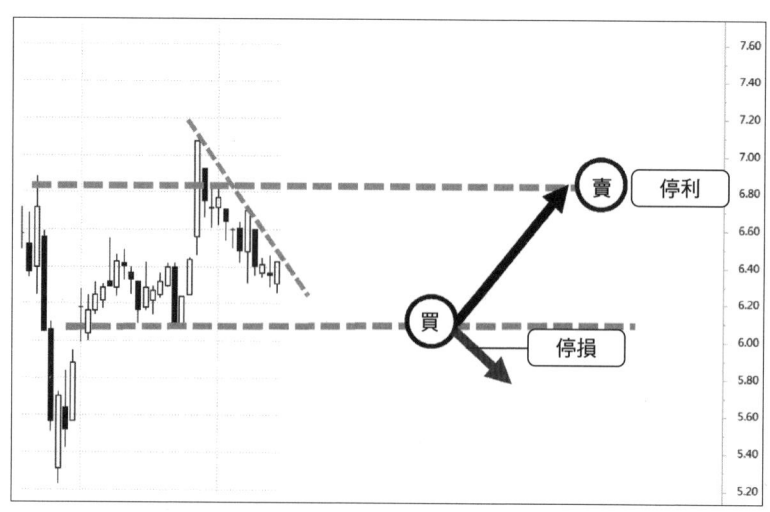

▲ 圖 1-5　擬訂交易計畫

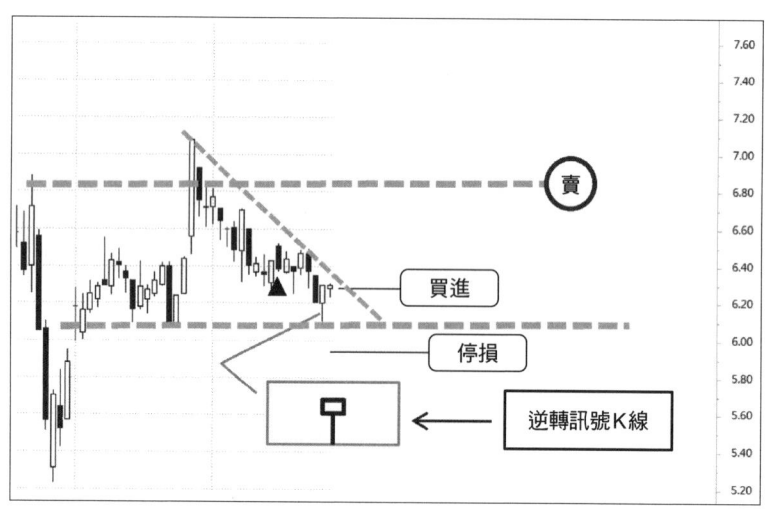

▲ 圖 1-6　裸 K 線交易法的訊號 K 線

的反彈持續到收盤，形成一根帶下影線的陽線，可以作為訊號 K 線。但是，這根陽線不符合標準的 Pinbar K 線的技術要求，因此最好再等一根。第七天的小 K 線，驗證了訊號 K 線的有效性。

細心的讀者會發現，圖 1-6 中的趨勢線做了一下調整，但請注意：這並不是必需的。交易者要隨時牢記：市場具有不確定性，不存在完美的規則，也不存在標準的規則，裸 K 線交易法也不例外。因此，趨勢線是否可以調整、如何調整，因人而異。

事實上，裸 K 線交易者的交易計畫和執行，會稍微複雜一點。在訊號 K 線確定後，會根據進場位置進行盈虧比（Profit to Loss Ratio）分析。圖 1-7 中的盈虧比約為 2：1，這是一次優良的交易機會。

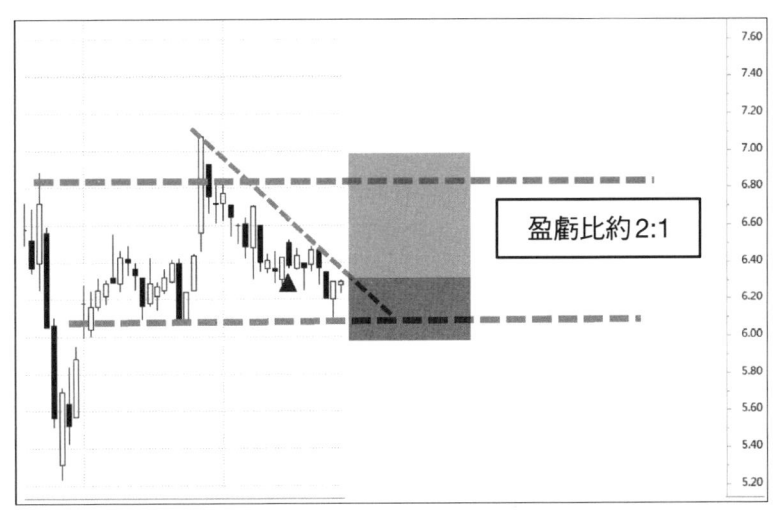

▲ 圖 1-7　裸 K 線交易法的盈虧比

訊號 K 線後等待了一天，隨後的第二天買進。如圖 1-8 所示，這是一根跳空小陽線（對應從左到右第二個三角形），它突破了調整之後的下跌趨勢線，顯示出上漲動能充足，是一個好的標誌。

連巴菲特也佩服──風控》讀圖》交易心法，
讓你的利潤奔跑！

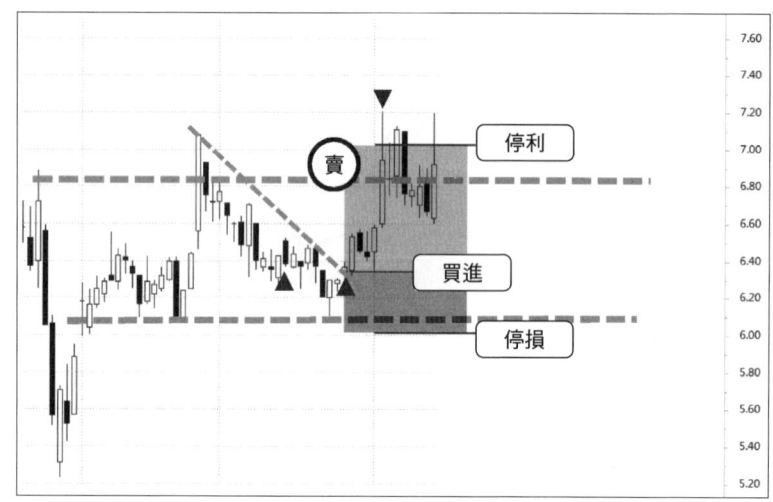

▲ 圖 1-8　裸 K 線交易法的賣出

買進後的第五天，大陽線觸及交易計畫設置的壓力線，主動停利賣出，順利完成這一次交易。

這筆交易從發現潛在交易品項時間起算，等待了 8 天進場；從進場起算，交易進行了 6 天，總計 14 個交易日。進場價格以 6.37 元／股計算（當天的收盤價），離場價格以 6.94 元／股計算（當天的收盤價），獲利約 9%。

總結一下，裸 K 線交易法是基於規則的主觀判斷交易法，有以下兩個關鍵點。第一，只在價格結構的關鍵小區間交易，其他位置不交易（見圖 1-9 中標注的買賣對應小區間）。第二，看見了再交易，也就是要等訊號 K 線出現後，再進行右側交易。

裸 K 線交易法的要訣可以簡化為「三等二算」。所謂「三等」，一是等待價格進入目標買進區間；二是等待出現訊號 K 線；三是進場後持股等待離場訊號。「二算」是指：一算交易風險，以買進價格減去停損價格，計算單筆交易的風險，以及對帳戶總風險的影響；二算盈虧

18

第 1 章　什麼是「裸 K 線交易法」？ 4 個步驟告訴你

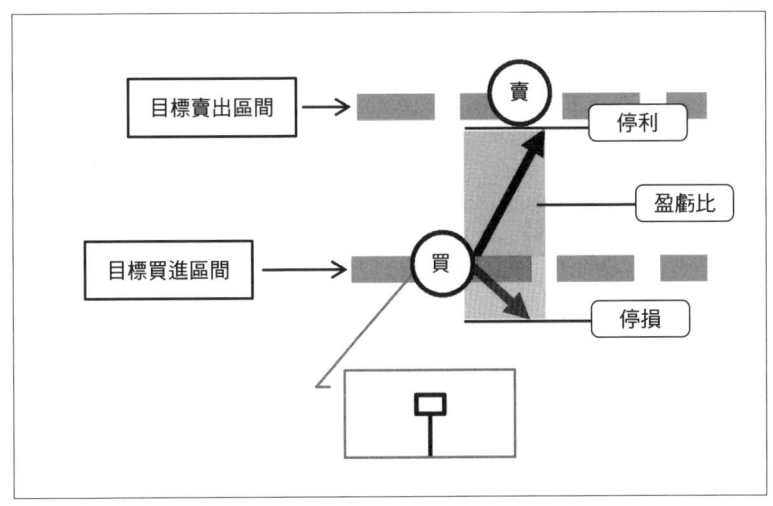

▲ 圖 1-9　裸 K 線交易法的「三等二算」

比，以此判斷交易機會的品質。

案例隨後的走勢如圖 1-10 所示：在先前壓力位區間受阻回落，大陰線後出現了訊號 K 線，可以再次進場交易。

由於橫盤運動出現高點抬高，低點也依次抬高的走勢（見圖 1-11），因此新交易調整了支撐線和壓力線，並畫出底部抬高的趨勢線。在新支撐線和趨勢線的交叉區間，大陰線後出現停滯的走勢，並出現一根不標準的 Pinbar。利用裸 K 線交易法「PA 共振熱區」的規則，這裡也可能是一次高品質的交易機會。

訊號 K 線後的第一天是一根十字星，進場買進。第十天到達停利位置，主動賣出。從進場起算總計 10 個交易日，進場價格以 6.56 元／股計算（當天的收盤價），離場價格以 7.04 元／股計算（當天的收盤價），獲利超過 7%。

在這次交易中，接近壓力線的過程中，進場後第七天出現開高陰錘子線，第八天十字線。常見的 K 線交易規則可能就會提前離場，拿不

19

連巴菲特也佩服——風控》讀圖》交易心法，讓你的利潤奔跑！

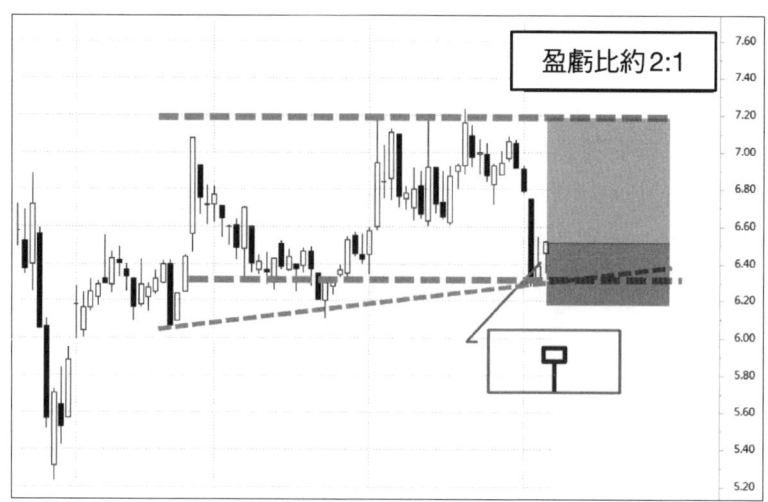

▲ 圖1-10　一次新的交易（買）

▲ 圖1-11　一次新的交易（賣）

到目標停利位。而裸K線交易者根據小型上漲趨勢線，完全可以拿到停利位，這就是裸K線交易法的優勢。

圖1-11中的走勢，在停利賣出後又繼續上漲一段。這可惜嗎？並不可惜！對於裸K線交易者來說，這是常見的情形。這筆交易的計畫就是區間交易，是否突破不在交易計畫的範圍內。也就是說，交易計畫是何價位，執行交易就做到什麼價位。至於是否繼續做突破交易，則是另外一次新的交易。

另外，本書案例的進場點和出場點的計算，均以當天的收盤價為準，這是真實交易中完全可以做到的實際價位。

連巴菲特也佩服──風控》讀圖》交易心法，
讓你的利潤奔跑！

1.4 從技術原理，告訴你賺「聰明錢」的秘訣

真實的交易場景有以下兩個最基本的事實。

第一，交易者是在行情的波動過程中，針對未來價格變化進行「買」和「賣」，而不是型態完成後的復盤，解釋已經發生的價格運動是什麼以及為什麼。任何交易系統都需要回答「行情的未來是什麼」，無論怎樣回答這個問題，是絕對的，還是機率的，或是分類機率的，都是試圖把未來的不確定性變成確定性，至少是相對的確定性。因此，都有行情預測的基本屬性，也就是交易者的主觀判斷。

第二，採用同樣交易系統的不同交易者，即使同時交易同一品項也會存在差異，甚至是巨大的差異。這個事實表明，交易者本身在交易行為中也是重要因素。

一套好的交易法，必須從上述兩個基本事實出發，同時解決好市場和交易者兩個問題。市場屬於市場分析的範疇，裸K線交易法市場分析本質上不考慮交易品項的基本面，因此屬於技術分析流派的範疇。而對於交易者的問題，裸K線交易法則以「交易者訓練」的方式解決。

1. 裸 K 線交易法的技術原理

簡要來說，裸 K 線交易法的技術原理有以下三條。

第一，價格包含一切。所有市場的參與者，無論是大機構還是個體交易者，只要進場進行買賣交易，都會以價格的形式記錄。至於交易是根據基本面還是技術面，或是純粹的情緒反應，這些影響因素都反映在價格中。這是技術分析派的理論基礎，自然也是裸 K 線交易法的理論基礎。

第二，供需關係決定價格運動。供需關係原理是所有市場經濟的基礎：當供給大於需求，價格下跌；當需求大於供給，價格上漲。交易市場也遵循這個基本原理，特定交易品項的買方（多頭）代表需求方，賣方（空頭）則代表供給方。買方力量大於賣方力量，價格就上漲，反之則下跌。

由於交易市場的買進和賣出極其便利，所以多空轉化隨時都可能發生。裸 K 線交易法延伸這個原理，把市場參與者分為「聰明錢」和「笨錢」。「聰明錢」意指大機構和成功的自由交易者，他們總是在特定的價格區間交易；而「笨錢」則是被行情帶著走。結果就是「聰明錢」賺錢，「笨錢」賠錢。

「華爾街沒有新鮮事，投機交易像群山一樣古老。」幾乎所有的交易者都知道大作手利弗莫爾的這句名言。「聰明錢」清楚地知道，價格運動通常會以某種價格結構運行，特定的價格區間往往是價格結構的拐點，是交易的優勢區。

在這個價格拐點區間，價格可能往上，也可能往下。交易者的優勢不在於方向的預測，而在於交易數學導致的「高盈虧比」。方向做對了，會有一大段利潤；錯了，則是很小的虧損，這就是「聰明錢」的秘訣。

第三，K 線是技術分析的基礎工具。裸 K 線交易者認為，行情波動

的表現形式是「價格的變化」，並用 K 線的方式記錄和呈現，所有市場參與者交易的都是「價格」。市場中的任何一個參與者，最終都落腳到買和賣。只要是買和賣，必然都是特定「價格」的買和賣，在 K 線圖上都有唯一的對應點。因此，K 線是分析市場行情最直接、最快捷和最有效的工具。

2. 基於規則的主動交易者

所有的交易系統都有一套技術分析和買賣交易的規則，裸 K 線交易法也不例外，同樣是屬於基於規則的交易系統。

基於規則的交易系統有很多，常見的如指標交易法。由於幾乎所有的指標交易法都明確規定了買賣點，交易過程中不需要交易者進行決策，因此指標交易法屬於被動交易法。

而裸 K 線交易法是主觀交易法。首先，它認為所有的指標都滯後 K 線，及時性不如純 K 線訊號。其次，裸 K 線交易者相信，交易市場是一個複雜的環境，交易者的經驗是非常有價值的資本。因此，裸 K 線交易法需要交易者主動做交易決策。

必然地，裸 K 線交易法相對指標交易法，衍生出兩個新問題，即知識的掌握和臨場的經驗。解決方法就是反覆學習和練習，熟能生巧。所有成功的裸 K 線交易者都有一個共性 —— 勤奮。

這4個基礎技術分析，進場前你得學會

連巴菲特也佩服——風控》讀圖》交易心法，讓你的利潤奔跑！

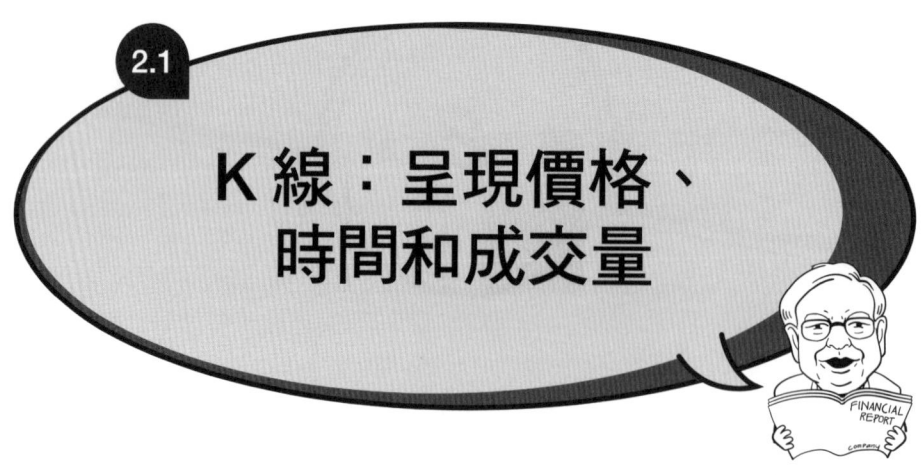

2.1 K線：呈現價格、時間和成交量

　　K線是記錄價格運動的最小單元，但並不是最小的價格運動。邏輯上，最小的價格運動是單筆的交易價格，對應單一價格點。K線是一定時間內多次交易價格的整體記錄，對應的是一個價格區間。因此，K線是記錄標準時間段內價格區間運動的最小單元。事實上，特定的K線除了價格訊息之外，還同時確定了時間和成交量。

　　一般情況下，裸K線交易法認為，K線的價格訊息已經包容時間和成交量這兩種因素，因此只考慮特殊的時間和異常的成交量。這樣處置能建立簡潔清晰的理論模型，方便交易者學習和使用。

2.1.1　K線的技術原理

　　K線是最具直觀性的行情記錄方法。最高價和最低價，確定了價格運動的空間範圍；開盤價和收盤價，按時間記錄了價格運動的方向和力度。

　　如圖2-1所示，K線分陽線和陰線。收盤價高於開盤價為陽線──

第 2 章　這 4 個基礎技術分析，進場前你得學會

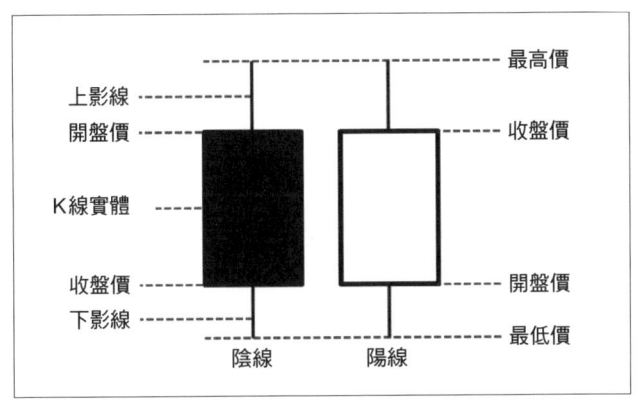

▲ 圖 2-1　K 線的開、高、低、收

漲，亞洲一般用紅色；收盤價低於開盤價為陰線 —— 跌，亞洲一般用綠色。

　　K 線用方框連接開盤價和收盤價，稱為 K 線實體。K 線實體外用線段連接最高價和最低價，稱為影線。實體上方是上影線；實體下方是下影線。

　　直觀上來看，K 線有開、高、低、收四個確定的價格數值，分為上影線、實體和下影線三個部分，以及陰陽線的兩種顏色。

　　一般情況下，K 線的最高價與最低價的差值，稱為 K 線的大小；開盤價與收盤價的差值，稱為實體的大小。

　　K 線還有兩個重要衍生數值：最高價與最低價的平均值，稱為 K 線的中線（中點）；收盤價和開盤價的平均值，稱為實體的中線（中點）。有些技術分析方法，會把最高價和最低價之間的空間，做黃金分割。

　　K 線是價格運動中供需力量對比的記錄，一般把供給方（賣方）稱為空方（空頭），需求方（買方）稱為多方（多頭）。

　　開盤價是多空雙方博弈的起始點，收盤價是博弈的結果；最高價和

最低價代表了多空雙方各自的極限力量。

任何一根K線的形成都是一個過程,以陽線為例,開盤價在下,空方的力量把價格壓低到開盤價下方時,正在運行的K線會顯示為一根陰線。隨後多方發力,把價格拉回到開盤價上方,盤勢上的K線就會變成陽線。當多方力量明顯大於空方時,隨著價格的上漲,陽線的實體也隨之變大。多方把價格推升到最高價後,價格通常會回落,形成上影線。收盤時多方佔據優勢,收盤價大於開盤價,形成紅色實體。

很明顯,看K線就是看多空博弈。K線的顏色(陰陽)是最直觀的標準,實體大小代表優勢方的力量,影線則表明弱勢方的潛在力量。

如圖2-2所示,左側的實體陽線,多方能夠從開盤價大幅推升到收盤價;空方只能形成很短的上下影線,多方明顯佔據優勢。右側的長上影倒T線,多方只能推升很小幅度的實體;空方則能把價格從最高價壓回到開盤價附近,空方明顯佔據優勢。

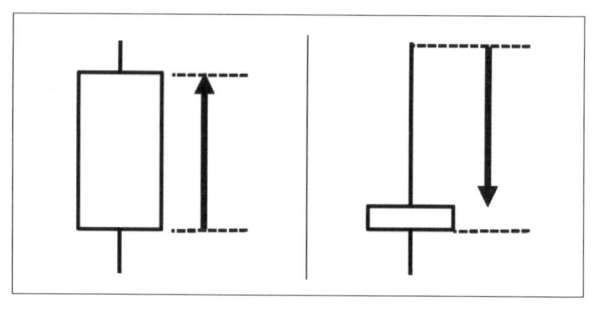

▲ 圖2-2　K線的多空博弈

K線的開、高、低、收四個價格有多種組合,實際行情形成了各式各樣的K線型態。K線技術分析中,通常會對一些特殊類型的K線,賦予特定意義並命名。但是,K線目前並沒有統一的命名規則,以及對應的量化標準。

K 線內在的多空博弈原理，體現了東方「道」的陰陽智慧。借鑒陰陽思想，多空博弈可以分為四種情形，並有對應的 K 線。

第一，多空逆轉，即先前的優勢方成為強弩之末，先前的弱勢方否極泰來。第二，優勢確定，即其中一方確定明顯的優勢。

第三，優勢持續，即優勢方持續推進，弱勢方節節後退。第四，停滯，即雙方階段性勢均力敵，成拉鋸狀態。

需要注意的是，停滯後並不意味必然進入多空逆轉。多數情況下，更可能是先前的優勢方重新確定優勢，形成「多空逆轉—優勢確定—優勢持續—停滯—優勢確定—優勢持續」，正好對應交易者熟悉的炒股口訣「漲不言頂，跌不言底」。這是市場更常見的情形，也是價格行為慣性的體現。

2.1.2　Pinbar 是最典型的逆轉訊號 K 線

Pinbar 是裸 K 線交易法中最核心的概念之一。英文中，pin 有圖釘之義；bar 是指單根 K 線。所以 Pinbar 合起來就是圖釘形狀的單根 K 線，包括錘子線、倒錘子線、上吊線、墓碑線、T 字線、倒 T 字線……只要 K 線的影線在單一方向上很長，無論是上影線還是下影線，且實體很小，都可以歸類為 Pinbar。

按照看 K 線的方法，實體代表優勢方的力量，影線代表弱勢方的潛在力量。Pinbar 表明弱勢方潛在的力量明顯大於優勢方，這時 K 線的顏色就不重要了，因此其成為多空逆轉的重要標誌。更重要的是，Pinbar 是單根 K 線的逆轉，在日 K 線圖上就是當日逆轉，這一點增加了逆轉的有效性。

如圖 2-3 所示，以 Pinbar 中最典型的錘子線為例，一般要求影線的長度是實體的兩倍以上，錘子線最強勢的型態是收盤價等於最高價。

連巴菲特也佩服——風控》讀圖》交易心法，
讓你的利潤奔跑！

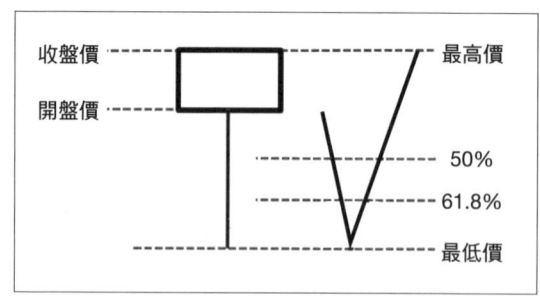

▲ 圖2-3　Pinbar（以錘子線為例）

　　K線的內部結構是指K線的形成過程，更小時間週期的K線圖表能夠看到特定K線的內部結構，錘子線常見的內部結構是典型的V形反轉。圖2-3中的陽錘子線是收盤後的K線型態，盤中則會出現一根大陰線，隨著盤中價格的走高，收盤變成陽錘子線。

　　內部結構中的V形反轉，內在的邏輯是多空逆轉，體現在K線上就是長長的下影線。如圖2-4所示，日K線圖上的錘子線，在30分鐘K線圖上是典型的V形反轉。

　　裸K線交易法把短時間內的V形反轉，作為多空可能逆轉的標誌，可以分為單日V反、雙日V反和三日V反，對應5種類型；5種類型加上多空兩個方向，就是10種逆轉訊號K線。

　　（1）空轉多逆轉訊號K線：包括錘子線、看漲吞噬線、啟明星（晨星）、看漲雙線反轉和看漲穿刺線。

　　圖2-5是錘子線，是最典型的Pinbar。錘子線的特徵是長下影線，因此高、開、收三個價格接近，並且遠離最低價。相互接近的高、開、收三個價格的不同組合，都是錘子線的變形，具備相同的技術含義，屬於單日V反。

　　圖2-6是看漲吞噬線，K線特徵是陽線包含前一根陰線，可以看成反向孕線。「包含」有兩個標準：一是陽線最高價高於陰線最高價，且

第 2 章　這 4 個基礎技術分析，進場前你得學會

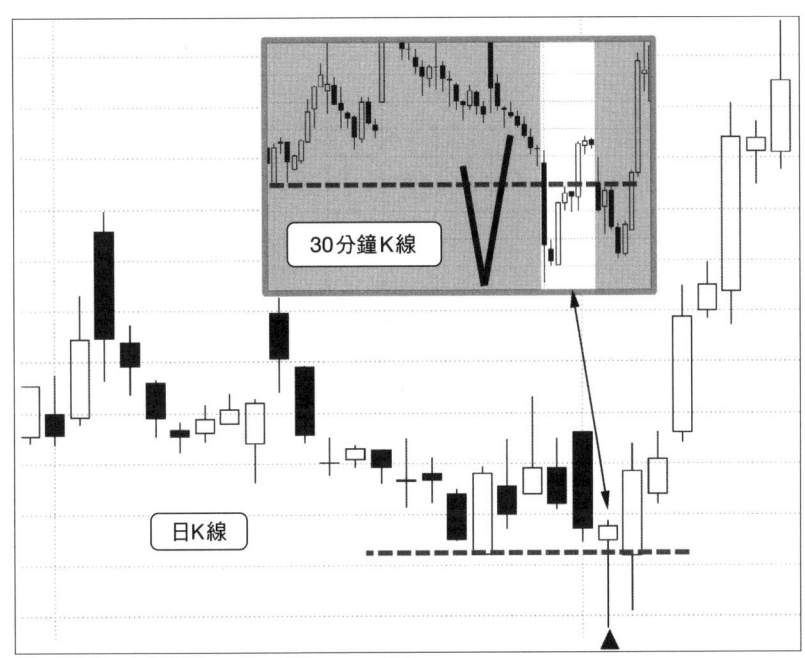

▲ 圖 2-4　逆轉訊號 K 線的小週期 K 線圖

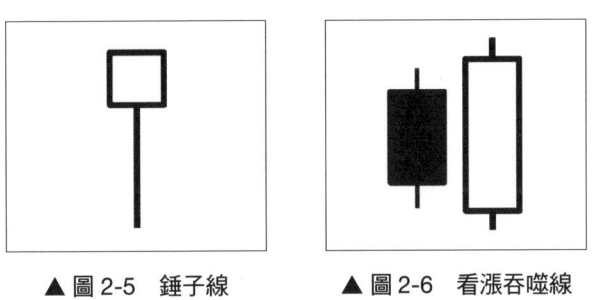

▲ 圖 2-5　錘子線　　　▲ 圖 2-6　看漲吞噬線

陽線最低價低於陰線最低價，呈現價格空間包含特徵；二是陽線的開盤價低於陰線的收盤價，且陽線的收盤價高於陰線的開盤價，呈現實體包含特徵。一般情況下，滿足雙包含關係的看漲吞噬線，有效性更強。看漲吞噬線屬於雙日 V 反。

31

有一些裸K線交易者，會把第二天陽線最低價大於陰線最低價的雙K線組合，也視為看漲吞噬線。

圖2-7是啟明星（晨星），內部結構是三日V反。典型的啟明星型態中，左右的陰陽線與小十字星線會有小型缺口，在內部結構中呈現島形反轉型態。盤勢上，大陰線後，空方小幅跳空開低，試圖再形成一根大陰線；多方頑強抵抗，當天價格窄幅波動，雙方勢均力敵。隨後的一天，多方迫不及待展開反攻，小幅跳空開高，當天收盤價在大陰線開盤價附近，表現出多方明顯的優勢。

圖2-8是看漲雙線反轉。K線特徵是兩根並排的陰陽線，陽線的收盤價大致等於陰線的開盤價，屬於雙日V反。由於兩根K線的最低價大致相同，內部結構有可能出現雙底型態。如果雙線都帶有差不多的長下影線，型態就類似兩根並列的錘子線，一些交易者稱其為「雙針探底」。

圖2-9是看漲穿刺線。K線特徵是開低陽線的收盤價大於陰線的收盤價，一般要求陽線的收盤價在陰線實體的中線以上，屬於雙日V反。這是相對弱勢的逆轉訊號K線，需要更多的K線確認。

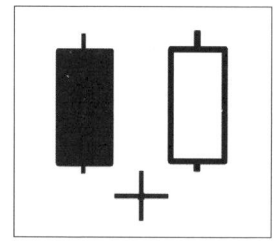
▲圖2-7 啟明星（晨星）

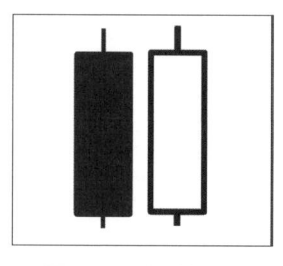
▲圖2-8 看漲雙線反轉

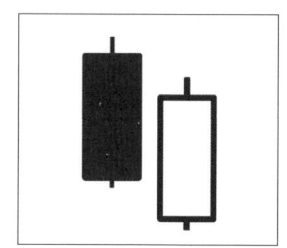
▲圖2-9 看漲穿刺線

（2）多轉空逆轉訊號K線：包括倒錘子線、看跌吞噬線、黃昏星、看跌雙線反轉和看跌穿刺線。如圖2-10所示，多轉空逆轉訊號K

第 2 章　這 4 個基礎技術分析，進場前你得學會

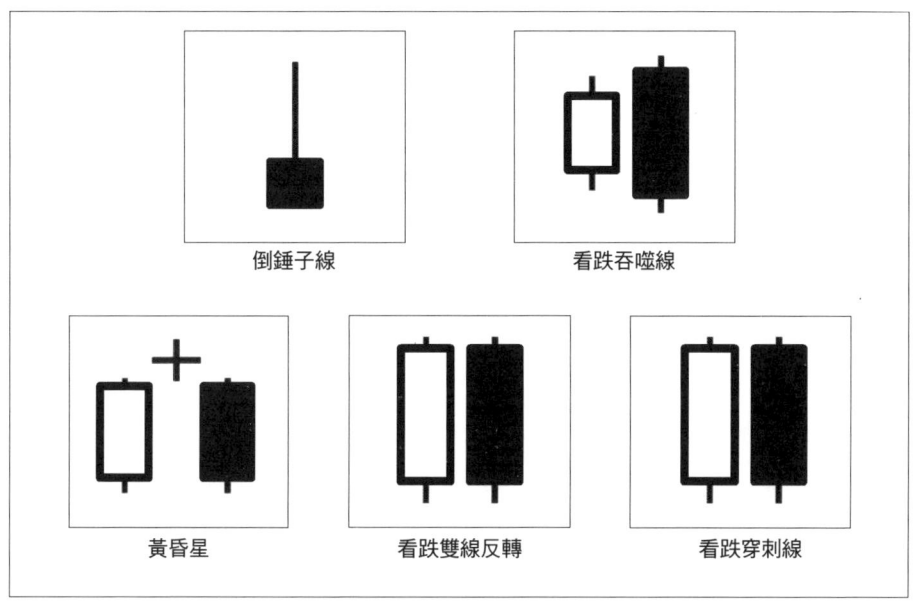

▲ 圖 2-10　多轉空逆轉訊號 K 線

線技術原理與看多一樣，在此不贅述。

（3）K 線合併：K 線合併是裸 K 線交易法的技巧之一，是指把兩根以上的 K 線合併成一根 K 線。常用的方法是以多根 K 線的最高價和最低價，作為合併 K 線的最高價和最低價；以第一根 K 線的開盤價，作為合併 K 線的開盤價，最後一根 K 線的收盤價，作為合併 K 線的收盤價。

以看多為例，把看漲吞噬線、啟明星、看漲雙線反轉和看漲穿刺線合併後，都能得到一根錘子線。因此，一些裸 K 線交易者把所有的逆轉訊號 K 線，都歸類為 Pinbar。需要注意的是，一般情況下 Pinbar 是指有單向長影線的小實體 K 線，原因在於影線部分有重要的技術意義。

交易者掌握 K 線合併技巧後，就不需要學習和記憶幾十種 K 線組合。從 K 線的技術原理出發，任何一種逆轉都可視為 V 形反轉，型態

上就與看漲雙線反轉或是看漲穿刺線類似。而紅三兵型態有三根小陽線，把它們合併就是一根大陽線。

2.1.3　大陽線、大陰線和缺口都是大K線

　　多空博弈後，如果一方獲得明顯優勢就會出現大K線。所謂大K線，是指大實體小影線的K線，分別對應大陽線和大陰線。大K線代表優勢方的確定或是重新確定，為價格運動指明方向。

　　圖2-11是大陽線的常見形式。由於有缺口的存在，所以大陽線並不總是表現為大型實體的型態。一般情況下，大陽線的開盤價、最低價和中線會呈現強烈的支撐效應。圖2-12是大陰線的常見形式，與大陽線對應。

　　缺口是K線的特殊型態，是優勢方更強有力的價格行為，具備明確的方向指示性。缺口的技術特徵，是相鄰兩根K線沒有價格重疊的部分。以看多為例，嚴格意義上的缺口是指，後一根K線的最低價高於

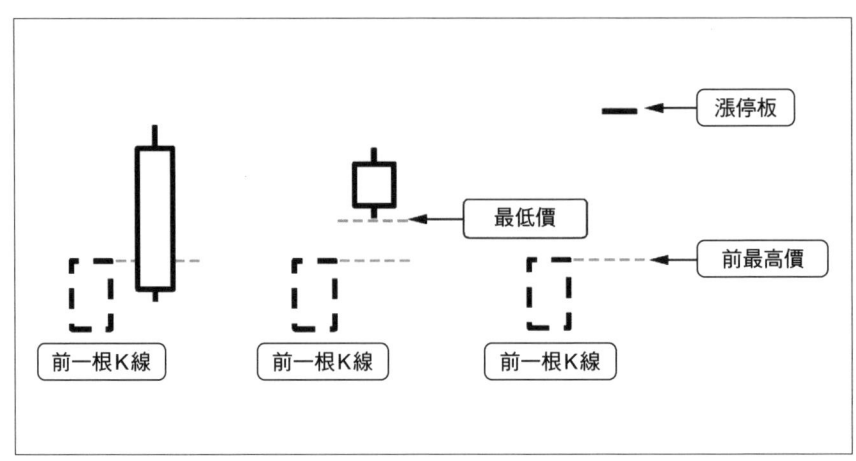

▲ 圖2-11　大陽線／缺口

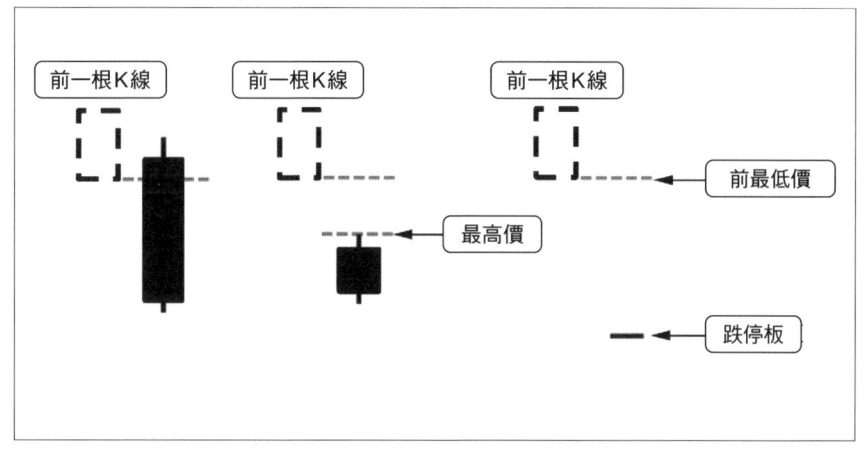

▲ 圖 2-12　大陰線／缺口

前一根的最高價。一些交易者把後一根 K 線的開盤價高於前一根的收盤價，也視為缺口。

需要注意的是，缺口並不總是強勢的技術訊號。炒股口訣有「逢缺必補」的說法，說明多數情況下短期會回補缺口。但是，如果出現了不回補的缺口，往往意味著中期趨勢的開始。

2.1.4　持續 K 線

持續 K 線通常是指優勢方確定後，價格沿著優勢方的方向持續運動。

如圖 2-13 所示，兩個深色三角形標注了向下的持續 K 線，K 線特徵是最低價和最高價持續走低。① 和 ② 兩根 K 線，儘管當日沒有創新低，但是也沒有漲過相鄰 K 線的最高價。只要盤勢上的 K 線持續出新低，做多的交易者就只能場外觀察，不能進場交易。

兩個淺色三角形，分別標注了向上的持續 K 線的起點和終點。③

連巴菲特也佩服——風控》讀圖》交易心法，
讓你的利潤奔跑！

▲ 圖 2-13　持續 K 線

之前的 K 線是標準的持續 K 線型態，隨後的每一根 K 線都是新高和更高的低點。③ 與其後的兩根 K 線都有新高，一般情況下也算是持續 K 線型態。

2.1.5　停滯 K 線

　　停滯 K 線通常是指多空雙方暫時勢均力敵，盤勢表現為小陰線和小陽線重疊。圖 2-14 中，三角形對應的都是停滯 K 線型態，需要注意的是，停滯 K 線多數情況下，意味著優勢方的暫時整理，只有多次停滯後，才可能出現真正的多空逆轉。例如圖 2-14 中 ① 的位置，即使出現看跌大陰線，也並沒有真正改變多方的優勢。

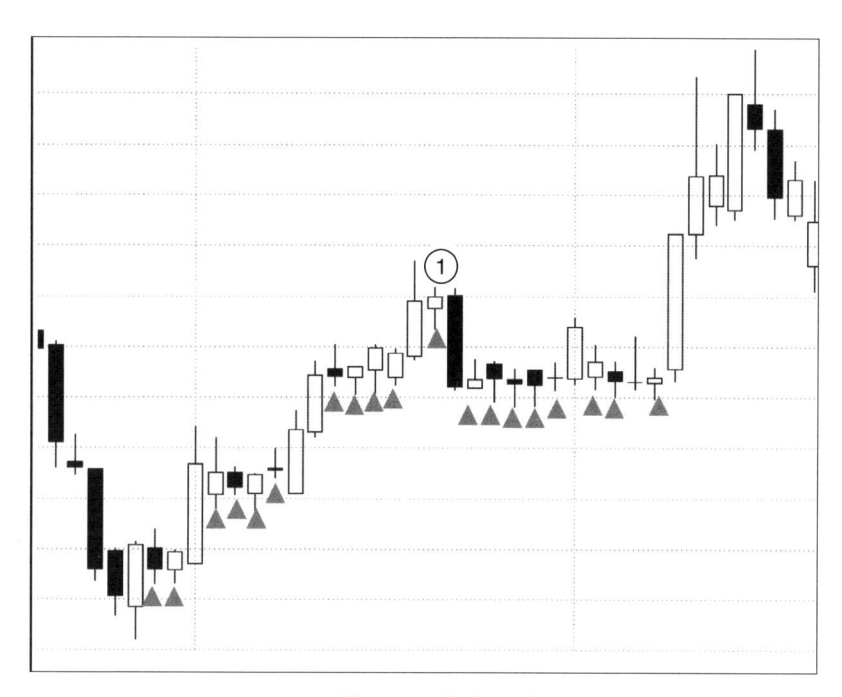

第 2 章 這 4 個基礎技術分析，進場前你得學會

▲ 圖 2-14 停滯 K 線

2.2 型態學技術：看出多空力量消長

　　技術分析中的型態學，需要分析多根K線的走勢。多根K線，是指十幾根到幾十根K線，記錄了價格運動更大空間和時間範圍內的價格行為。

　　力量相對均衡的多空雙方在有限的價格區間內，經由較長時間的充分博弈，在盤勢上形成各類型態。各類型態的形成，源於多空力量在拉鋸戰中的此消彼長。

　　交易者在學習型態學時，切忌望文生義。例如，不要以為「雙頂」就一定是頂部，很多情況下可能是更大型態的內部結構；同樣也不能以為「上漲三角形」就一定會上漲，一些情況下也可能會大幅下跌。

　　裸K線交易者，學習型態學的意義有二：一是在技術分析中廣泛使用型態學術語；二是在多數情況下，型態學技術確實很有效。

2.2.1 型態學的技術原理

技術分析在討論型態學時,有一個隱含邏輯。西方經典技術分析的出發點是研究趨勢運動,很大程度上認為所有的價格行為,都是趨勢運動的特定階段,並在此基礎上建立了「底─頂」模式。「底─頂」模式中,價格行為分為趨勢價格行為和非趨勢價格行為。其中,非趨勢價格行為又分為反轉型態(底部型態、頂部型態)和持續型態。

型態學研究的對象是非趨勢價格行為,盤勢呈現橫向運動的特徵,背後是多空雙方的博弈。從「底─頂」模式的定義,可以得出以下幾個結論。

第一,任何一個型態前面都存在一段趨勢。

第二,當多空力量相對平衡時,趨勢運動從持續狀態進入停滯狀態,盤勢呈現橫向運動的特徵。

第三,型態學有兩個研究方向:一是研究橫向運動本身的特徵;二是研究特定型態之後的趨勢方向。

因此我們研究型態學,就能從型態內部結構中尋找交易機會。K線是小幅度的價格運動,趨勢是大幅度的價格運動,型態的價格運動通常介於兩者之間。由於市場絕大多數時間的價格運動,屬於特定型態的橫向運動,所以交易者需要在特定型態的內部結構中,尋找高品質的交易機會。

需要注意的是,多數型態通常會持續較長的時間,並且分類較為繁雜。交易者在橫向運動的早期和中期,很難做出有效的判斷。因此,裸K線交易者關注的重點是剛剛完成的型態,或是即將完成的型態。對於正在進行的型態,則採用輔助線的方法處理。

2.2.2 反轉型態

在「底─頂」模式中，底或頂是先前趨勢的最低點或最高點，底（最低點）或頂（最高點）附近的橫向運動，就是反轉型態。

多數情況下，反轉型態包括「趨勢停滯─最低點（最高點）─橫向運動─形成頸線─突破頸線（最重要的輔助線）」，這五個重要的價格行為，構成特定的反轉型態。反轉型態分為底部型態和頂部型態。

（1）底部型態：從下跌趨勢的尾聲到新的上漲趨勢開始，整個過程都屬於底部型態。一般情況下，相對於頂部型態，底部型態持續的時間更長。

如圖2-15所示，頭肩底由三次下跌、兩次反彈，加上一次突破構成。三次下跌形成三個低點（底），其中第二次下跌是最低點，稱為頭，左右兩個低點分別是左肩和右肩。

頭肩底的技術特徵是三次下跌的幅度依次減小，表明空方的力量逐漸減弱；兩次反彈的幅度在增加，表明多方逐漸佔據優勢，隨後以更大的幅度上漲並突破頸線（兩次反彈高點的連線），結束頭肩底型態。

如圖2-16所示，雙底也稱為W底。型態由兩次下跌、一次反彈以及測試成功後的突破構成。依據反彈高點畫的水平線是頸線，兩次下跌形成兩個低點（底），第二個底可以高於、約等於或是小幅低於第一個

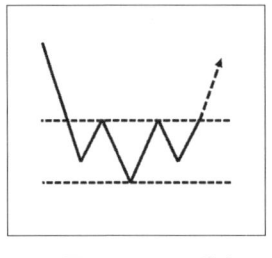

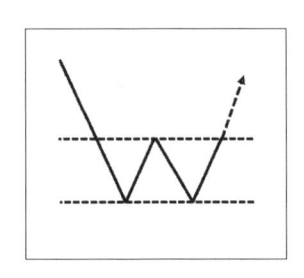

▲ 圖2-15　頭肩底　　　　▲ 圖2-16　雙底（W底）

底。雙底的技術特徵是經由第二次下跌，驗證了第一個底有明確的支撐效應。

如圖2-17所示，三重底有三個大致相等的底部。兩次反彈和第二次、第三次下跌的幅度相等，反彈高點的連線是頸線。一些交易者認為，相對於雙底，三重底兩次測試了支撐線，可以主觀判斷為更牢固的底部。

如圖2-18所示，圓弧底是長期下跌後，跌幅趨緩，價格窄幅運動。隨著時間的推移，價格不再創新低並緩慢抬高，盤勢上呈現圓弧狀。以左側圓弧開始的位置畫水平線作為頸線，價格突破頸線後通常會大幅上漲。圓弧底的技術特徵是長期的價格窄幅運動。

如圖2-19所示，V形底是指價格快速下跌後，立即大幅度上漲。V形底的技術特徵是持續時間短，價格波動大。一般情況下，急速反彈的幅度，是先前下跌段的50%～61.8%。

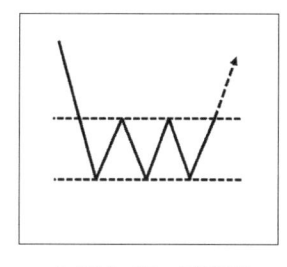

▲ 圖2-17　三重底 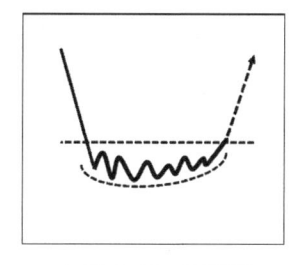　　　▲ 圖2-18　圓弧底 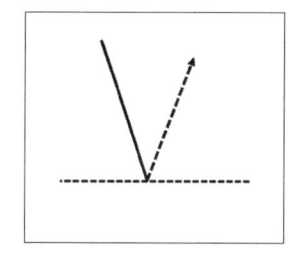　　　▲ 圖2-19　V形底

（2）頂部型態：從上漲趨勢的尾聲到新的下跌趨勢開始，整個過程屬於頂部型態。相對於底部型態，頂部型態的價格波動速度會更快，幅度也更大。如圖2-20所示，頂部型態的多數技術特徵，大致對應底部型態，在此不贅述。

(a) 頭肩頂　　(b) 雙頂（M頂）

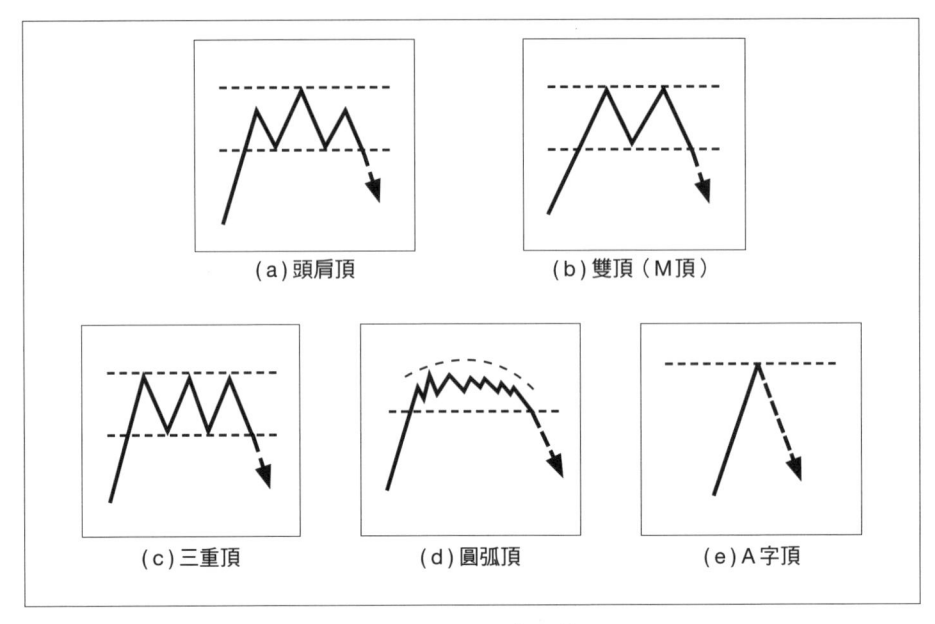

(c) 三重頂　　(d) 圓弧頂　　(e) A字頂

▲ 圖 2-20　頂部型態

2.2.3　持續型態

　　持續型態是「底—頂」模式中的大型暫時停滯型態。由於型態學已經假設持續型態是趨勢的中間狀態，因此隨後的價格運動會延續先前趨勢的方向。交易者要牢記，真實走勢中型態學的假設並不總是正確的，切忌被型態學的命名誤導。

　　（1）旗形：通常出現在強趨勢後，價格運動形成傾斜（與趨勢反方向）的小型通道，隨後再次同向趨勢運動。向下傾斜的稱為牛旗，向上傾斜的稱為熊旗（見圖2-21）。

　　（2）三角形：三角形最重要的技術特徵是價格的收斂，代表先前優勢方逐漸重新確定優勢。如圖2-22所示，以上升趨勢中的三角形為例，一般情況下三角形突破後的漲幅，大致等於底邊的幅度（見圖(a)

中兩根垂直向上的箭頭）。

如圖 2-23 所示，三角形的上邊線成水平線就是上升三角形；下邊線成水平線就是下降三角形。一般情況下，這兩種三角形的指示性更強。

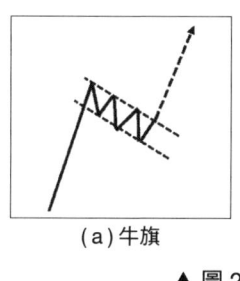

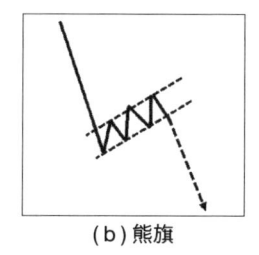

(a) 牛旗　　　　　(b) 熊旗

▲ 圖 2-21　旗形

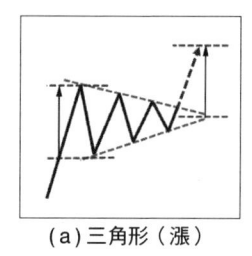

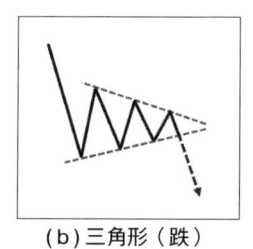

(a) 三角形（漲）　　　(b) 三角形（跌）

▲ 圖 2-22　三角形

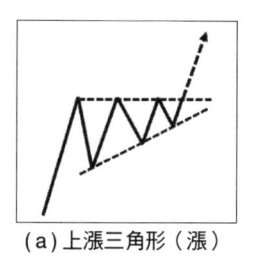

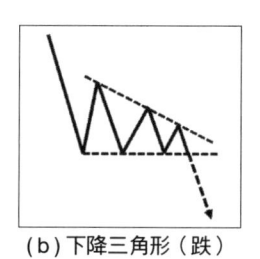

(a) 上漲三角形（漲）　(b) 下降三角形（跌）

▲ 圖 2-23　上升三角形與下降三角形

（3）矩形：連接低點的下沿線和連接高點的上沿線，大致成一組水平的平行線，這樣的型態就是矩形。參照先前的趨勢方向，分為上漲矩形和下跌矩形（見圖2-24）。

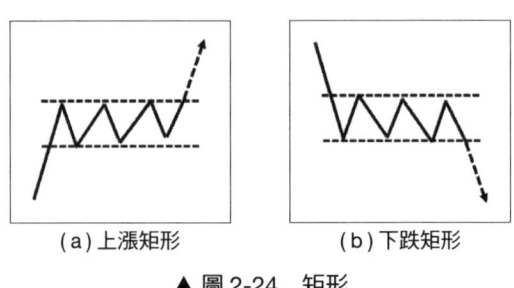

(a) 上漲矩形　　(b) 下跌矩形

▲ 圖2-24　矩形

（4）楔形：連接低點的下沿線與連接高點的上沿線成收斂型態，就是楔形。楔形是相對複雜的型態，重要的楔形型態有可能是先前趨勢變弱的標誌，隨後展開逆趨勢，或者更大的持續型態的價格運動。

所謂「重要」，有三個參考標準：一是關鍵水平線（壓力線或支撐線）附近的楔形型態；二是持續的時間相對較長；三是價格波動的範圍較大。

如圖2-25所示，看跌楔形通常是階段性頂部的訊號，技術特徵是創新高的力度逐漸變弱，直到不再出新高，並且不能觸及上沿線（壓力線），跌破下沿線（趨勢線）後，階段性頂部確定。

看漲楔形通常在階段性底部出現，技術特徵是創新低的力度逐漸變弱，多方逐漸獲得優勢，突破上沿線（壓力線）後，價格上漲。

(a) 看跌楔形　　　　　(b) 看漲楔形

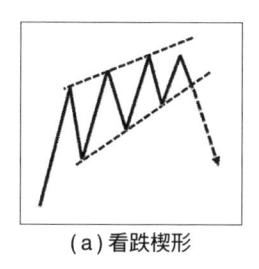

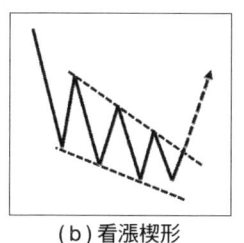

▲圖 2-25　楔形

（5）破軌：通道型趨勢上漲中，一些交易者把價格向上突破通道線，稱為破軌。破軌成功形通常會以更強勢的趨勢上漲；破軌失敗形多數情況下會急速下跌，成為階段性頂部（見圖 2-26）。

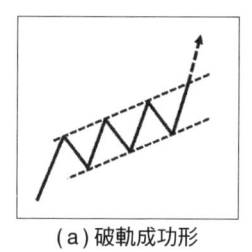

(a) 破軌成功形　　　　　(b) 破軌失敗形

▲圖 2-26　破軌

（6）擴張：多數的持續型態是「擴張到收斂」的型態，這是持續型態走勢對路的標誌之一，隨後很可能持續先前的趨勢運動。但是，持續型態也會出現「收斂到擴張」的型態。相對於收斂，擴張的技術特徵是價格運動的波動幅度加大，意味著多空雙方分歧加大和重大博弈，這會削弱優勢方的力量。

如圖 2-27 所示，擴張（喇叭）形是三角形的對稱形式，價格從收斂到擴張，上沿線和下沿線形成喇叭狀。價格有效跌破下沿線後，多數情況會下跌。

連巴菲特也佩服──風控》讀圖》交易心法，
讓你的利潤奔跑！

　　鑽石形是「喇叭形＋三角形」的複合型態，呈現「收斂─擴張─再收斂」的型態。一般情況下，小型的鑽石形通常會持續先前的趨勢運動；大型的鑽石形很有可能是階段性頂部。

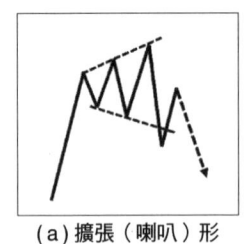

(a) 擴張（喇叭）形　　　　　(b) 鑽石形

▲ 圖 2-27　擴張

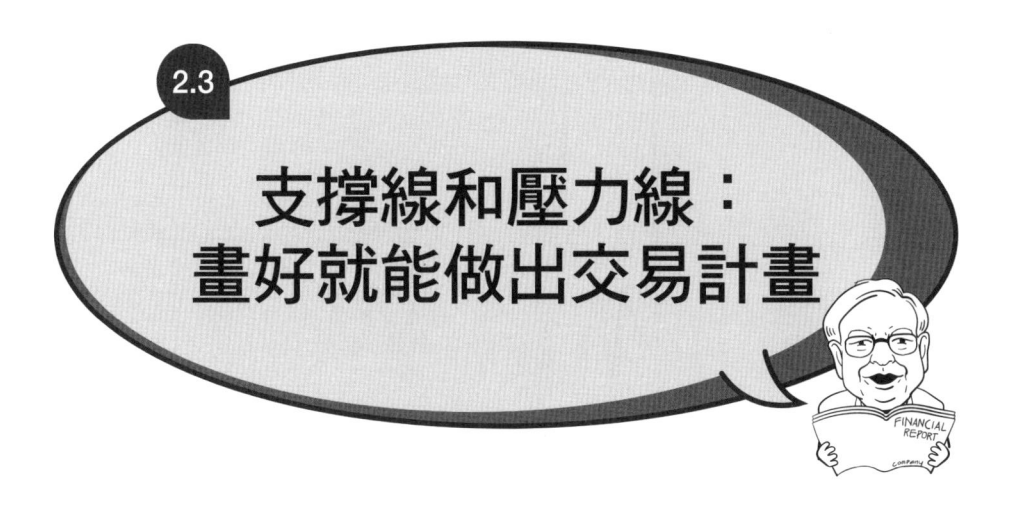

2.3 支撐線和壓力線：畫好就能做出交易計畫

　　支撐線和壓力線是水平線輔助線，屬於裸 K 線交易法中最基本、最核心、最重要的技術工具，所以怎麼強調都不為過。在討論畫法之前再次強調，裸 K 線交易法是基於規則的主觀型交易法。由於存在交易者的主觀判斷，所以支撐線和壓力線的畫法，沒有所謂的標準或是唯一畫法。

　　要牢記畫支撐線和壓力線的目的，是制訂交易計畫。當價格向下運動時，交易者畫支撐線，試圖利用支撐線找到可能止跌（價格停滯）以及逆轉的小型區間。當價格向上運動時，交易者畫壓力線，試圖利用壓力線找到可能止漲（價格停滯），以及逆轉的小型區間。

2.3.1　基礎畫法

　　在 K 線圖上，如圖 2-28 所示，交易者很容易「看到」，或者是「感覺到」圖中存在一系列的水平線。

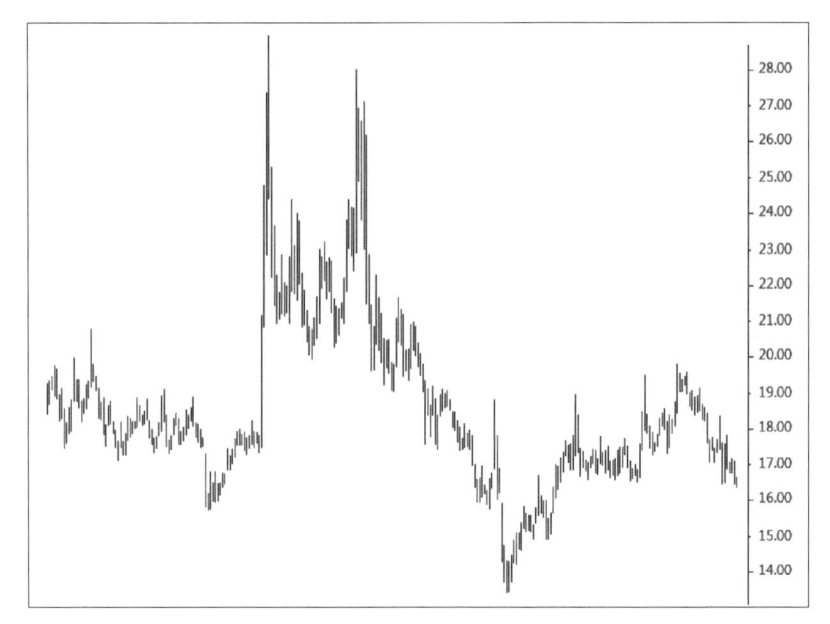

▲ 圖 2-28　水平輔助線

　　當價格運動到這些水平線時，會逆向運動，而且會多次重複。當價格有效突破某一根水平線後，通常會繼續同向運動一段距離，直到下一根水平線。

　　一系列的水平線，把價格運動從空間上進行分割，相鄰的兩根水平線就形成一個「支撐線＋壓力線」的組合，有些交易者把這樣的組合稱為「箱體」。交易者認為價格就是在一系列的箱體中運動，要麼持續在同一個箱體內運動，要麼突破進入另外一個箱體運動。

　　很明顯，價格運動不可能是標準的完美運動。在水平線附近，價格運動的極限價格可能不到水平線，也可能突破一點點。因此，所謂「線」，其實是一個小型區間。如圖 2-29 所示，支撐線和壓力線的基礎畫法如下。

　　第一，目測，在可能存在水平線的位置畫出一條水平線。

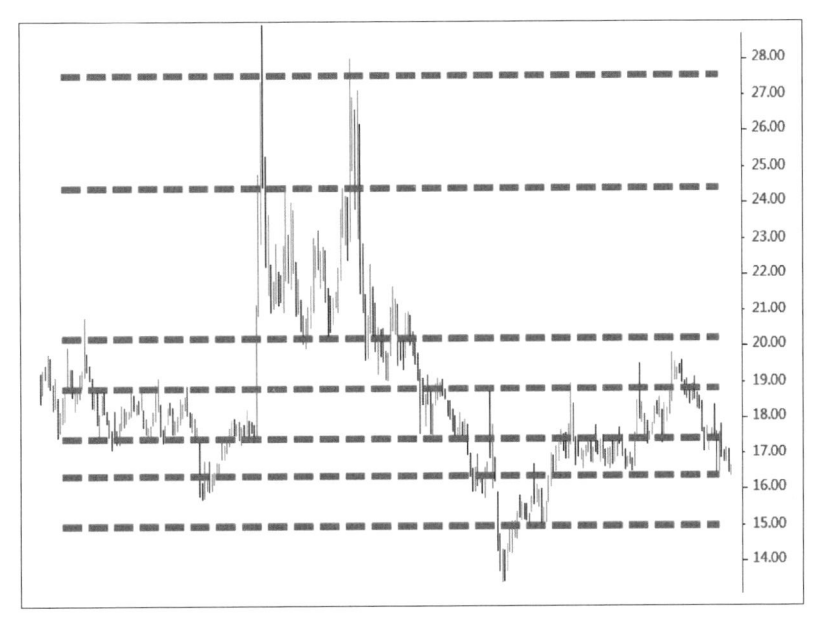

▲ 圖 2-29　水平線基礎畫法

第二，挪動水平線，儘量多接觸區間 K 線的四個價格（開盤價、最高價、最低價、收盤價）。以接觸最多的水平線，作為支撐線或是壓力線。

第三，重複前兩個步驟，畫出新的水平線。

這樣的畫法雖然正確，每一根水平線都符合基礎畫法的規則，但並不合適！因為有太多水平線，線導致圖表繁雜，而且沒有重點。

2.3.2　畫法再討論

掌握水平線的基礎畫法後，需要掌握更有利於交易的畫法。

裸 K 線交易者是實踐型的交易者，一直都在試圖尋找高品質的交易機會。因此，交易者關心的是最近的價格走勢，以及是否可能會有高品

質的交易機會。

如圖2-30所示，交易者首先要從最後一根K線（對應圖中三角形）出發，找出最近的擺動低點（Swing Low，SL）和擺動高點（Swing High，SH），並在圖中標注。

以當前K線位置、SL、SH為出發點，按照水平線基礎畫法的規則，畫出三條水平線。可以很清楚看到，當前的價格在上下兩條水平線之間運動，中間的水平線有可能是回檔的支撐線。

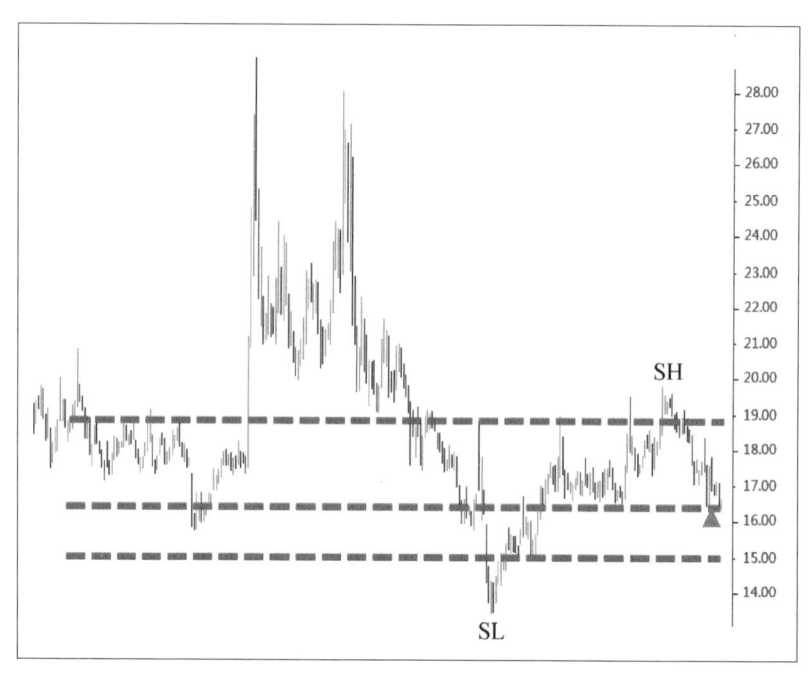

▲ 圖2-30　基於交易的水平線畫法（1）

圖2-30中的三條水平線，能為交易者提供做交易計畫的依據嗎？對於裸K線交易者，至少是謹慎的裸K線交易者來說，這是不夠的。從第1章的案例中細心的讀者應該知道，裸K線交易者的區間交易，一般只

有兩條水平線，即支撐線和壓力線。

裸K線交易者通常會在圖2-30的基礎上，從尋找交易機會的角度，進行再調整，調整如圖2-31所示。

第一，根據最近的K線，畫出①號水平線。

第二，根據SH向左側延伸並調整，畫出②號水平線。

第三，根據SL，畫出③號水平線。由於圖2-31中沒有更多的歷史K線，所以這條線是大型下跌趨勢（從圖中最高點）是否持續的標誌。如果出現新低，就是下跌趨勢持續。

第四，回到①號水平線，依據基本規則畫出最近的下一根水平線，標注為④號水平線。

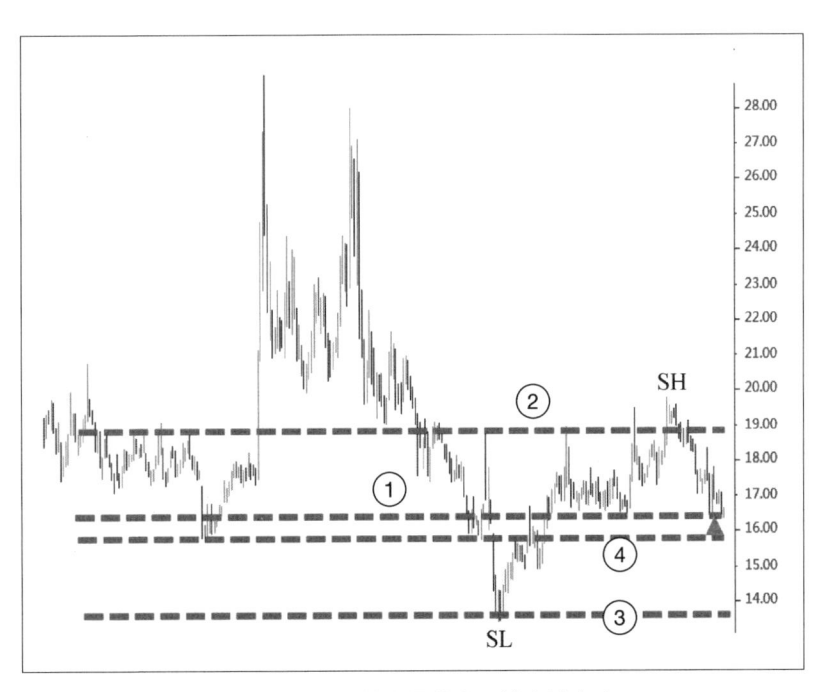

▲ 圖2-31　基於交易的水平線畫法（2）

繼續調整，如圖2-32所示，由於①號水平線和④號水平線距離很近，屬於典型的小型區間。因此支撐線既不是①號水平線，也不是④號水平線，而是兩線組合的區間。

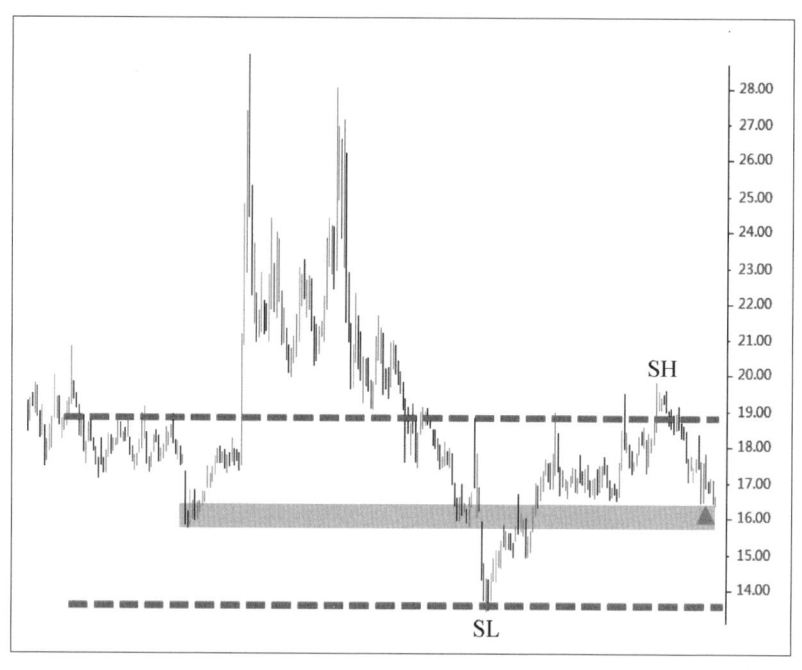

▲ 圖2-32　基於交易的水平線畫法（3）

調整之後的支撐線和壓力線，如圖2-33所示，交易者採用區間交易策略做交易計畫，滿足盈虧比大於2，是一個優良的交易機會。

基於交易的水平線，將圖2-31中的①號水平線和④號水平線，調整為圖2-32中的價格區間，擴大了支撐線的範圍。在實際交易中，謹慎的交易者會更耐心再等一等；激進的交易者則會更合理地設置停損單的位置。

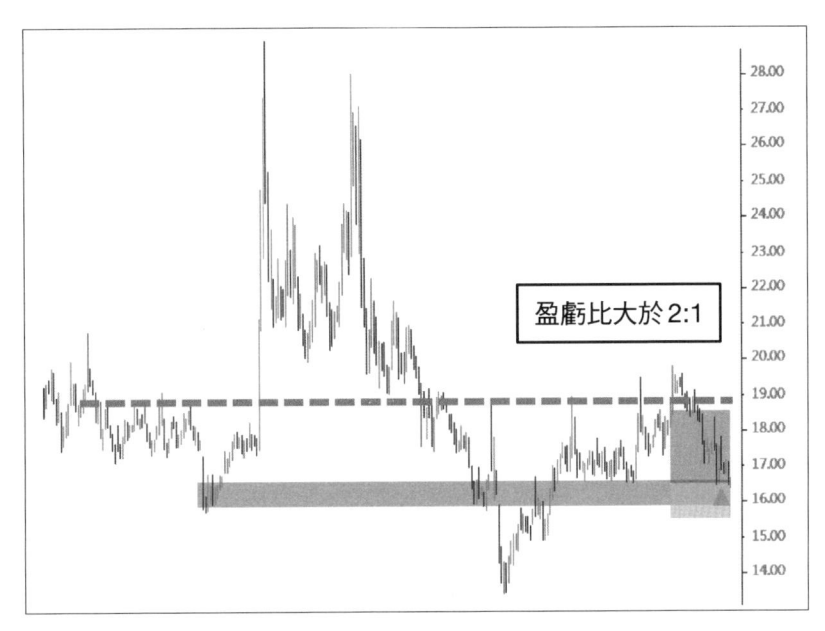

▲ 圖2-33　基於交易的水平線畫法（4）

2.3.3　關鍵水平線

　　裸K線交易法中，關鍵水平線（Key Level）是與Pinbar同樣重要的術語。關鍵水平線最重要的特徵，是必須滿足「壓力支撐互換」的條件。在滿足這個條件的同時，如果有觸線（接近也算）急促逆向運動，或是突破後持續大段運動，抑或是出現缺口效果更好。

　　如圖2-34所示，兩條灰色水平線均符合關鍵水平線的要求。注意，要與圖2-32中的水平線做好區分。交易者在關鍵水平線附近做交易，能獲得更大的交易優勢。裸K線交易者會期待在這個區間附近出現訊號K線，再進場交易。

　　在圖2-32討論水平線畫法時，並沒有採用圖2-34最上面的一根關鍵水平線，作為分析和交易計畫的壓力線，儘管壓力線實際在此位置

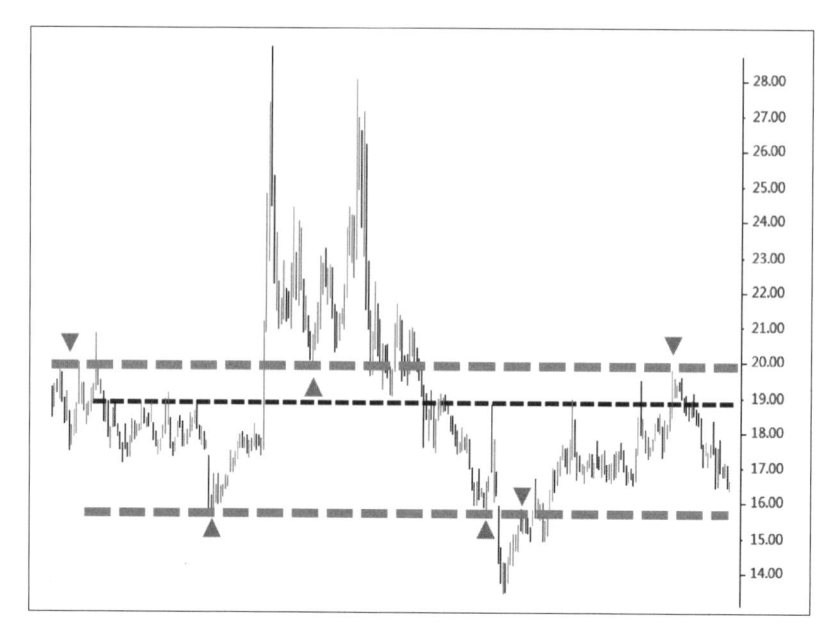

連巴菲特也佩服——風控》讀圖》交易心法，
讓你的利潤奔跑！

▲ 圖2-34 關鍵水平線

（圖2-34較細的水平線對應圖2-32最上面的一條水平線）。

原因在於價格從最近的擺動高點運動到最近的K線期間，沒有反彈至圖2-34最上面的一根關鍵水平線，且在黑色水平線下方位置形成明顯的壓力。依據交易計畫的謹慎性原則，選擇黑色水平線作為當下的壓力線更為合理。

但交易者要相信關鍵水平線的技術作用。若後續價格向上運動突破黑色壓力線，那麼交易者要清楚知道：隨後市場就要攻擊灰色關鍵水平線形成的壓力位置，受阻回落的可能性很大，從而導致價格運動形成對黑色壓力線的假突破。

對於在支撐區間進場的交易者來說，黑色壓力線之上、灰色關鍵水平線之下，是很好的離場區間。

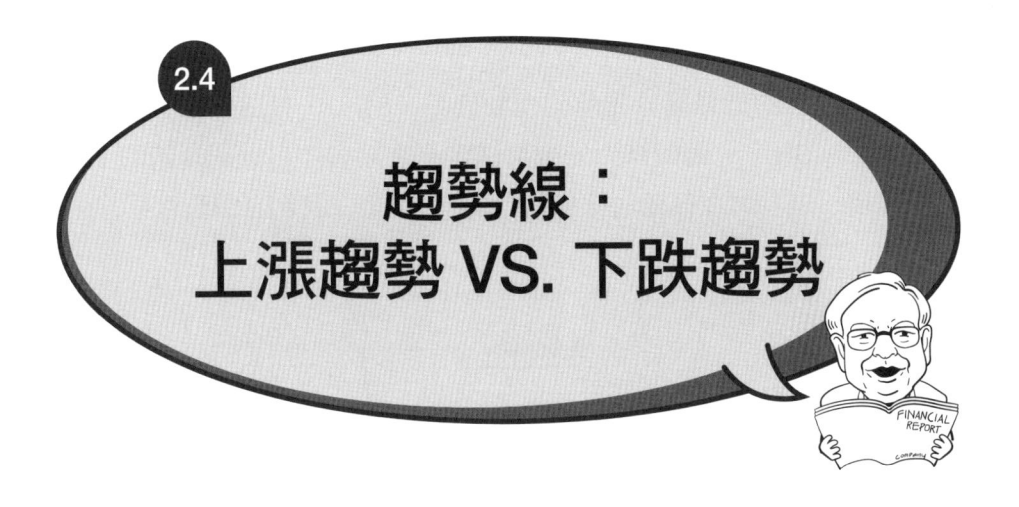

2.4 趨勢線：上漲趨勢 VS. 下跌趨勢

趨勢是價格縱向運動的描述。為了與價格的橫向運動有所區別，技術分析對趨勢做了基礎定義。價格運動按照方向分為向下運動和向上運動，對應的術語是下跌趨勢和上漲趨勢。

下跌趨勢表現為依次出現更低的低點（Lower Low，LL）和更低的高點（Lower High，LH），形成「下跌—反彈—再下跌出新低—再反彈出更低的高點」的價格走勢。

上漲趨勢則是依次出現更高的高點（Higher High，HH）和更高的低點（Higher Low，HL），形成「上漲—回檔—再上漲出新高—再回檔出更高的低點」的價格走勢。根據趨勢定義畫的輔助線就是趨勢線。

2.4.1 趨勢的標注

裸 K 線交易者在價格結構分析時，通常會做標注。以上漲趨勢為例，圖 2-35 中的價格從擺動低點（SL）開始，向上運動到擺動高點（SH），之後回落。回落的過程中，交易者不能判斷是否為一輪上漲

趨勢的開始。

如果回落的低點高於先前的擺動低點（SL），且隨後的上漲突破擺動高點（SH），兩個條件先後都滿足，交易者才可以認為新的上漲趨勢出現。交易者在後續的分析和追蹤中，均以 HH 和 HL 標注。

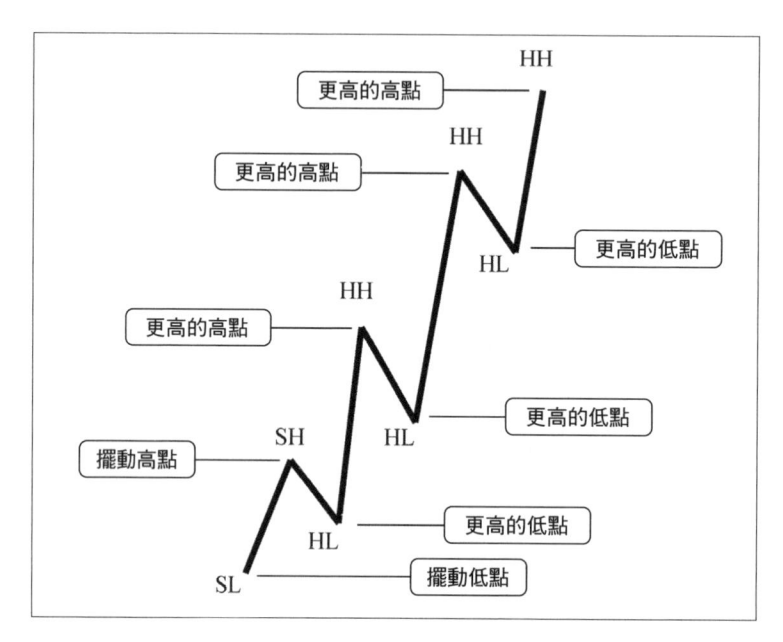

▲ 圖 2-35 趨勢的標注

2.4.2 趨勢線的基礎畫法

事實上，現有技術分析中，關於趨勢線的畫法並沒有嚴謹的統一規則。一般來說，下跌趨勢是連接兩個明顯的高點；上漲趨勢是連接兩個明顯的低點。如圖 2-36 所示，分別畫出下跌趨勢線和上漲趨勢線。

對於實踐派的裸 K 線交易者，基於趨勢線基礎規則畫出的趨勢線不能讓人滿意。如圖 2-37 所示，得到兩條斜率差異很大的上漲趨勢線。

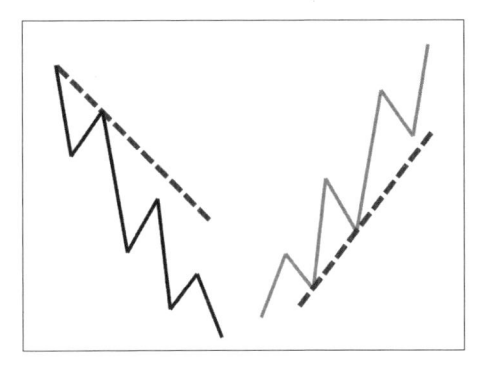

第 2 章　這 4 個基礎技術分析，進場前你得學會

▲ 圖 2-36　趨勢線的基礎畫法

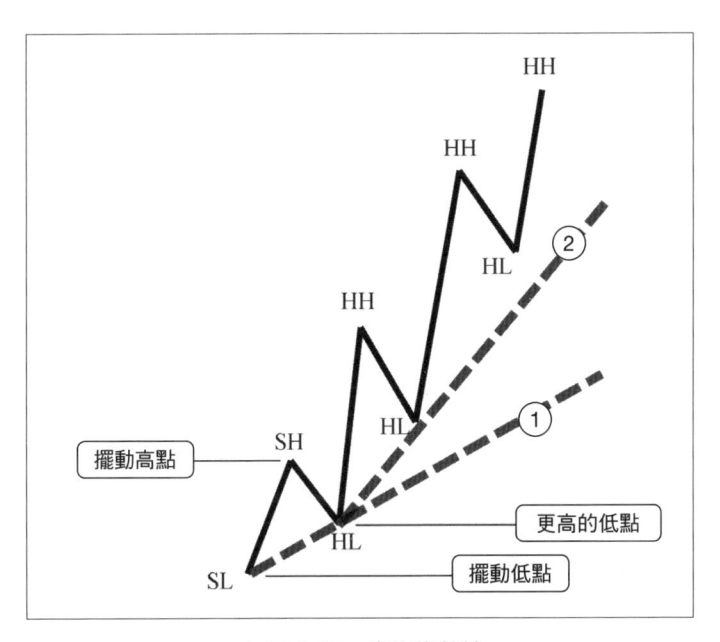

▲ 圖 2-37　多條趨勢線

①號線是以 SL 和第一個 HL 作為基點，畫出的上漲趨勢線。②號線是以第一個 HL 和第二個 HL 作為基點，畫出的上漲趨勢線。

兩條上漲趨勢線的畫法都是對的，只要價格在任何一條趨勢線上方

57

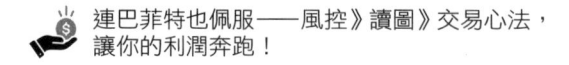

運動，做多的交易者都可以認為是價格維持強勢。

　　但如果以趨勢線作為進出場的標誌，破 ① 號趨勢線離場就有點晚，會回吐更多的浮盈。如果以上漲趨勢中價格觸及趨勢線（價格第三次觸及同一條趨勢線）為進場標準，圖 2-37 中若後續的上漲趨勢為強趨勢，會導致兩條趨勢線都沒有進場機會。

　　若後續走勢為普通趨勢，基於進場規則，① 號線的進場位置是第一個 HL，② 號線的進場位置是第二個 HL。因此，關於趨勢線的基本畫法，有以下三個經驗性的結論。

　　第一，價格在趨勢線上方，強勢。

　　第二，趨勢早期，進場可以側重於 ① 號線。

　　第三，趨勢中後期，交易的重點是離場，以 ② 號線為關注點。

　　另外，技術分析中，關於趨勢線還有一個「三點確認」的規則。所謂「三點確認」，就是三個降低的頂部確認下跌趨勢；三個抬高的底部確定上漲趨勢。如圖 2-37 中的多個低點（SL+HL），選兩個畫出趨勢線後，要有第三個 HL 觸及趨勢線，之後才能確認趨勢線成立。

　　筆者認為，「三點確認」的規則主要適合通道結構的上漲趨勢，對於強勢的上漲趨勢結構，會有確認時間偏晚的弊端。

2.4.3　趨勢線的畫法再討論

　　如同水平線的基礎畫法一樣，趨勢線的基礎畫法也會畫出多條趨勢線，因此有必要再對趨勢線畫法進行討論。

　　任何一段上漲趨勢，前面的走勢要麼是一段下跌趨勢，要麼是一段橫盤走勢。如圖 2-38 所示，無論前面的價格結構是什麼，都會與上漲趨勢的早期運動，形成一個支撐線加壓力線的區間結構，可以認為是一個底部區間運動。

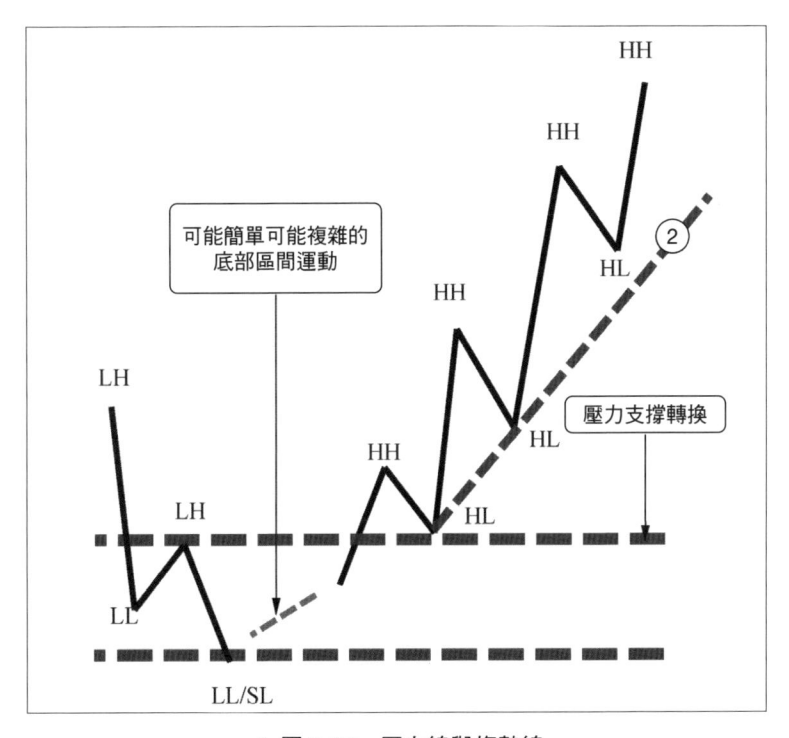

▲ 圖 2-38 壓力線與趨勢線

　　裸 K 線交易者通常會把突破壓力線後的價格運動視為趨勢段，這樣的觀點在圖上就會出現兩個特點：一是壓力支撐互換；二是互換之後趨勢線通常更穩定，有明顯的參考意義。

　　因此，傾向於中線的裸 K 線趨勢型交易者，會以圖 2-38 中的 HL 作為進場點，並作為隨後上漲趨勢的第一個低點，等待價格再次新高後回檔的低點出現，才畫出上漲趨勢線，作為後續追蹤和交易的輔助線。

2.4.4 均線的趨勢意義

真實的價格運動在絕大多數情況下，都不會是教科書上以折線圖表示的完美形式。以趨勢運動為例，通常會出現短時間破趨勢線的實際價格運動，一般稱為毛刺。毛刺主要是K線的影線，也可以是少數的K線實體。事實上，交易品項受外部影響（例如大盤），有時候可能出現更劇烈的逆趨勢運動。

裸K線交易法在趨勢明朗階段，一般會採用均線追蹤趨勢。在日線圖上，圖2-39中的走勢通常會持續好幾個月，甚至一年多。很明顯，一路下跌確定底部後，做了很長一段時間的橫向運動。之後突破底部區間，走了兩段上漲趨勢，交易者利用均線能夠更好地分析價格結構。如圖2-39所示，20均線追蹤中期走勢，60均線追蹤長期走勢。

對於具體的交易品項，設置什麼樣的均線參數更合理有效，交易者需要自行調試。

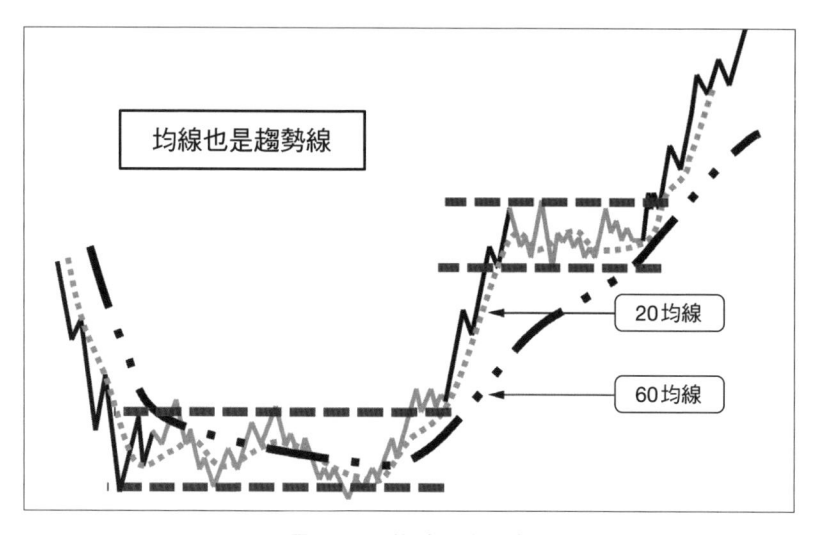

▲ 圖2-39 均線的趨勢意義

第 3 章

看圖就懂！
裸K線交易法的
5大技術分析

3.1 價格運動的技術原理，以道氏理論為基礎

價格運動的技術原理需要回答以下兩個問題。

第一，價格以什麼樣的方式運動。

第二，價格為什麼會在特定的時空點，以特定的方式運動。

很明顯，所有的技術分析理論都試圖回答上述兩個問題，但是都不盡如人意。

裸K線交易法坦然接受技術分析理論的不完美，也不追求技術分析的完美，而另闢蹊徑，把交易數學和傳統技術分析方法結合，形成了側重於交易實踐的理論體系。本書主要以道氏理論，以及威科夫的價格循環和價格結構作為理論基礎，分析裸K線交易法的技術。

3.1.1 交易視角的道氏理論

《道氏理論》是技術分析的奠基之作，所有的交易者都應該認真閱讀這本小冊子。查理斯・H・道試圖建立市場價格運動的科學體系，主要採用統計學這個數學工具，記錄和分析價格運動的規律，圖3-1是道

第 3 章　看圖就懂！裸 K 線交易法的 5 大技術分析

瓊斯運輸業股價平均指數①的長期走勢圖。但只要是有人主動參與的領域，幾乎不可能建立類似自然科學的純粹科學體系。道氏理論的第三條假設「道氏理論並不總是正確」，意味著道氏真誠地承認了這個事實。

在討論道氏理論之前，再次強調一下道研究市場的工具是「統計學」。行情是歷史的重複，很大程度上表現為統計數據的重複。

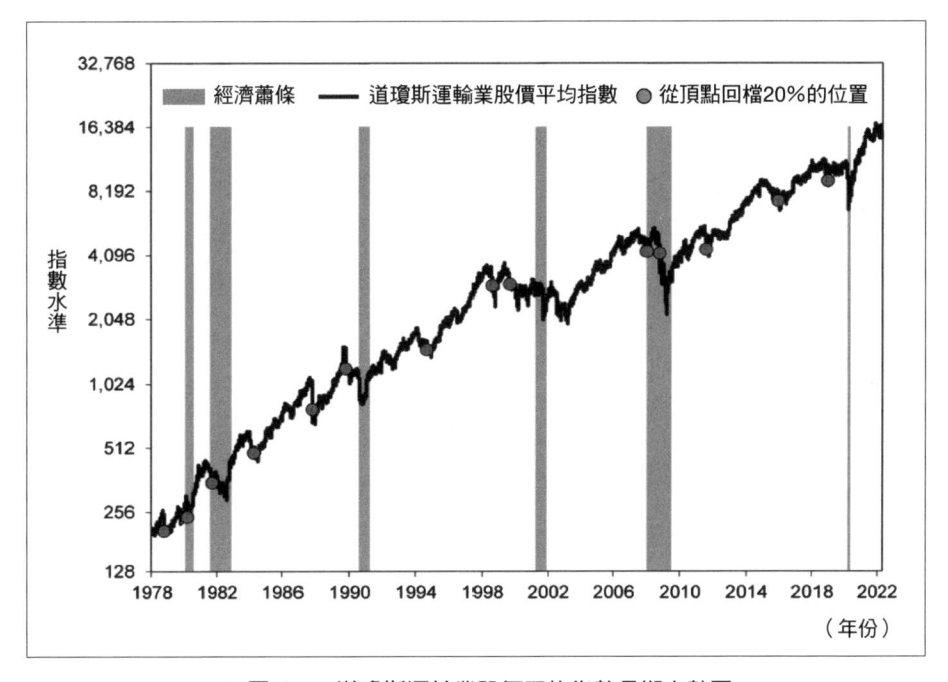

▲ 圖 3-1　道瓊斯運輸業股價平均指數長期走勢圖

---

① 道瓊斯運輸業股價平均指數（Dow Jones Transportation Average, DJTA）是古老的道瓊斯指數之一。在道氏的時代，被稱為道瓊斯鐵路平均價格指數，基準日期為 1896 年 10 月 26 日。如今常說的「道瓊斯指數」指的是道瓊斯工業平均指數（Dow Jones Industrial Average, DJIA），它的基準日期為 1896 年 5 月 26 日。

道氏所處的時代，記錄行情是一項艱巨的挑戰。他所創造的「道瓊斯指數」以日線數據為基礎，奠定了日線圖在技術分析和交易中的基礎地位。即使以毫秒計的量化程式交易大行其道，也沒有撼動這個基礎事實。

道氏理論主要講了三大塊內容：時間視角的三種運動、型態視角的價格結構和指數相互驗證。

（1）時間視角的三種運動：道氏理論把市場分為主要趨勢運動、次級運動和日間波動。

按照威廉・彼得・漢密爾頓在《股市晴雨表》一書中的解釋，主要趨勢運動是市場的整體運動（牛市或熊市），通常歷時 1～3 年，一般不會少於 1 年的時間；次級運動是指牛市中的回檔或是熊市中的反彈，持續時間為 1～3 個月；日間波動是不重要的日間價格波動。

如果把主要趨勢運動視為月線圖的趨勢，次級運動視為週線圖的趨勢，加上基礎的日線圖。道氏在闡述三種運動分類時，其實首先從時間的視角把價格運動進行分類，對應的交易策略則是長期、中期和短期。

道氏理論關於價格運動的時間框架，對於裸 K 線交易者非常重要。任何一個裸 K 線交易者都需要建立長、中、短的三級時間框架。

（2）型態視角的價格結構：道把價格結構分為趨勢（牛市和熊市）、頂／底和線性窄幅盤整三種類型。

道氏理論用很大的篇幅，濃墨重彩且詳盡地描述趨勢的各種細節和對應的統計數據，毫不掩飾地告訴讀者趨勢在交易中的重大意義——趨勢才是最有交易價值的價格運動。

道氏理論主要討論雙底和雙頂型態，討論的出發點是研判趨勢的變化。牢記這一點很重要：道氏認為，在趨勢持續過程中，假雙底或假雙頂型態可能多次出現。以做多為例，他認為抄底不如突破，也就是趨勢變化後的進場點，遠遠優於雙底進場點。

筆者一直認為，線性窄幅盤整（Lines）這個概念是道氏送給裸K線交易者最好的禮物。他認為一個「線性窄幅盤整」的型態一般會持續2～3週，或是更長的時間，價格在5%的窄幅區間運動。這個區間意味著吸籌或是派發，隨後的價格運動方向會告訴市場的真相。

「線性窄幅盤整」這個概念可以說是交易數學能夠發展的事實基礎，因為這是明確的交易優勢區，交易者能夠獲得很高的盈虧比。更重要的是時間成本不高，幾週之後就會有結果。

（3）指數相互驗證：道氏建立了鐵路平均價格指數和工業平均價格指數，市場主要趨勢運動的變化，必須得到這兩種指數的同時驗證。只有兩種指數都進入牛市或是熊市，才能得出市場進入牛市或是熊市的結論，指數相互驗證可以不同時發生。

事實上，這一點是道氏理論被詬病最多的地方。隨著時間推移，上市公司的數量和行業都發生巨大變化，基於美國工業化早期的兩種指數，確實落後於時代的發展，不能繼續提供有效的指數相互驗證。

道氏提出「指數相互驗證」的出發點，反映了他長期觀察到的一個基本事實：股市是經濟的晴雨表。在他的時代，鐵路平均價格指數和工業平均價格指數，確實能反映經濟預期的兩種指數。市場永存，人生有限，以這一點去詬病，甚至推翻道氏理論是以偏概全。

「相互驗證」對於裸K線交易者來說，是一個重要的基礎概念和有效工具。儘管很多裸K線交易者相信，只看交易品項的K線圖就可以了，沒有必要參考其他品項。

而筆者認為，日線以下的交易者可以這麼做，但日線及日線以上的交易者，最好能參考交易品項的關聯品項，或者大盤類的指數，從而在主觀判斷和決策時多一分把握。當然，裸K線交易者一定不能選太多參考品項，1～5個就足夠了。

以上關於道氏理論的討論，明顯不同於一般技術分析的框架和角

度。一般技術分析偏重於行情解釋和可能的預測，而裸K線交易法完全從尋找高品質的交易機會出發，對於各種理論的學習和掌握來說，更側重於交易實踐。

3.1.2　威科夫的價格循環和價格結構

　　威科夫與道最根本的差異在於：道氏認為市場不可能被操縱，至少主要趨勢運動不可能被操縱；威科夫則認為，市場的參與主體中，確實存在一些資金雄厚的聰明錢，而聰明錢的交易行為在一定程度上，決定市場運動的方向。

　　威科夫認為市場的真相是，聰明錢與其他參與者的零和博弈，聰明錢賺的就是其他參與者虧的。這個遊戲表現的形式是籌碼換手，聰明錢低買高賣，其他投資者低賣高買。由於籌碼換手會以「價量」的關係在圖表上留下特殊痕跡，所以威科夫創造了價格循環和價格結構兩個模型：價格循環建立了價格運動的內在原理；價格結構闡述了聰明錢低買高賣的技術細節。

　　（1）威科夫價格循環：圖3-2是威科夫價格循環的簡化示意圖。如圖3-2所示，圓弧的底和圓弧的頂是兩個橫盤區間，分別代表吸籌區和派發區。連接吸籌區和派發區是一段上漲趨勢，同樣地，連接派發區和吸籌區是一段下跌趨勢。行情在吸籌區表現為超賣，在派發區則表現為超買。上漲趨勢階段，買方力量大於賣方力量；下跌趨勢階段，賣方力量大於買方力量。

　　站在聰明錢的視角，價格循環運動是從下跌趨勢開始的。聰明錢要麼使用派發區剩餘的籌碼，要麼低買高賣。總之利用資金優勢在市場上突然提供大量的賣方力量，引導市場參與者形成下跌預期，並執行賣出操作，在圖表上就表現為放量大跌。

第 3 章　看圖就懂！裸 K 線交易法的 5 大技術分析

　　當價格跌到支撐位附近，聰明錢開始緩慢收集籌碼，並把重視時間成本的短線投機者擠出場，這個過程在圖表上就表現為橫盤區間運動。強勢品項的區間會出現更窄幅的收斂，與道氏闡述的「線性窄幅盤整」基本上一致。

　　之後，聰明錢大肆買進，突破吸籌區的壓力線，引導市場形成上漲趨勢的預期，市場因此出現大量的買方力量，共同把價格推升到某個壓力位附近，價格循環也就進入派發區。在派發區，儘管市場其他參與者紛紛買進，但是聰明錢的大量賣單抵消了這樣的買進力量，在圖表上則表現為放量滯漲。

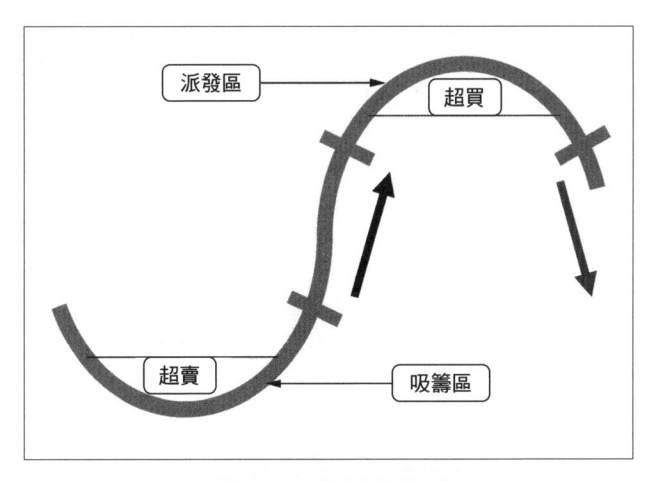

▲ 圖 3-2　威科夫價格循環

　　跟隨聰明錢的成功交易者，充分瞭解價格循環的真相。只有當價格放量突破吸籌區壓力線，進入上漲趨勢階段才會果斷介入，並在放量滯漲時及時離場。

　　虧錢的市場參與者則是在派發區進場，因為價格終於出現回檔。然後陪著聰明錢走完派發和下跌階段，在新的吸籌區與聰明錢完成籌碼換

手,並等待下一個派發區再次進場。

（2）威科夫價格結構：威科夫價格結構是裸K線交易法從尋找交易機會的角度,衍生出來的概念,與原始的威科夫理論有一定的差異。很明顯,威科夫的價格循環模型是一個原理性的價格運動模型,描述最基本的價格運動循環結構：橫盤運動—趨勢運動（上漲）—橫盤運動—趨勢運動（下跌）。事實上,市場中實際價格運動的真實情形,遠比這樣的簡化模型要來得更複雜。

因此,裸K線交易法從交易的視角,可以把威科夫價格循環模型分為兩種基本價格結構,即簡單價格結構和複雜價格結構。

如圖3-3所示,對於簡單價格結構,裸K線交易者只關注吸籌區突破後的趨勢運動。按照這樣的策略,無論是主動停利賣出,還是趨勢線破位賣出,都能夠抓緊一次盈虧比約2：1的優質交易機會。

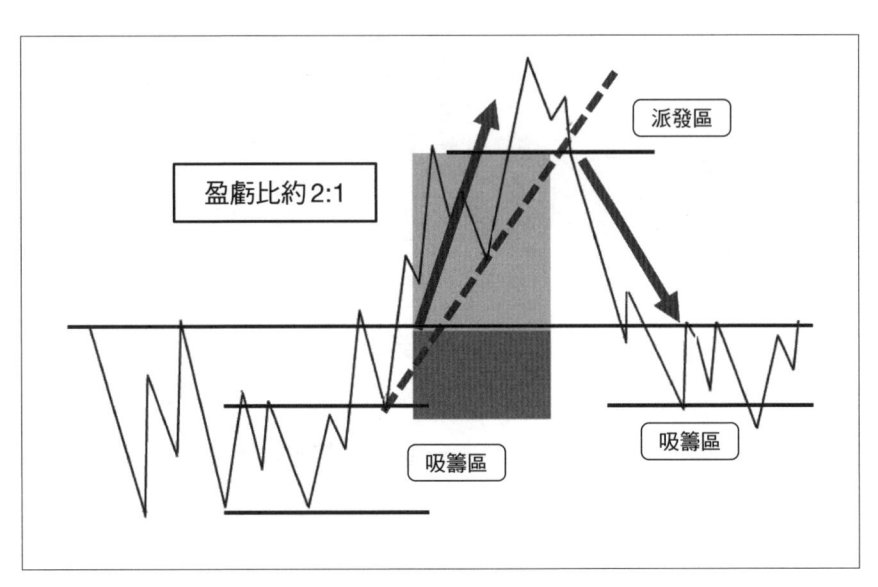

▲ 圖3-3　威科夫簡單價格結構

如圖3-4所示，裸K線交易法認為威科夫的價格循環中，第二個窄幅價格區間是一次「再吸籌」區間，從而形成：橫盤運動（吸籌）—趨勢運動（上漲）—橫盤運動（再吸籌）—趨勢運動（上漲）的複雜價格結構。

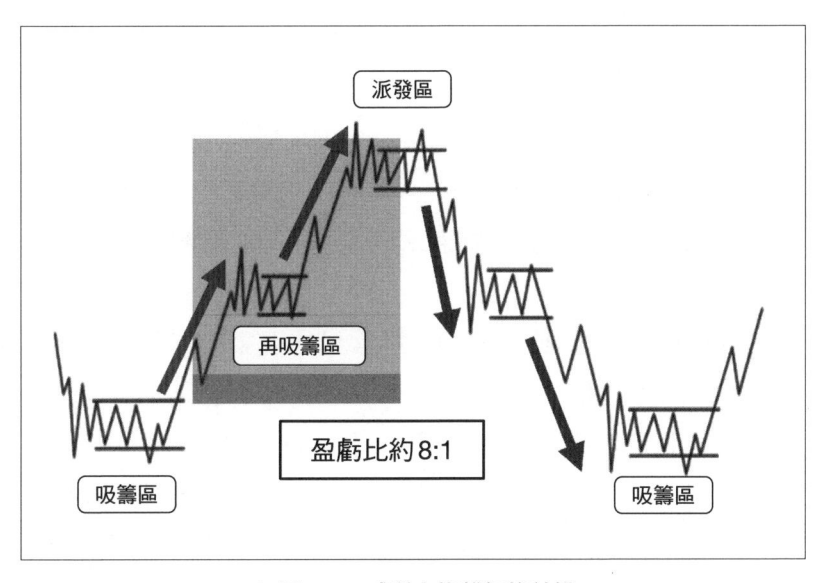

▲ 圖3-4 威科夫複雜價格結構

若交易者在第一輪上漲後選擇不離場，那他便主觀認為市場後續形成的價格結構，可能是如圖3-4所示的複雜價格結構，而不是如圖3-3所示的簡單價格結構。此主觀判斷令交易者需要承擔判斷失敗的損失，判斷失敗的結果可能是回吐大量的浮盈，甚至是平手離場。但如果主觀判斷正確，那麼這樣的交易計畫，就能獲得盈虧比約等於8的回報。

交易實戰中，當價格突破吸籌區後，不同的交易者會採用不一樣的交易策略和交易計畫。偏短線的交易者青睞簡單價格結構；中長期交易者則更偏愛複雜價格結構。

3.1.3　價格運動的三大經驗特徵

人類漫長的交易歷史中，無數交易大師發現了價格運動的三個重要特徵，並試圖解釋背後的原理。由人參與的市場不可能出現一一對應的因果關係，各種解釋並沒有獲得公認。但這不影響交易者學習和使用，因為幾乎所有的交易大師都發現價格運動中經常出現的某些現象，並利用這類經驗在市場中獲得獲利。

市場的價格運動有三個重要特徵，分別是慣性、對稱和磁吸。

（1）慣性：慣性就是運動會維持目前的狀態，除非有外力改變。在價格運動中表現為：橫盤走勢通常會繼續橫盤；趨勢運動也不會輕易結束。

（2）對稱：對稱是自然界中一種常見的現象，運動也經常呈現對稱特徵，例如鐘擺運動。如圖3-4所示，以再吸籌區為中心，兩段上漲有明顯的對稱特徵；而整個價格結構，也呈現左右對稱的關係。

（3）磁吸：價格運動中，特定的輔助線都表現出磁吸效應，包括支撐線、壓力線、趨勢線和均線。價格在運動中，總是會間接觸及這些輔助線，就像被吸鐵石吸引一樣。

很遺憾，上述三個特徵從交易實戰的角度來看，都屬於技術分析中形而上學的概念，難以成為實際的交易規則。但多數成功的交易者對這三個經驗特徵，均有個人獨特的感悟和應用方式。

3.1.4　價格擺動

價格擺動是裸K線交易法技術原理到技術分析的關鍵概念，擺動由擺動高點（SH）、擺動低點（SL），以及兩者之間的K線構成。

但由於不同時間週期框架的干擾，所以很難嚴謹定義出一段擺動。

例如，日線圖上一段明顯的擺動，在週線圖上只是擺動的一部分，甚至僅僅是一個沒有完成的單根K線。即使是在同樣的日線圖上，趨勢下跌中的反彈，哪些是擺動、哪些不是擺動，也是各有判斷難有共識，尤其是在價格持續運動時。

很明顯，擺動是一段趨勢運動，也是高品質的交易機會。事實上，裸K線交易者總是在試圖抓住一段擺動。

參看圖1-8，區間運動的支撐線買、壓力線賣，做的是區間內的一次擺動。在圖3-3中，突破吸籌區買，從擺動的中間順勢進場，做的是擺動的後半段。在圖3-4中，交易者認為突破吸籌區，是一段大型擺動的起始點，試圖掌握一段大型擺動。

上述三種交易策略，就是裸K線交易法常用的三種交易策略。這三種策略暗含價格運動的三大經驗特徵。圖1-8和圖3-3應用了慣性，圖3-3還應用了對稱，兩者都利用了輔助線的磁吸效應；圖3-4主要應用了慣性和對稱。

3.2 區間結構的技術分析，從潛在的獲利空間出發

按照技術分析的一般闡述，價格在相對固定的區間保持橫向運動，這樣的價格結構就是區間結構。

但是，交易者打開任何一個交易品項的K線圖，都會驚訝地發現，任何一根K線，既可以認為是在區間運動，也可以認為是趨勢運動。放大週期看幾乎都是區間運動，這個事實驗證了基本面派的觀點：任何一個有價值的交易品項，價格既不可能漲破天，也不可能遠低於自身的內在價值。

如何定義區間結構，也因此成為技術分析的難題。回看歷史走勢，一個一個區間顯而易見，但是這些區間是相對獨立的區間，還是大區間內的小區間，則很難有定論，更不要說研判未來的可能走勢了。這也是一般技術分析易學難用的原因之一，困擾了無數交易者。

裸K線交易法本質上並沒有貢獻新的分析技術，而是從尋找交易機會的角度，重構經典的分析技術。裸K線交易法確定區間結構，充分體現化繁為簡、注重實踐的交易哲學。

首先，從潛在的獲利空間出發，盈虧比大於2的確定區間是基本條

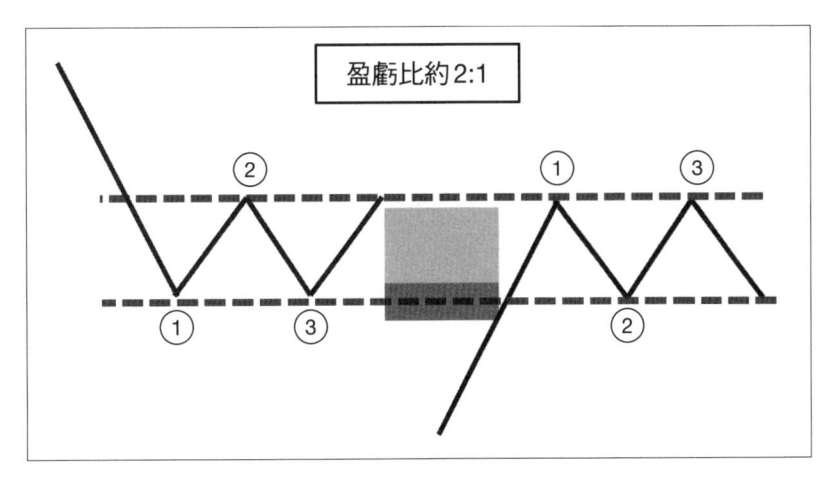

[圖:盈虧比約2:1，區間結構示意圖]

▲ 圖3-5　區間結構的形成

件。其次，利用慣性經驗特徵，三次拐點後才被視為可能是區間結構。如圖3-5所示，左側是下跌，右側是上漲，區間都滿足盈虧比約等於2。

左側下跌中，① 和 ② 形成支撐線和壓力線，③ 二次確認了支撐線。激進的做多交易者可以在 ③ 進場，穩健的交易者則會在價格再次接近支撐線時進場，在壓力線附近主動賣出。

右側上漲中，① 和 ② 形成壓力線和支撐線，③ 二次確認了壓力線。做多的交易者則會在價格再次接近支撐線時進場，在壓力線附近主動賣出。

裸K線交易法處理區間結構的方法，儘管不完美，但是能夠為交易者建立切實可行的交易架構，進而確定交易策略，擬訂交易計畫，執行交易。

如果價格不再回檔支撐線，直接上漲怎麼辦呢？裸K線交易者通常有兩種方式應對：一是價格走區間結構的主觀判斷失敗了，沒有交易機會；二是可以利用圖3-3和圖3-4的策略，把這個區間視為吸籌區。

總之，裸K線交易法從尋找交易機會出發，利用經典的市場分析技

術，經由定義可交易的區間結構，構建起一整套技術分析體系，並在此基礎上衍生出各種交易策略。因此區間結構，是裸K線交易者需要加強學習和掌握的基本功。

牢記裸K線交易法的關鍵點，依據輔助線尋找交易的優勢區，交易優勢區通常應該滿足盈虧比約等於2。

裸K線交易法中，區間結構包括三塊內容：主區間、支撐線或壓力線附近的小型區間，以及區間結構的內部價格運動。

3.2.1 主區間的識別和確認

區間結構的主區間，是指有交易機會的兩條水平線構成的區間。主區間的識別和確認，就是壓力線和支撐線的識別和確認。裸K線交易法重視的是潛在交易機會，並不以行情分析和解釋為主，因此支撐線和壓力線的確定有兩個要點：一是就近原則，儘量以最近的一根K線做參考，尤其是可以歸屬為訊號K線的K線；二是要滿足盈虧比。

當然，如果其中有一條水平線能夠接近某條關鍵水平線，就要以關鍵水平線為首選。如圖3-6所示，左下角是上漲，因此按照①②③確認區間結構後，就確定了主區間的兩條水平線。

右側是下跌，大幅下跌後按照①②③確定區間結構。此區間支撐線是先前的壓力線，屬於關鍵水平線；壓力線②③沒有選擇兩個三角形，原因是以三角形做②③確定主區間結構，盈虧比不足2。

如圖3-7所示，①②③確定區間結構，支撐線有前面缺口支撐，屬於關鍵水平線。壓力線採用水平線的基礎規則，觸及更多的小型頂部。後續的走勢，驗證了這根壓力線也是關鍵水平線。

總結一下，主區間的支撐線以關鍵水平線為佳；順趨勢的區間結構更有做多優勢。

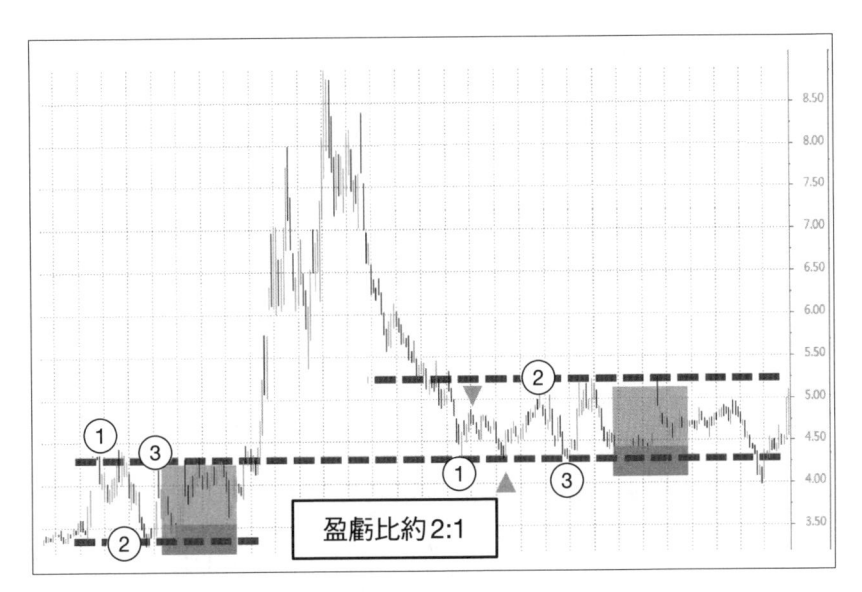

▲ 圖3-6 主區間結構的確定（1）

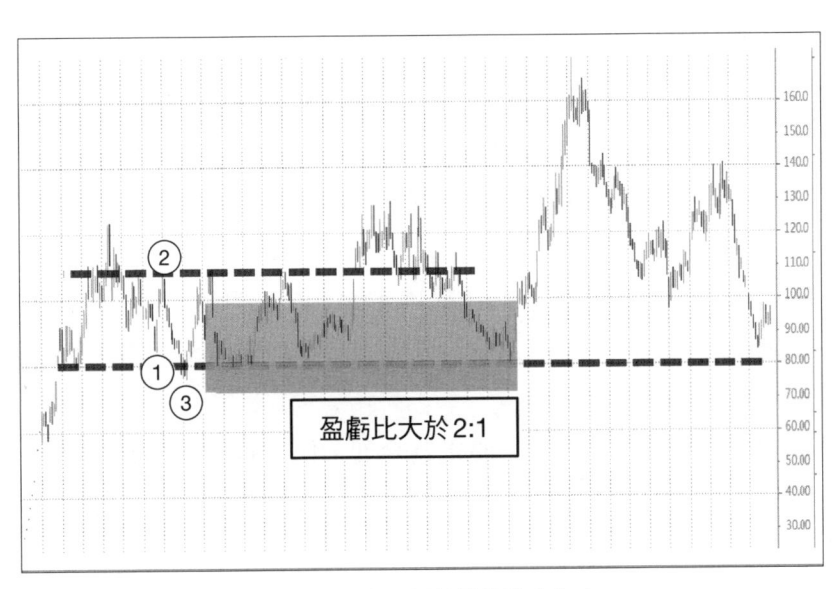

▲ 圖3-7 主區間結構的確定（2）

3.2.2 支撐線及壓力線附近的小型區間

既然支撐線和壓力線不是一根線,而是一個小型區間,裸K線交易法進場就要重點研究這類小型區間。

如圖3-8所示,中間是日K線圖,上下分別是壓力線和支撐線附近的30分鐘K線圖。很明顯,在30分鐘K線圖上,清晰呈現出小型區間的內部結構,比日線更早出現訊號K線。

裸K線交易者通常會在支撐線和壓力線附近,採用更小時間週期的K線圖。例如使用日線做交易的投資者,會在60分鐘、30分鐘甚至5分鐘的K線圖上,尋找更有優勢的進場點。

所謂更有優勢,主要表現在盈虧比上。一般情況下,30分鐘K線圖上的進場停損點,大致會是日K線圖的50%。在圖3-8中,30分鐘K線圖上的進場點會是4.10元/股左右,日K線圖上則會在4.20元/股左右,停損位置均以4.00元/股計算。

如果停利點以5.00元/股計算,日K線圖的盈虧比大約是4;30分鐘K線圖則大約是9。從交易數學的角度來看,這是巨大的差異。當然,採用小一級時間週期做進場規劃也有弊端,由於採用太頻繁的停損位設置,導致有更大的可能性會被停損。

需要說明的是,估算盈虧比採用4.00元/股和5.00元/股的整數位,實戰中這樣處理是不合適的,原因在於整數數值不合適作為停損點和停利點。

實戰中,停損以3.97元/股更為合理,比4.00元/股低,也比3.98元/股低;停利同樣不要選擇5.00元/股的整數數值,而是選擇4.92～4.97元/股的數值為佳。

這樣定義出來的區間結構,過濾了多數的橫盤運動,是一種相對標準的區間運動。通常會以小型趨勢運動的方式觸及支撐線和壓力線,可

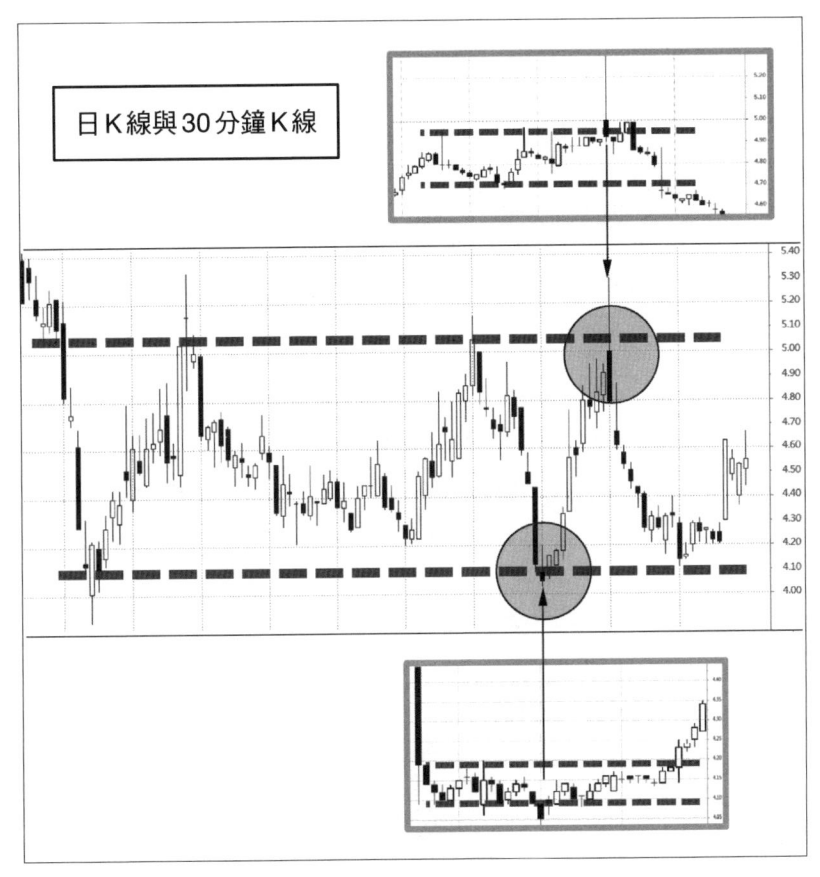

▲ 圖 3-8　支撐線／壓力線附近的小型區間

以採用停損被動離場和停利主動離場的方式處置，基本上不理會區間內的價格運動。同時，持續的時間也不長，屬於短線交易策略。

3.2.3　更大的區間結構

上述關於區間結構的討論更多時是窄幅收斂結構，也就是道氏理論的「線性窄幅盤整」結構。道氏研究的是指數，因此提出5%的收斂區

間。對於股票類的交易品項，區間通常會大於指數的波動範圍，與個股的歷史波動率有關。

在日線圖上，這類窄幅收斂區間往往是更大區間結構的小型區間，即更大區間運動的吸籌區（或派發區）。

因此，對於裸 K 線交易者來說，更有價值的交易機會是：在更大時間框架內，窄幅收斂結構出現在關鍵支撐線附近，同時距離歷史關鍵壓力位有足夠大的波動空間，從而獲得一個「吸籌區（派發區）—突破—趨勢」的高品質交易機會。

如圖 3-9 所示，下側的區間結構在更大時間框架中，是窄幅收斂的吸籌區，突破後觸及更高的壓力位。吸籌區的盈虧比稍微大於 2，而在更大的區間結構視角下，盈虧比則大於 8。

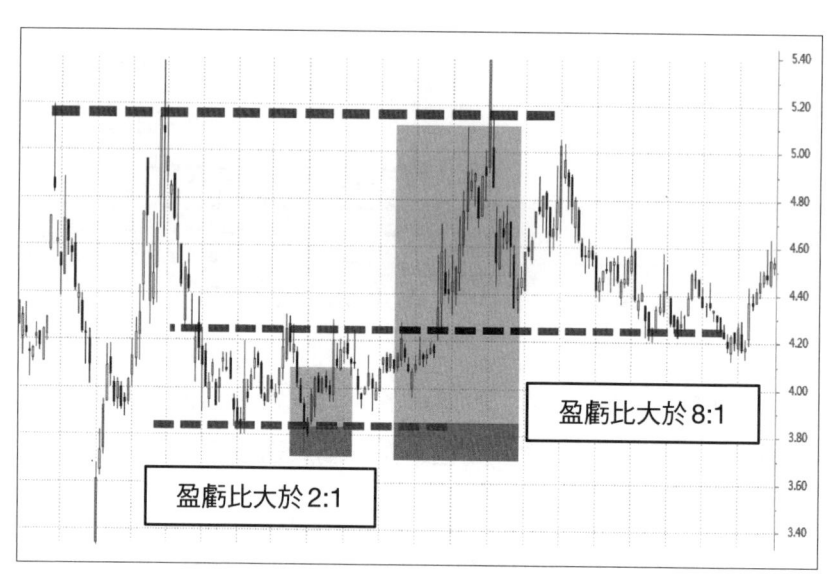

▲ 圖 3-9　更大的區間結構

3.2.4 區間結構的內部價格運動

區間結構的內部價格運動，主要有以下兩種特徵。

（1）左側高點的壓力作用：如圖3-10所示，將左側的高點和右側的臨時性頂部兩點連線，就會畫出一根水平線，成為小型的壓力線。在區間結構的內部運動中，價格運行到左側高點附近時，通常會成為壓力，形成臨時性的頂部。

（2）對稱：在區間結構中，運動的對稱性隨處可見。以圖3-10中價格運動的空間數值為例，左側兩段下跌大致相等，是對稱；右側兩段上漲也大致相等，同樣是對稱。左側兩段下跌當成一段下跌趨勢，右側兩段上漲也當成一段上漲趨勢，左右兩段趨勢的數值也大致相等，還是對稱。

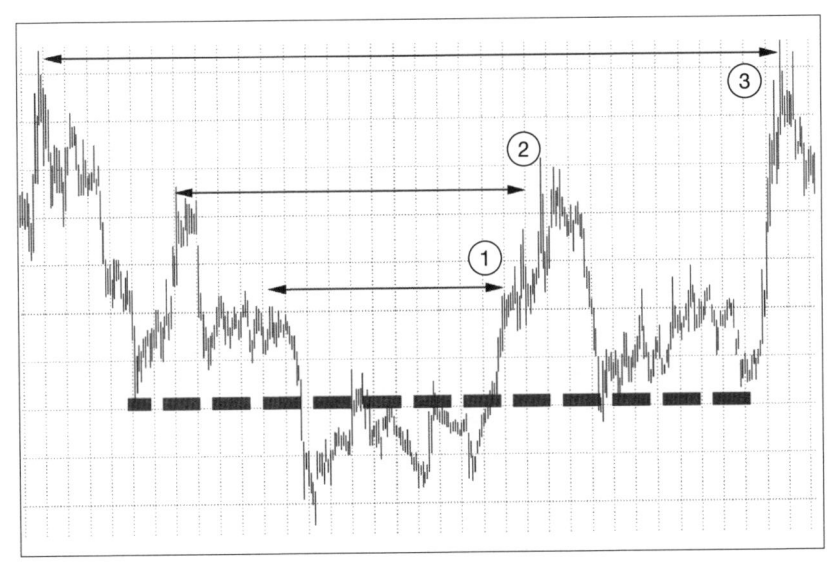

▲ 圖3-10　內部價格運動的特點

雙向的假突破也屬於對稱。如圖 3-11 所示，當價格在支撐線附近形成假突破後，隨後的上漲往往也可能會在壓力線附近出現假突破，形成對稱的假突破。

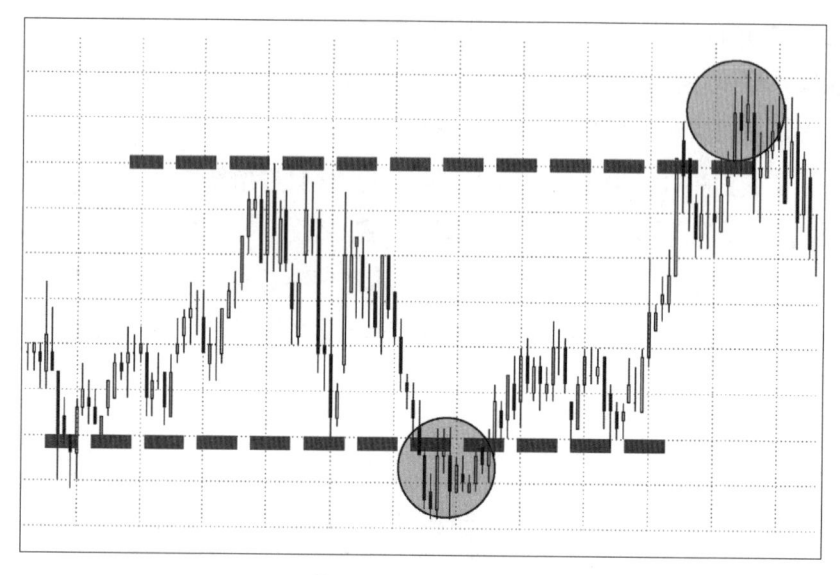

▲ 圖 3-11　對稱的假突破

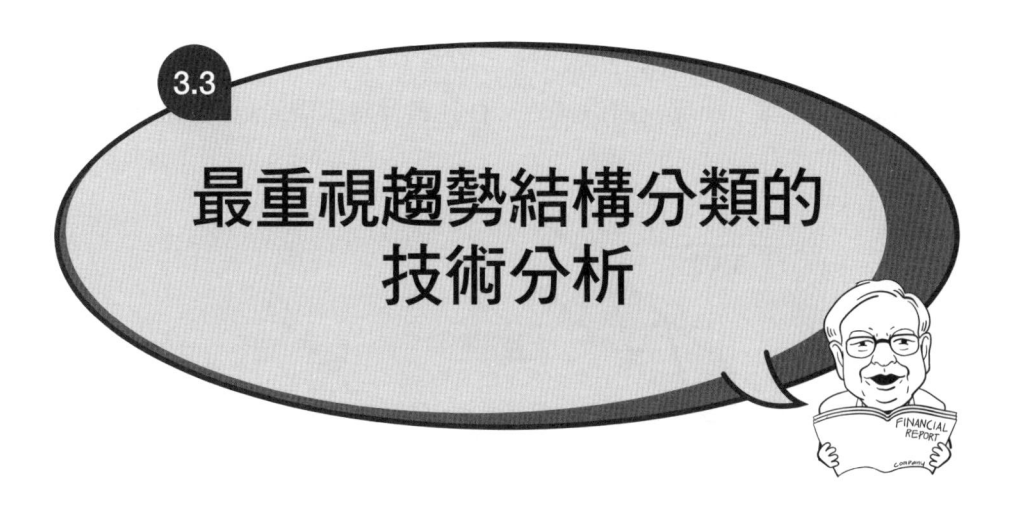

3.3 最重視趨勢結構分類的技術分析

裸K線交易法中的趨勢結構技術分析，與其他技術分析理論大同大異。大同是指都在分析趨勢，大異則是指裸K線交易法最重視趨勢結構的分類。

一般情況下，不同類型的趨勢結構對應不同的交易策略。在交易實戰中，很多交易者看對趨勢卻虧了錢，主要原因就是不理解趨勢結構的分類。

3.3.1 通道線

在上漲趨勢中，連接兩個更高的低點（HL）就畫出一根趨勢線，再以更高的高點（HH）畫一根趨勢線的平行線，這根平行線就是通道線。在趨勢上漲階段，趨勢線是價格運動的支撐線，通道線是價格運動的壓力線。

趨勢運動中，價格在趨勢線和通道線形成的傾斜平行通道中運行，表現了價格運動的慣性特徵。兩線對於價格均有磁吸效應，一般情況

下，趨勢線的磁吸效應更明顯一些。如圖3-12所示，價格會以更多的次數觸及趨勢線，而觸及通道線時，往往會及時出現遇阻調整的特點。

▲ 圖3-12　通道線

如圖3-13所示，如果把傾斜的趨勢線和通道線扭轉為水平狀態，其結構與區間結構大同小異，並呈現出與區間結構相似的運動特徵。因此，區間結構的分析方法和結論，很大程度上適用於趨勢中的通道結構。例如，趨勢線附近可以採用「小型區間結構」的方法。

區間結構的內在邏輯是橫向運動，趨勢運動的內在邏輯是縱向運動。由於兩者內在邏輯不一樣，所以通道線往往會被趨勢的加速運動打破，出現變軌。變軌是指趨勢線的角度出現明顯的變化，以上漲趨勢為例，趨勢線的斜率變大，修正趨勢線後，再以更高的高點（HH）畫出

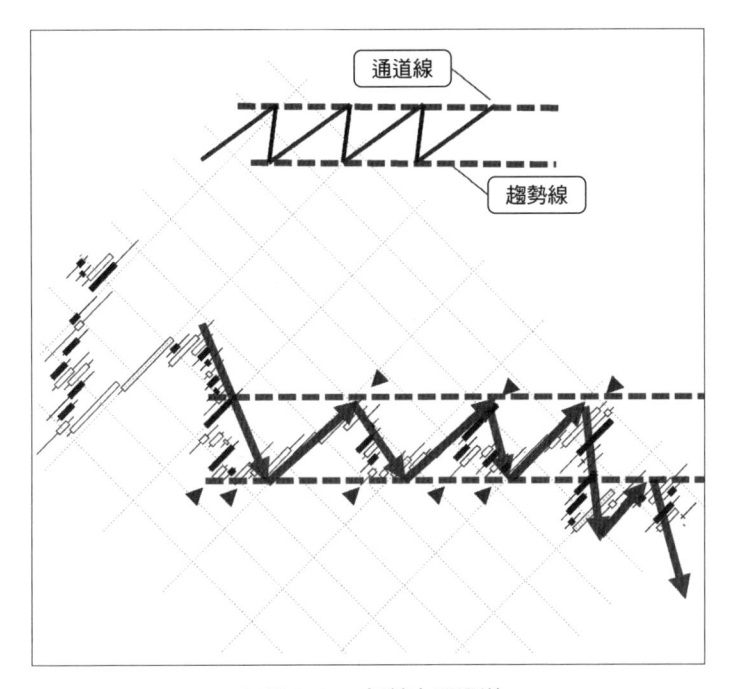

第 3 章　看圖就懂！裸 K 線交易法的 5 大技術分析

▲ 圖 3-13　扭轉上漲通道

通道線，從而獲得新的通道。

　　如圖 3-14 所示，① 號通道是緩慢的爬升，趨勢線的斜率相對較小，通道線的壓力明顯。當價格突破 ① 號通道後價格快速上漲，形成斜率極大的 ② 號通道。② 號通道結束後價格寬幅震盪，形成斜率近似 ① 號通道的 ③ 號通道，呈現上漲乏力的特點，很可能進入了派發區。

　　值得注意的是，如果趨勢以通道結構運行，當時間夠長、空間也夠大時，變軌往往會失敗，這樣的價格行為通常是趨勢結束的前兆。如圖 3-15 所示通道變軌失敗，逆轉訊號 K 線出現，上漲趨勢出現結束的早期訊號。

　　還有一種常見的情形是弱勢的通道結構。弱勢的通道結構表現為，趨勢的中後期，價格獲得支撐線的支撐後向上運動，但是往往難以觸及

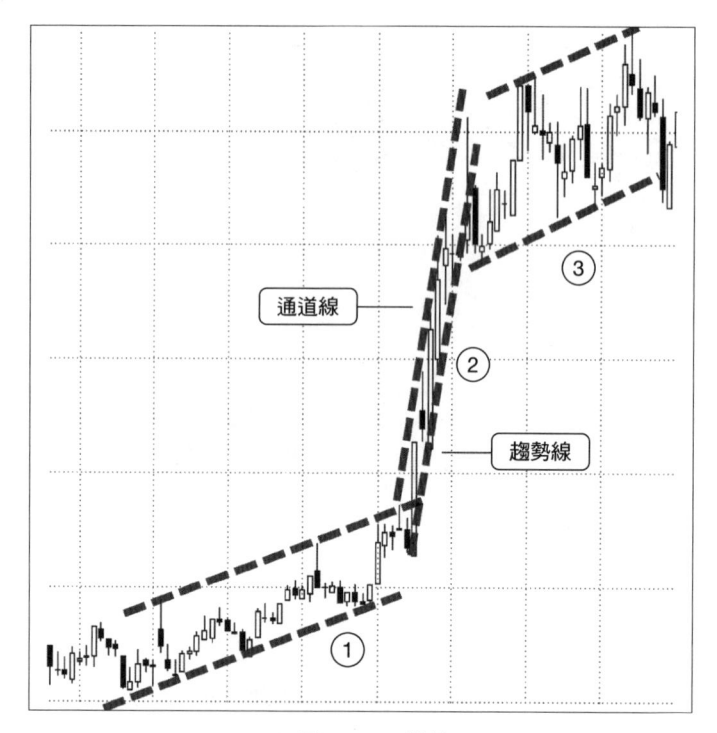

連巴菲特也佩服——風控》讀圖》交易心法，讓你的利潤奔跑！

▲ 圖 3-14　變軌

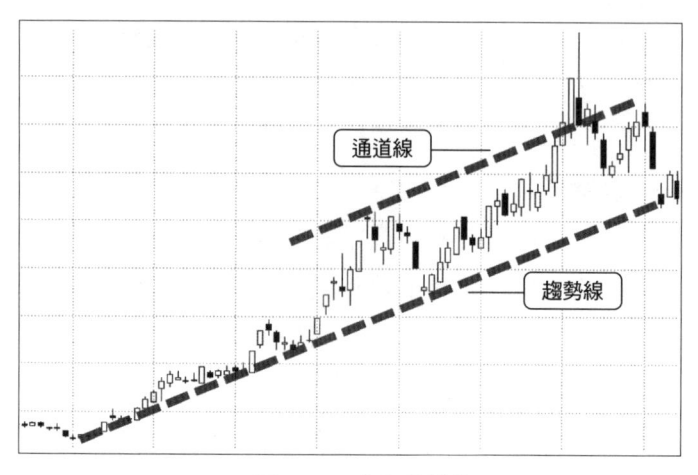

▲ 圖 3-15　失敗的變軌

通道線。如圖3-16所示，更高的高點（HH）儘管繼續出現，但距離通道線越來越遠，這是**趨勢弱勢**的標誌。如果持續的時間夠長，在接近通道線的過程中出現逆轉訊號K線，則可能是趨勢結束的標誌。

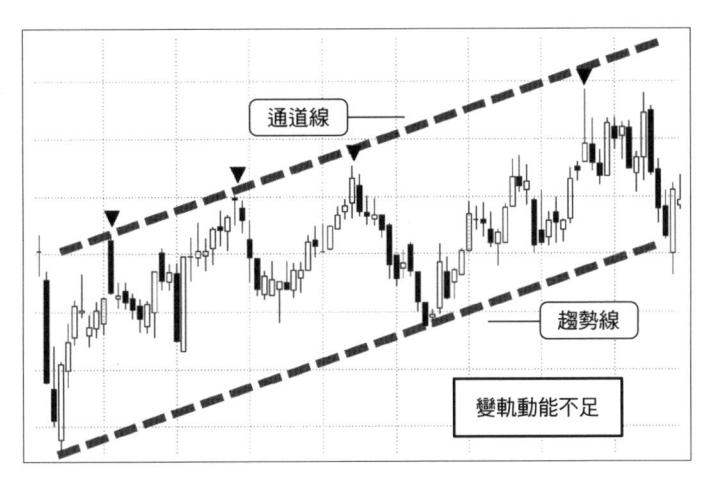

▲ 圖 3-16 弱勢的通道結構

弱勢的通道結構往往與區間結構很類似，其實也可以看成是區間結構。多數情況下，弱勢的通道結構可以歸類為楔形型態，屬於更大時間週期內的次級運動。

3.3.2 趨勢的強度

強勢的趨勢會快速上漲，很難觸及交易者設置的停損單。這樣的情形就是「買了就漲，就大漲」，給交易者帶來豐厚的利潤。弱勢的趨勢則往往伴隨著深度回檔，且會觸及交易者設置的停損單，出現交易者「看對行情卻虧錢」的情形。

趨勢的強度表現為價格在趨勢方向運動的距離、速度，以及持續的

時間。為了有效分析特定趨勢的強度，裸 K 線交易法首先要對趨勢進行分類。借助威科夫價格循環原理，趨勢可以分為以下三種類型。

（1）吸籌區—趨勢—派發區。這是威科夫的標準價格循環結構。

（2）吸籌區—趨勢—反向趨勢。這樣的情形常見於區間結構，價格在支撐線的小型區間完成吸籌，上漲到壓力線，並在壓力線的小型區間完成派發。還可能出現在主要趨勢運動的次級運動中，也就是大型上漲的回檔，或是大型下跌的反彈。

（3）吸籌區—趨勢—再吸籌區—趨勢—派發區。這樣的趨勢，一般會把「趨勢—再吸籌區—趨勢」看成一整段趨勢。如圖 3-17 所示，整個上漲趨勢由兩段上漲（參見箭頭）構成，中間有一個再吸籌區。兩段上漲事實上又是分別由更小的小段上漲構成的，圖中用 4 段小型趨勢線（①②③④）標注。

很明顯，借助威科夫的價格循環原理，可以得出符合多數情況下的結論。「吸籌區—趨勢—再吸籌區—趨勢—派發區」的趨勢強度大於「吸籌區—趨勢—派發區」，「吸籌區—趨勢—派發區」大於「吸籌區—趨勢—反向趨勢」。

圖 3-17 表明，多數真實的趨勢運動，通常是由多段小型趨勢組合的複雜趨勢。而基於「線或線段」的趨勢線和通道線等技術方法，通常只能研判一段標準的趨勢。針對複雜趨勢的分析，很多裸 K 線交易者採用均線追蹤的方法。一般情況下，20 均線解決了中期趨勢的持續問題，60 均線解決了長期趨勢的持續問題。

當 20 均線的第一輪趨勢結束形成再吸籌區時，60 均線清晰地表明，更大週期的趨勢仍舊在持續（參見圖 2-39）。

裸 K 線交易者使用均線研判趨勢時有兩個標準：一是均線數值；二是均線缺口。如圖 3-18 所示，很多交易者採用 60 均線追蹤長期趨勢，可以有效避免「再吸籌區」導致的誤判斷。很明顯，如果長期趨勢能夠

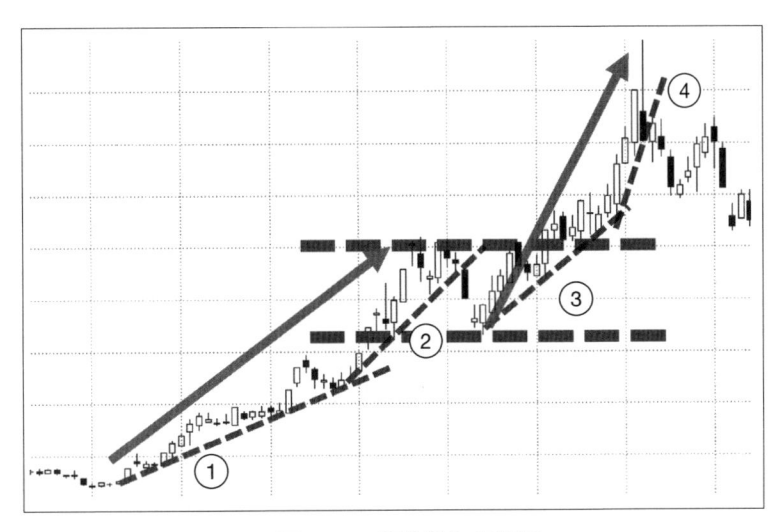

第 3 章　看圖就懂！裸 K 線交易法的 5 大技術分析

▲ 圖 3-17　趨勢的內部結構

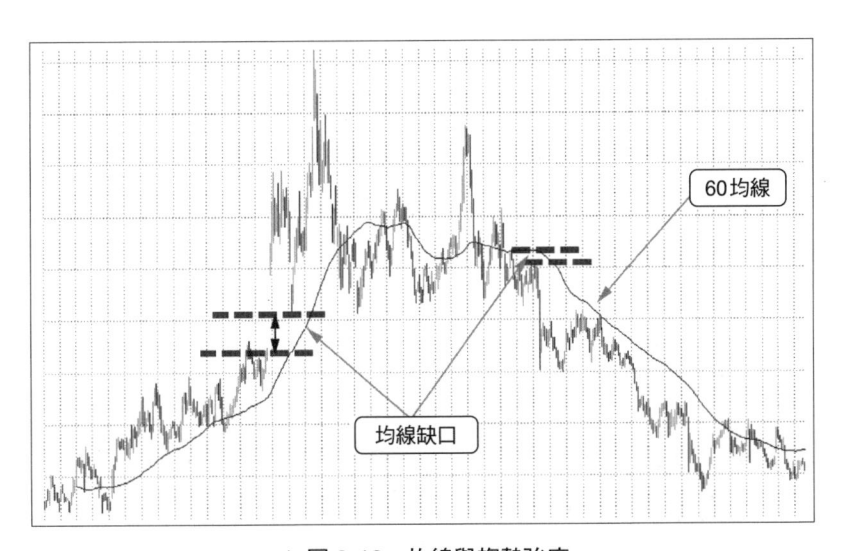

▲ 圖 3-18　均線與趨勢強度

獲得更短週期均線的趨勢支撐，例如 30 均線，則表明特定階段的趨勢更加強勢。

因此，在能夠包容再吸籌區的情況下，追蹤趨勢均線的數值越小，趨勢的強度越大。這個方法既適用於同一品項的不同階段，也適用於不同品項的同期對比。

一些裸 K 線交易者在使用均線追蹤趨勢時，採用「均線缺口」的概念（見圖 3-18）。均線缺口是指在上漲趨勢中，價格回檔的最低點沒有觸及均線，所形成的「缺口」；或是在下降趨勢中，價格反彈的最高點沒有觸及均線，所形成的「缺口」。

在圖 3-18 的左側，趨勢的早期階段，價格調整觸及均線，圖中箭頭顯示出價格回檔與均線，形成一個明顯的「均線缺口」。這通常預示隨後可能是一段高強度的小型趨勢運動，隨後的走勢也驗證了這個判斷。

在圖 3-18 的右側，在價格運行下跌趨勢的過程中，下跌的早期也出現小的均線缺口，表示隨後的下跌的強度可能會很大。在圖 3-18 的右下側，價格反覆觸及 60 均線，表示該下跌趨勢可能接近尾聲，或是可能出現一個橫盤走勢。

3.3.3　強趨勢結構

強趨勢回檔最重要的特徵之一，就是不重新測試壓力線，也就是很少有「壓力支撐互換」的情形。

對於圖 3-19 中三根水平線，① 號線作為壓力線被突破後，回檔遠離 ① 號線，回檔到三角形的位置掉頭向上，沒有出現壓力支撐互換的情形。針對 ② 號線的回檔同樣沒有觸及 ② 號水平線，但回檔的相對幅度更大一些。針對 ③ 號線的回檔，則觸及先前的壓力線。由此同樣可

▲ 圖 3-19　強趨勢的回檔

以研判，第三小段趨勢的強度在減弱，這是趨勢可能結束的訊號。

熟練的裸 K 線交易者，都會直接使用 K 線研判趨勢的強度。一般採用先看順趨勢方向的 K 線，後看逆趨勢方向的回檔 K 線。

強勢的趨勢中，順趨勢方向的 K 線通常表現出強趨勢的特徵。如圖 3-20 所示，首先是以明顯的大陽線突破區間結構的壓力線（見圖下側的 ② 號大陽線），預示隨後可能出現強勢的趨勢。其次，在整個趨勢過程中，順趨勢 K 線有以下四個特徵。

第一，經常出現大陽線。

第二，大陽線很少有上下影線，或是上下影線很小。

第三，缺口，大型缺口，甚至是連續的缺口，並且在趨勢沒有結束之前不回補缺口。

第四，如圖3-20中的①②③④，K線之間少重疊，甚至不重疊。

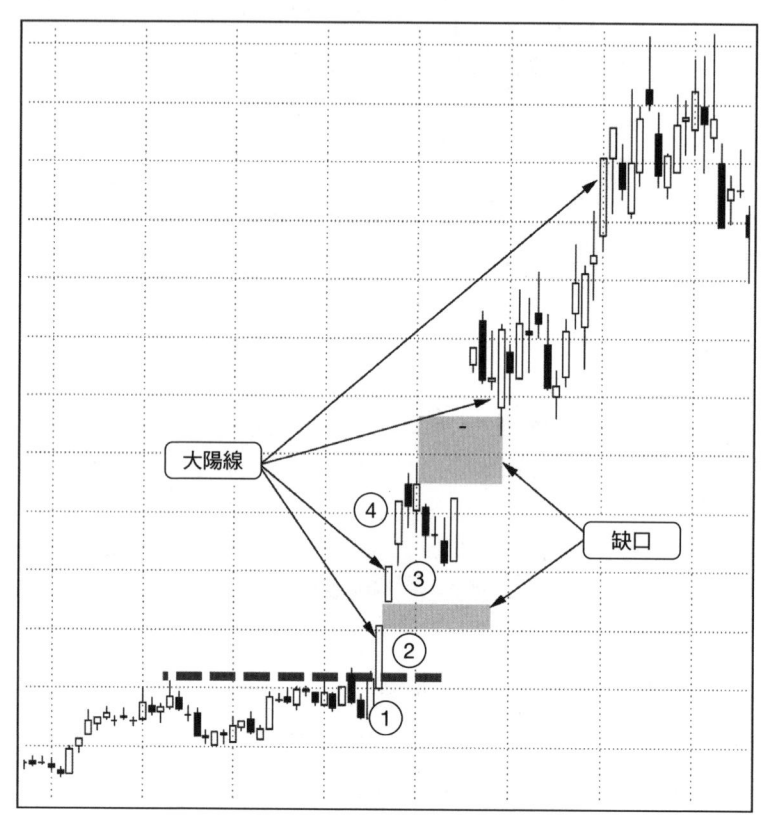

▲ 圖3-20　強趨勢的順趨勢K線

圖3-20中的大型趨勢可以看成三段小型趨勢的組合。

第一小段：四根無上影線大陽線；②號線突破壓力線；②③之間、③④之間均有缺口；①②③④四根K線無重疊。因此，這一段趨

勢非常強。

第二小段：三根大陽線，加上一個大型缺口，同樣強勢。

第三小段：出現帶上下影線的 K 線，且 K 線之間有重疊，強度明顯不如前面兩個小段，預示頂部即將到來，隨後的走勢也驗證了這個判斷。

強趨勢的回檔，主要依托相鄰大陽線進行調整。圖 3-21 顯示了逆趨勢 K 線的特徵，圖中兩個圓圈分別對應第一小段和第二小段的回檔。第一小段回檔低點，沒有超過大陽線的下影線；第二小段的回檔，是在漲停板形成的缺口上方完成的。

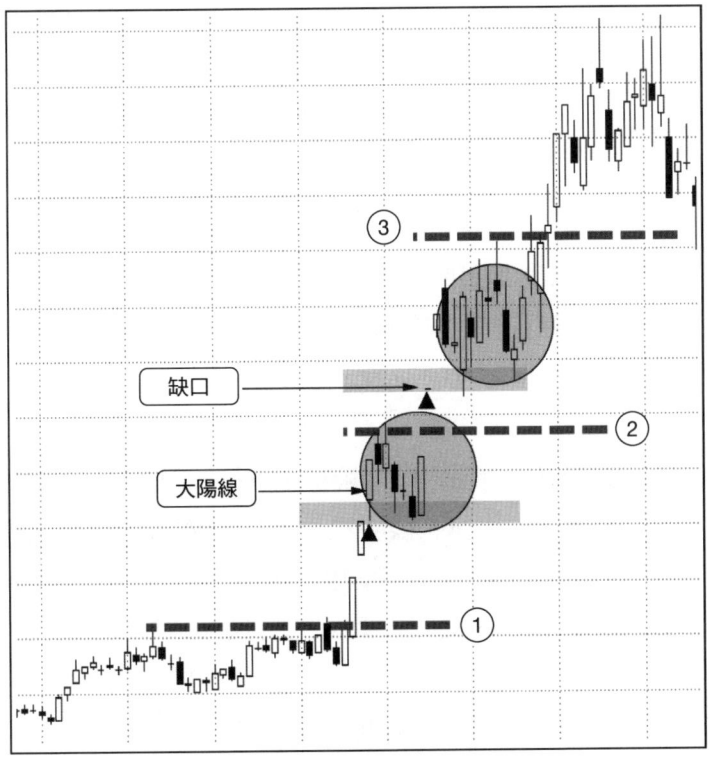

▲ 圖 3-21　強趨勢的逆趨勢 K 線

如果把第二小段漲停板後的高位跳空陽線做一下處理，假設當天平開（開盤價與前一天收盤價幾乎一樣），其實體部分就應該從前一天的漲停板位置起算，K線就是一根平開大陽線。這樣處理後，圖中兩次回檔的共同點，就是都依托了相鄰的大陽線，並且都在這根大陽線的範圍內完成調整。

強趨勢中的逆趨勢K線，有可能出現大陰線。多數的逆趨勢K線會有長的上下影線，同時表現為多根K線重疊。

3.3.4　正常的趨勢結構

多數情況下，市場的價格運動是正常的趨勢。正常的趨勢結構最重要的特徵是階梯形上漲，以「突破壓力線創新高（HH）—回檔壓力線形成更高的低點（HL）」展開，不斷出現「壓力支撐互換」的技術型態。

如圖3-22所示，①號線是趨勢逆轉的壓力線，突破後按照趨勢的定義，隨後的價格運動很可能會出現上漲趨勢。

在隨後的上漲過程中，更高的高點（HH）出現後形成新的壓力線，以重新測試先前壓力位的方式，形成更高的低點（HL），並完成壓力支撐互換。這樣「進二退一」的趨勢結構，呈現出階梯形的特徵。

階梯形的趨勢結構，能提供多個高品質的交易機會，多數的裸K線交易者都擅長這種趨勢結構。很明顯，對於階梯形的趨勢結構，根據HH和HL依次畫出水平線，並關注回檔過程，就能夠有效分析和追蹤。

圖3-22中對於①②號線的回檔，是標準的壓力支撐互換，價格觸及先前的壓力位後，天花板變地板，價格很快就順趨勢方向運動。對於③④⑤⑥號線的回檔，則沒有觸及先前的壓力線，表示趨勢的強度在增加。

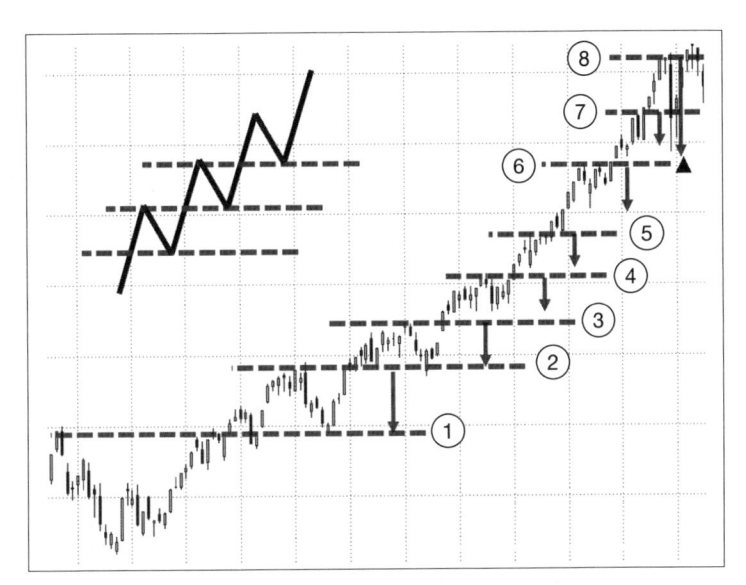

▲ 圖3-22　正常趨勢的回檔（呈階梯形）

在漲到 ⑧ 號線回檔 ⑦ 號線時（見圖中右上角三角形），價格擊穿 ⑦ 號線，也就是先前的支撐線，這是趨勢即將結束的標誌。

正常趨勢結構中的順趨勢K線，通常以中陽線居多，有時候會出現小型缺口，多根K線有重疊現象。逆趨勢K線則以小陰線居多，小陰線也通常帶有上下影線。

3.3.5　弱趨勢結構

弱趨勢結構中的回檔，通常會擊穿先前的壓力線，然後在更小的時間週期上，確認先前的壓力線成為支撐線。在日線圖上，「壓力支撐互換」往往伴隨著假突破的走勢，這是弱趨勢結構的典型特徵。

如圖3-23所示，以淺色三角形為參考點，對 ① 號線的回檔沒有觸及先前作為壓力線的 ① 號線，是強勢的特徵。隨後的回檔，以淺色三

連巴菲特也佩服──風控》讀圖》交易心法，
讓你的利潤奔跑！

角形為參考點，回檔的低點均擊穿先前的壓力線，表明該趨勢段的弱勢特徵。

　　弱趨勢結構中的順趨勢 K 線，常有大陽線，但是不常見連續的大陽線。缺口也不多見，即使有也會很快回補缺口。順趨勢中的其他陽線，通常帶有上下影線，且多根 K 線相互重疊。弱趨勢結構的逆趨勢 K 線，常見實體大陰線。

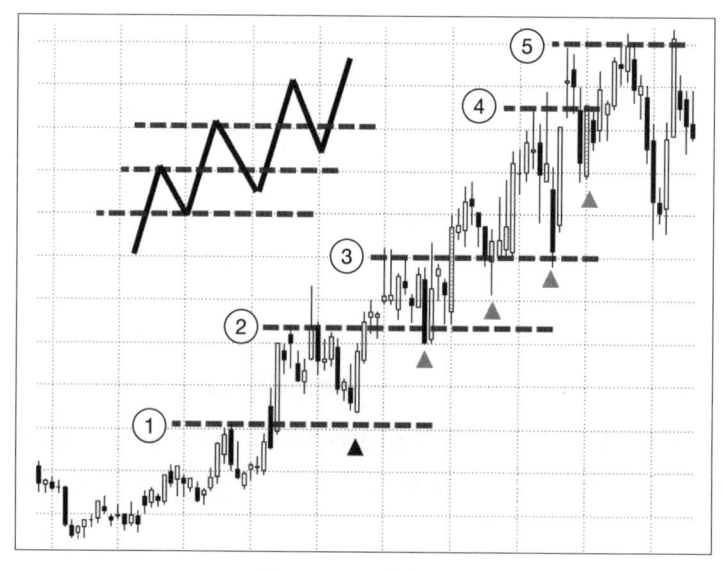

▲ 圖 3-23　弱趨勢的回檔

3.3.6　趨勢結構的數值分析

　　有一些裸 K 線交易者，會使用數值分析的方法研判和追蹤趨勢。以上漲趨勢為例，「HH－HL」結構，可以看成是「長的向上擺動─短的向下擺動」。

　　如圖 3-24 所示，AB、CD 和 EF 是向上的擺動段，以淺色線段表

94

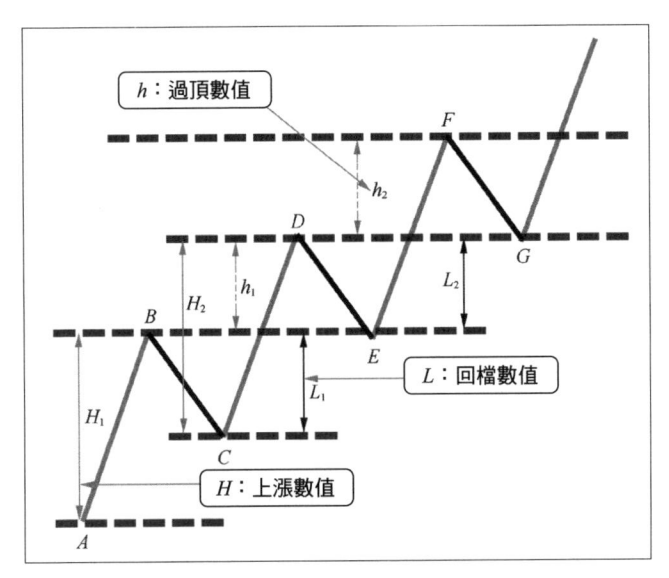

第 3 章　看圖就懂！裸 K 線交易法的 5 大技術分析

▲ 圖 3-24　趨勢結構的數值分析

示；BC、DE 和 FG 是向下擺動段，以深色線段表示。由於向上的擺動段大於向下的擺動段，自然就形成「HH－HL」的上漲趨勢。

任何一個向上擺動段的上漲絕對數值，都是上漲數值，以 H 表示。圖 3-24 中的 AB 向上擺動段的上漲數值就是 H_1，CD 的上漲數值就是 H_2。

任何一個向下擺動段的回檔絕對數值，就是回檔數值，以 L 表示。圖 3-24 中的 BC 向下擺動段的回檔數值就是 L_1，DE 的回檔數值就是 L_2。

B 是 AB 擺動段的 SH，D 是 CD 擺動段的 SH，兩個相鄰向上擺動段的 SH 之間（BD）的絕對數值就是過頂數值，以 h 表示。圖 3-24 中的 BD 過頂數值就是 h_1，DF 的過頂數值就是 h_2。

上漲趨勢結構中，存在多組「長的向上擺動－短的向下擺動」的組合。交易者使用這三個數值分析工具，能更精細地分析和追蹤趨勢運動，一般是相鄰兩段對比。上漲數值 H_2 與 H_1 比較，H_3 與 H_2 比較；回檔

95

連巴菲特也佩服──風控》讀圖》交易心法，
讓你的利潤奔跑！

數值 L_2 與 L_1 比較，L_3 與 L_2 比較；過頂數值 h_2 與 h_1 比較，h_3 與 h_2 比較。

　　圖 3-25 顯示同一段上漲趨勢，數值分析分類標注。經由分類標注，可以清晰顯示出趨勢結構重點關注的三個要點，即上漲、回檔，以及突破力度（過頂數值）。

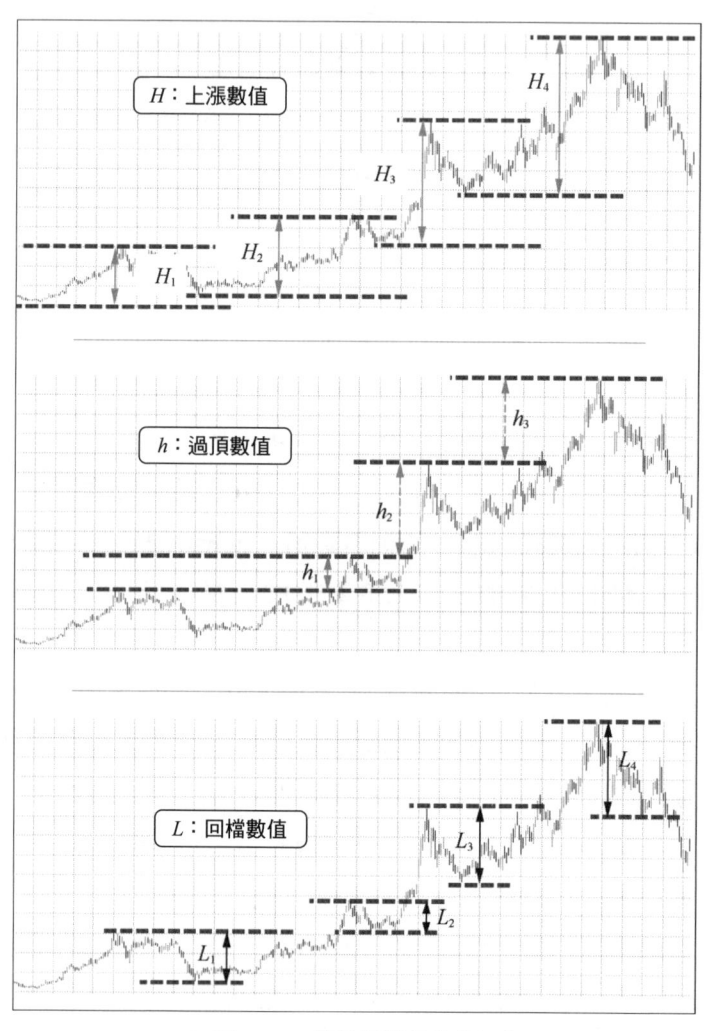

▲ 圖 3-25　趨勢結構的數值標注

96

實際使用時,採用數值列表做比較,也可以圖形化做比較。圖 3-26 中,② 和 ① 比較,H_2 大於 H_1,L_2 小於 L_1,向上擺動更大、回檔更小,趨勢結構在變強。

③ 和 ② 比較,H_3 大於 H_2,L_3 大於 L_2,同時 h_2 大於 h_1。經由比較能夠發現,價格在加速上漲,波動幅度明顯加大。更好的標誌是突破有力,而且幅度很大。在 ③ 階段,趨勢結構健康發展,可以期待出新高。

④ 和 ③ 比較,H_4 大於 H_3,L_4 大於 L_3,這是趨勢健康的表現。但 h_3 小於 h_2,表示 ④ 的突破力度不如 ③,這是不好的訊號。由於已經出現 4 個向上的擺動,所以有經驗的交易者會意識到,趨勢可能接近尾聲,很可能出現橫盤運動,或是反向趨勢運動。

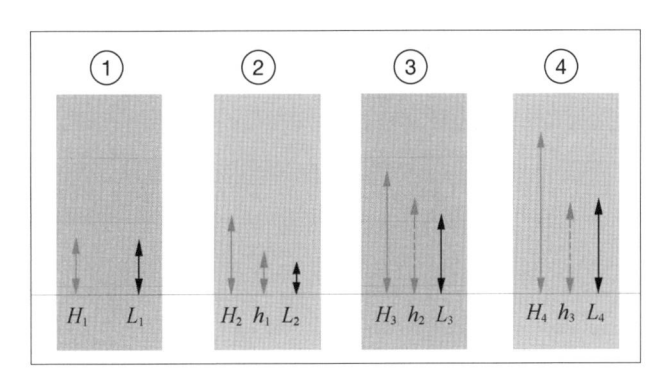

▲ 圖 3-26　趨勢結構的數值比較

3.3.7　趨勢結構可能結束的標誌

任何趨勢都會有結束時,交易者在趨勢來臨時,不要輕易判斷趨勢即將或是已經結束,尤其是大型趨勢來時。在人類投機歷史中,出現過無數的大型趨勢運動,特定交易品項最終的極限高點,會遠遠超過人類的想像力。

連巴菲特也佩服——風控》讀圖》交易心法，
讓你的利潤奔跑！

如圖 3-27 所示，特斯拉代表新興產業市場化成功之後的巨大上漲空間；HKD（尚乘數科，NYSE：HKD）呈現了特定個股僅僅依靠技術層面的動能，超短線能夠創造的趨勢奇蹟；右下側的個股則顯示了一輪牛市行情中，市場上演「雞犬升天」的戲碼，絕大多數的個股都會實現

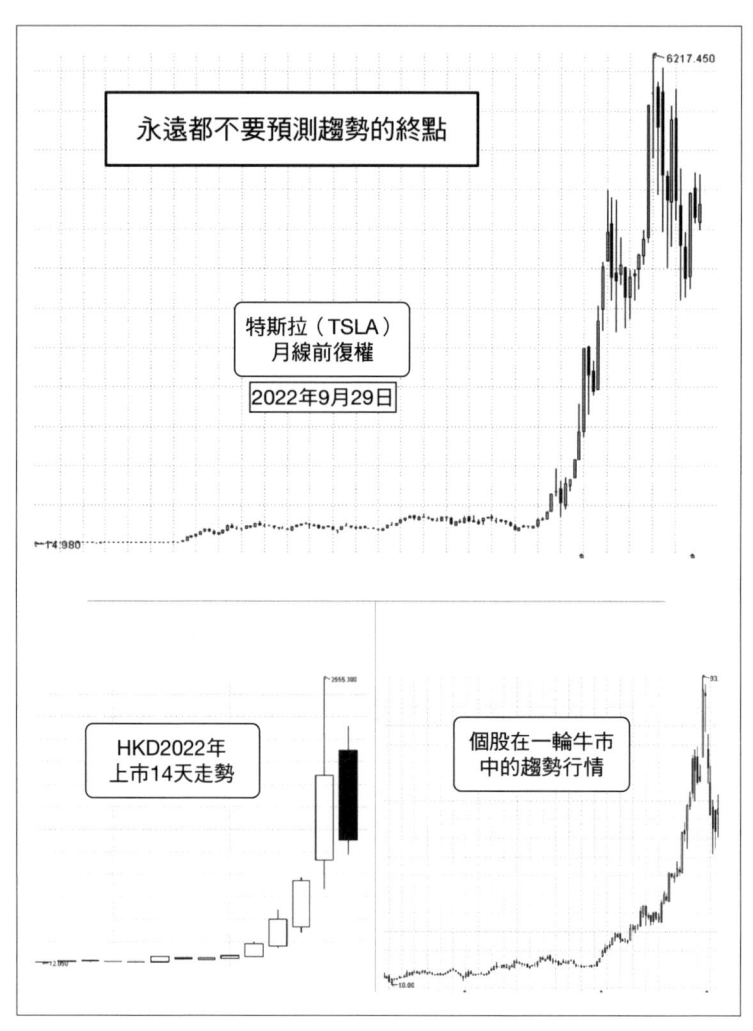

▲ 圖 3-27　上漲不言頂

巨大的漲幅。

同樣地，熊市的下跌也會跌過頭。如圖3-28所示，美國科技股Snap一年左右的時間下跌90%，並且有一定的機率永遠回不到歷史高點。

但裸K線交易者總是會在某個特定時，主觀研判特定的趨勢結構，因為這個時候通常會提供高品質的交易機會。研判趨勢結構可能結束主要有3個工具，即趨勢線、均線和趨勢結構破壞。

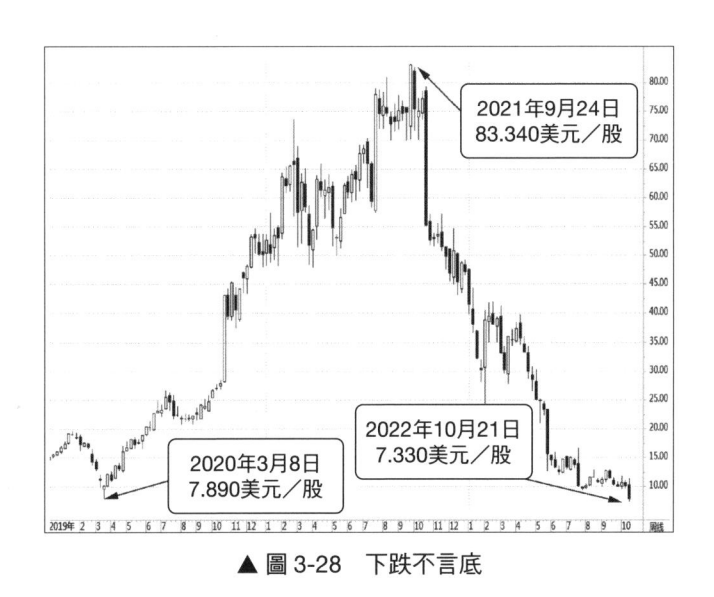

▲ 圖3-28　下跌不言底

（1）趨勢線：下跌趨勢中，尤其是在趨勢本身持續的時間夠長，和下跌幅度夠大的情況下，出現價格漲破趨勢線的情形，通常是趨勢結構可能結束的訊號。圖3-29是自2007年6月開始的美元兌日元週線圖，交易品項在週線圖中經過長期下跌，持續數年。在這樣的背景下，趨勢線的突破往往是趨勢可能結束的早期訊號。

（2）均線：60均線是裸K線交易者追蹤長期趨勢的少數工具之一，適用於所有時間週期。將圖3-29中的下降趨勢，改用60均線來分

析,如圖 3-30 所示。當 60 均線走平後向下拐頭,意味下跌趨勢確立。之後在整個下跌趨勢中,60 均線清晰地表明瞭趨勢的方向,並表現出磁吸效應和壓力作用。在價格多次觸及 60 均線並突破之後,是趨勢結構可能結束的重要訊號。

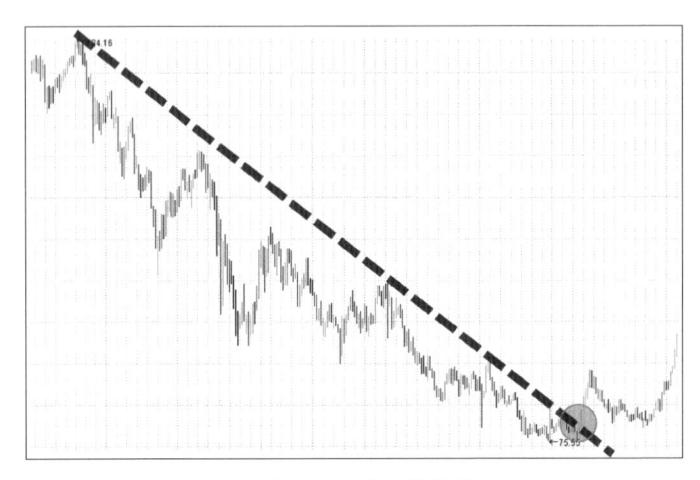

▲ 圖 3-29　突破趨勢線

▲ 圖 3-30　突破均線

第 3 章　看圖就懂！裸 K 線交易法的 5 大技術分析

均線技術分析趨勢的要點是，下跌趨勢運動中，均線要有明確的磁吸效應和壓力作用；出現兩次以上的觸及均線的反彈；價格突破均線後，均線開始走平並輕微拐頭；走平後的均線開始呈現支撐作用。

（3）趨勢結構破壞：下跌趨勢中，依次出現更低的低點LL和更低的高點LH。當反彈高於相鄰的LH時，就破壞了下跌趨勢的結構，這是趨勢結構可能變化的重要標誌。

如圖3-31所示，折線顯示出一個頭肩底。價格不出新低（右肩），並突破代表頸線的LH後，整個下跌趨勢的結構破壞了。在此之前，儘管出現3～4次反彈，但都沒有出現同樣的情形，由此也證明趨勢結構破壞是趨勢結束的重要標誌。

當趨勢結構破壞後，如果短時間內在順趨勢方向重新出新低（新高），則是破壞了失敗的趨勢結構。相反，如果短時間內不出新低（新高），則交易者可以主觀認為隨後可能出現橫盤運動，或是逆向趨勢運動。

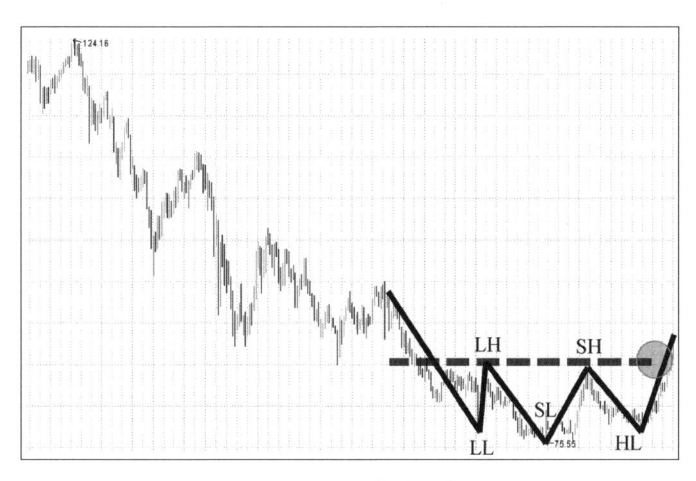

▲ 圖 3-31　突破前高

圖3-31中，從LL（頭肩底左肩）反彈到LH後，價格出現新低SL（頭肩底的頭），這時下跌趨勢仍舊在持續。從極限低點開始反彈的高點為SH，沒有高於LH，第二次反彈並沒有改變趨勢結構。隨後的整理並沒有出現新低，形成頭肩底的右肩HL，從HL開始的上漲突破LH代表的頸線。

當價格突破LH後，破壞了下跌趨勢的結構；從SL開始到突破頸線，三小段折線已經形成新的上漲趨勢。

在研判趨勢結構可能結束的3個工具中，一般情況下，趨勢線會最早給出訊號；隨後是追蹤趨勢的均線；結構破壞則需要更長的時間，才能給出有效訊號。

3.3.8　趨勢結構即時追蹤分析

關於趨勢結構可能結束的討論，已經遠比一般的技術分析要深入，但是距離裸K線交易者的真實交易分析還有一些距離。即時研判與蓋棺定論，兩者之間有很大的差異。前面的案例討論是走勢結束後的技術分析，屬於歷史走勢分析，這樣的分析與交易者真實的場景並不吻合。

對於交易者來說，案例中的交易品項下跌趨勢確定後，就需要追蹤趨勢結構的演化，並尋找可能的高品質交易機會。

如圖3-32所示，當價格跌破前低HL，反彈沒有新高，交易者就要依據HL畫出一條水平線。隨後的價格跌破水平線，並完成「支撐壓力互換」後，就要畫出第一條下跌趨勢線。

當第一條關鍵水平線（完成「支撐壓力互換」）和第一條下跌趨勢線畫出來後，裸K線交易者會清楚知道，價格沒有突破下跌趨勢線之前，市場是空頭行情，高品質的交易機會都必須是順趨勢的做空。

連續下跌之後，出現突破下跌趨勢線的重要反彈。交易者根據實

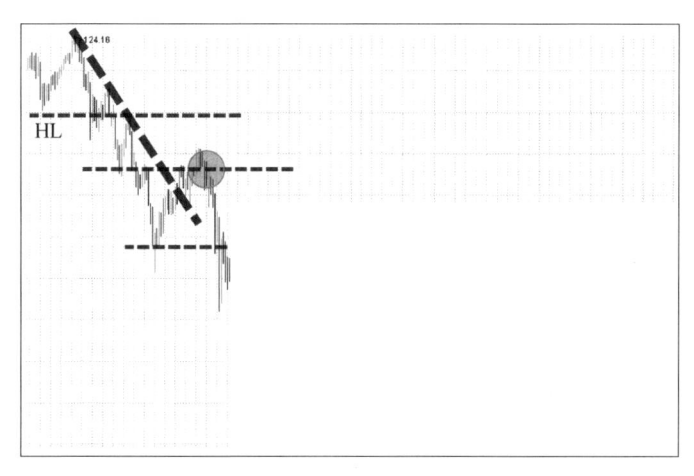

▲ 圖3-32　趨勢結構追蹤（1）

際走勢，在HL的下方畫出一組水平線，上面的是壓力線，下面的是支撐線。當價格突破壓力線又回到壓力線下方時（見圖3-32中圓圈位置），交易者會主觀認為反彈結束，價格會重新沿著趨勢方向運動，這裡就是一個高品質的做空機會。

　　隨後的價格運動出現新低，這時交易者就要調整下跌趨勢線。如圖3-33所示，以反彈的高點畫出第二根下跌趨勢線後，繼續追蹤下跌趨勢。有經驗的交易者都知道，多數的趨勢結構都是正常強度的，因此，下一次支撐壓力互換的位置，又是一次高品質的做空機會。

　　當價格跌破先前的支撐位，再次反彈時，在圖3-33中圓圈位置再次出現「支撐壓力互換」，交易者會再次做空的情況，第一目標就是下跌趨勢先前的低點。

　　如圖3-34所示，價格跌破先前的低點後，再次反彈突破第二根下跌趨勢線。接著反彈失敗繼續下跌，交易者就要畫第三根下跌趨勢線。這時，裸K線交易者通常會繼續在左側圓圈的位置進場做空，這是順趨勢的高品質交易機會。

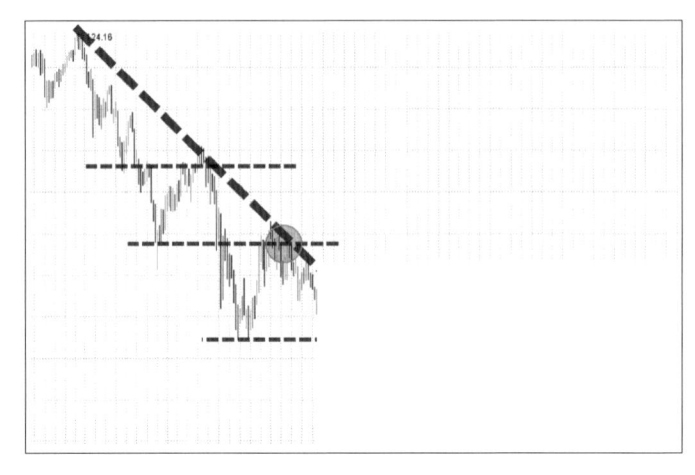

連巴菲特也佩服──風控》讀圖》交易心法，
讓你的利潤奔跑！

▲ 圖3-33　趨勢結構追蹤（2）

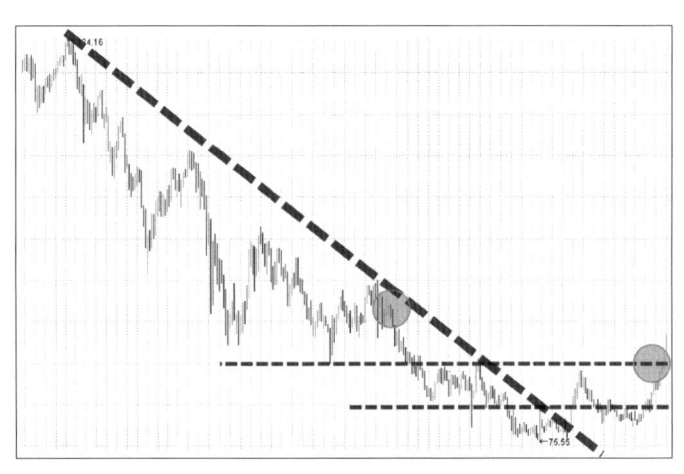

▲ 圖3-34　趨勢結構追蹤（3）

　　畫出第三根下跌趨勢線後，很長時間價格都在趨勢線下方運行，也就是下跌趨勢依舊在持續。儘管價格跌很多，時間也持續很長，但交易者不會認為趨勢結構可能會結束，因為沒有任何趨勢結束的訊號。

　　真實的交易場景中，這段下跌趨勢的追蹤和分析如圖3-35所示，

交易者使用了至少5根水平線和3根下跌趨勢線。整個過程中，裸K線交易者都會依據規則進行主觀判斷，包括認為這是一輪正常強度的下跌趨勢。這個主觀判斷的推論就是，只要下跌過程中出現典型的「支撐壓力互換」，交易者就可以進場做空。

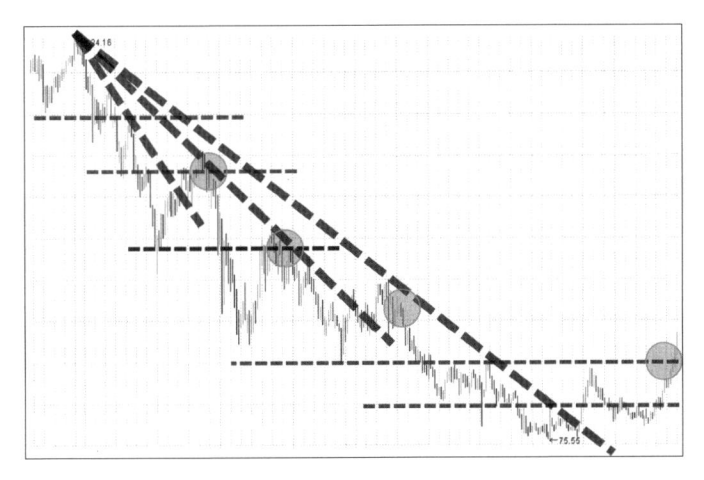

▲ 圖3-35　趨勢結構追蹤總覽

當明確破壞趨勢結構之後，新的上漲趨勢會形成（右下角圓圈的位置），這裡可能是一個高品質的做多交易機會。

對於成熟的裸K線交易者，案例中主要的交易機會，就是圖3-35中四個圓圈的位置，這四個位置就是裸K線交易法強調的交易優勢區。

從圖3-29到圖3-35，此案例的時間段從2007年6月到2013年1月。圖3-36是美元兌日元的後續走勢，四個交易優勢區的圓圈位置同圖3-35。這個案例驗證了一個事實：在外匯市場，裸K線交易法依然能夠分析和掌握重大的趨勢行情。

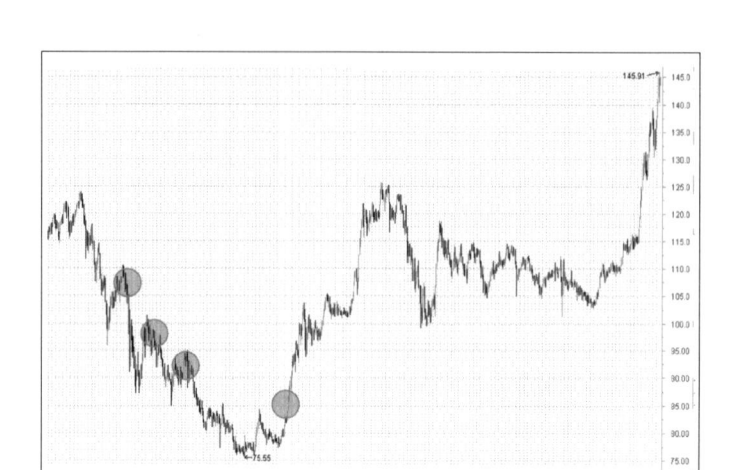

連巴菲特也佩服——風控》讀圖》交易心法，
讓你的利潤奔跑！

▲ 圖 3-36　案例的後續走勢

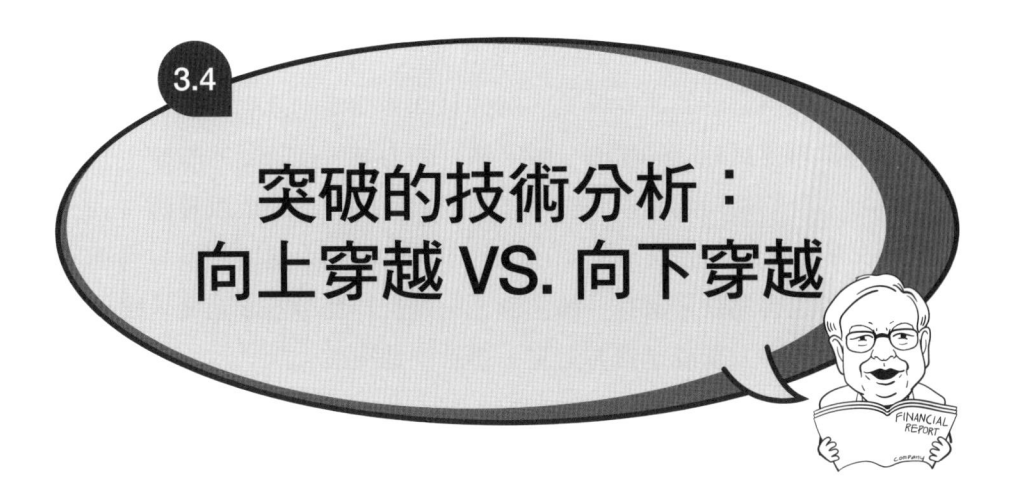

3.4 突破的技術分析：向上穿越 VS. 向下穿越

突破是指價格向上穿越了壓力線，或是向下穿越了支撐線。

威科夫的價格循環，本質上是把價格運動分為區間結構的橫向運動，和趨勢結構的縱向運動。區間結構和趨勢結構的連接部分就是突破，成功突破後有極大可能出現趨勢運動，能夠給交易者帶來豐厚的利潤。因此，突破的技術分析和突破的交易，一直是裸K線交易者關注的重點。

3.4.1　突破的分類

如圖 3-37 所示，交易品項突破長期的區間結構後，走出一段強勢的上漲結構，完美呈現「橫有多長，豎就有多高」的炒股口訣。

擺動高點 SH 出現後，畫出支撐線和壓力線。整個橫盤期間，共有 3 次觸及壓力線，都沒有突破壓力線。真正的突破是第四次，一根實體大陽線突破壓力線，隨後三天在壓力線上方進行整理，之後開始趨勢行情。

由圖3-37可知，突破不容易也不常見。原因在於價格運動有慣性，傾向於維持當前的運動模式。突破意味著從橫向運動改變為縱向運動時，通常需要長時間的醞釀，或者額外的力量。長時間的醞釀主要是交易品項本身的長時間的橫向整理，形成大型的吸籌區或派發區。

額外的力量主要是交易品項所處的市場環境，大盤漲個股容易漲，大盤跌個股也容易跌。還有一種情形，則是交易品項基本面發生變化，出現額外的買方力量或是賣方力量，導致快速突破。

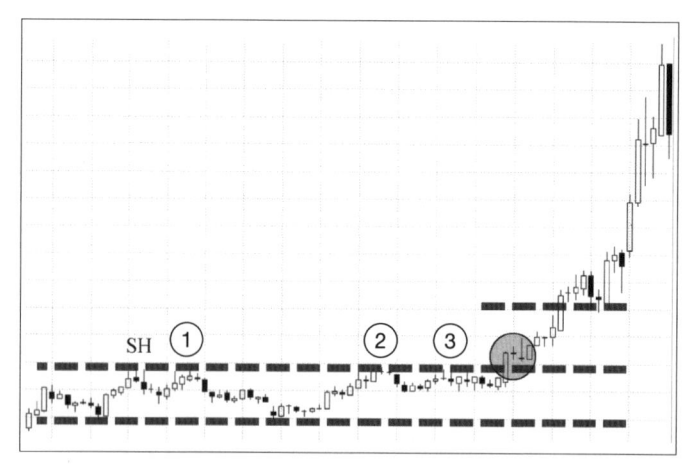

▲ 圖3-37　突破後的趨勢行情

相對於區間結構和趨勢結構，突破的技術分析難度大，交易的難度更大。裸K線交易法先從突破的分類入手，把突破分為「假突破」和「有效突破」。

如圖3-38所示，根據擺動高點SH和擺動低點SL畫出壓力線和支撐線，隨後的價格運動①向上穿越壓力線後，又回到壓力線下方，①就是假突破，一次向上的假突破。從①開始的向下運動穿越支撐線，又回到支撐線上方，②也是假突破，一次向下的假突破。

向下的假突破後，價格掉頭向上穿越壓力線，之後的回檔在先前的壓力線獲得支撐，完成壓力支撐互換，③ 就是有效突破。需要注意的是，即使 ③ 完成壓力支撐互換，也不代表隨後的價格就一定都會在壓力線上方運動，完全有可能再次回到壓力線下方，從而再次把有效突破變成假突破。

如圖 3-39 所示，依據左側的下跌低點以及隨後反彈的高點，畫出壓力線和支撐線。壓力線有支撐壓力互換的特徵，可以視為關鍵水平線。

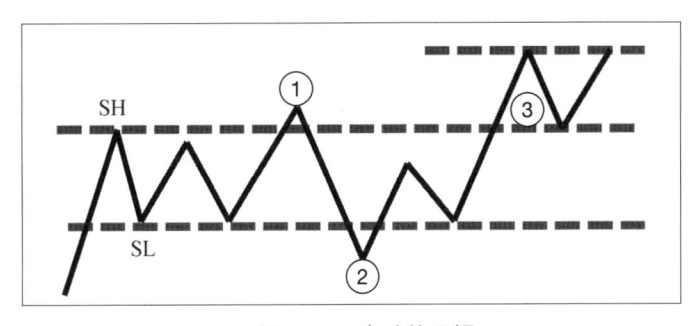

▲ 圖 3-38　突破的分類

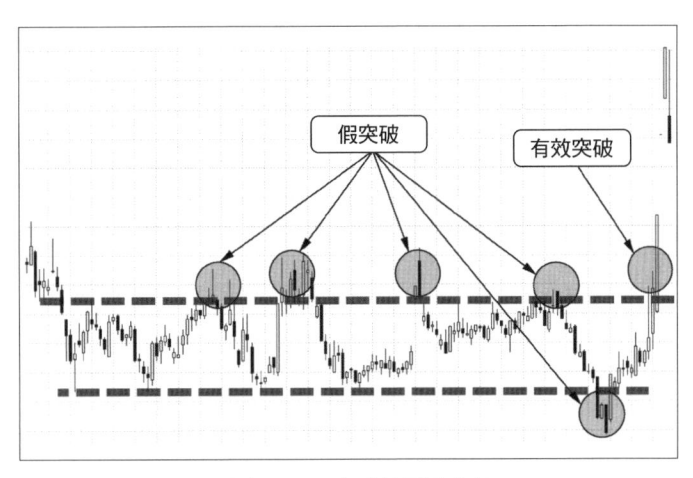

▲ 圖 3-39　突破的不確定性

支撐線反彈遇阻回落，形成一個雙底型態。因此，案例中的支撐線和壓力線，都能看成是重要的水平線。

隨後的走勢也證明這組支撐線－壓力線的有效性，分別出現4次向上假突破和1次向下假突破，第五次向上突破形成有效突破。

3.4.2 假突破

假突破是指價格在短時間內兩次穿越同一根輔助線，一次是順著先前的運動方向，一次是逆向。以向上對壓力線的假突破為例，價格先漲過壓力線，隨後又跌破壓力線。

在裸K線交易法中，假突破的重要程度僅次於區間結構。事實上，假突破本質上，是區間結構的實戰衍生概念。區間結構由兩條水平線構成，交易者即使把支撐線和壓力線都看成是一個小型區間，也會常遇到價格穿越水平線的情形。如果交易者試圖解決這個難題，就可以採用擴大小型區間範圍的方法。

但邏輯上這個思路是無效的，因為小型區間的範圍夠大，就會喪失水平輔助線本身的技術意義。因此，裸K線交易法採用假突破的概念，從邏輯上完美解決了這個技術分析的難題，同時也為交易策略提供了邏輯基礎。

水平壓力線在技術分析中，把價格運動進行空間分割，發揮了最小壓力線的作用。換句話說，水平輔助線發揮作用價格就會逆向運動；不發揮作用，價格就會沿著原來的方向繼續運動。假突破的概念更進一步，價格穿越了水平線應該繼續同向運動；但是又重新逆向穿越水平線。

裸K線交易法認為，假突破中的水平線具有雙重作用。以上漲的假突破為例，當價格再次回到壓力線下方時，價格是從上向下運動的，表

明先前的壓力線沒有發揮支撐線的作用，也就是水平輔助線不發揮作用，價格會繼續同向運動（下跌）。與此同時，整個過程是價格向上穿越並很快向下穿越，很明顯是壓力線確實發揮了作用，價格會逆向運動（下跌）。

因此，在水平輔助線的雙重作用下，假突破隨後的逆向運動會更強勢，通常會到達另一根水平輔助線，從而為交易者提供一次高品質的交易機會。

假突破的技術分析相對簡單，多數情況下，有很高的機率會是假突破。基於這樣一個事實，交易者畫好支撐線和壓力線之後，只要價格穿越水平輔助線，並以逆轉訊號K線的形式重回區間結構，就可以認為是假突破成立。

假突破的研判要點是，價格在短時間內兩次穿越水平輔助線，同時出現逆轉訊號K線。圖3-39裡的4次向上的假突破，和1次向下的假突破都符合此技術要點。

3.4.3 有效突破的供需邏輯

有效突破是指區間結構成功轉化為趨勢結構。交易者看見的是，價格運動擺脫了舊的橫向運動慣性，形成新的縱向運動慣性。利用聰明錢和笨錢的概念，交易者能夠更清晰地理解K線背後的供需邏輯。

威科夫告訴交易者，吸籌區是一個橫向的區間結構，大型趨勢之前通常會有一個長時間的大型區間結構。聰明錢在吸籌區買進籌碼，笨錢在吸籌區賣出籌碼。

在吸籌區，聰明錢面對價格下跌不是感到恐懼，而是牢記自己的目的——儘量買進更多籌碼。為了實現這個目的，聰明錢就會畫出兩條水平線，讓價格在壓力線和支撐線之間運動。如何才能讓價格維持區間運

動呢？聰明錢就必須在支撐線附近提供買方支援，在壓力線附近提供賣方壓力。

簡單來說，就是聰明錢「支撐買壓力賣」，盤勢自然就會出現明顯的區間結構，市場也會對支撐線和壓力線達成共識。一段時間後，交易品項的浮動籌碼就會逐漸轉移到聰明錢手中，因為多數的笨錢看見明顯的區間結構，都會試圖參與「撿錢」一樣的區間交易機會。

所謂的「撿錢」交易事實上並不容易，因為聰明錢會在吸籌區的中後期，反覆製造雙向的假突破，試圖「撿錢」的笨錢往往會高買低賣。此外笨錢忍受不了長時間的價格橫盤，也會在吸籌區選擇離場。

當聰明錢買進足夠多的籌碼後，後續的操作就是橫盤轉趨勢，關鍵點則是在盤勢上進行有效突破。有效突破可以分為三個階段：突破前、突破和突破後。

（1）突破前：由於先前聰明錢在整個吸籌區都會主動提供賣壓，導致不能有效掌握市場真實的賣壓。因此，有效突破前聰明錢，就必須測試市場賣壓的真實情況，包括支撐線的賣壓和壓力線的賣壓。

測試支撐線的真實賣壓，最常見的做法是向上的假突破加向下的假突破。聰明錢在壓力位和支撐位均提供一定的賣壓，從而形成一小段下跌趨勢，盤勢上發出即將破位下跌的跡象。聰明錢主動提供的賣壓擊穿支撐線後，價格在支撐線下方運動，這時聰明錢停止提供賣壓。

如果市場本身的賣壓很小，價格就不會繼續下跌。在這種情況下，聰明錢只要稍微提供買方支援，價格就會很快回到支撐線上方，形成一次技術上的向下假突破。

還有一種情形是聰明錢不主動參與交易，不買也不賣，讓市場自己波動。如果市場的浮動籌碼很少，價格就很難跌到支撐線附近，且零星的買盤會導致出現底部逐漸抬高的走勢。兩種情形都能夠讓聰明錢得出「區間結構的中下空間賣壓很小」的結論，接下來就是要測試壓力線附

近的真實賣壓。

常見的解決方法,是聰明錢在壓力線附近耐心地小幅拉升,把可能的賣壓消耗掉,因此會在盤勢上出現一個小型收斂平台。還有一種方法是快速的假突破,然後在壓力線下方一點的位置,提供有力的支撐。由於距離壓力線很近,所以這兩種方法,都能讓聰明錢掌握壓力線附近的真實賣壓。

(2)突破:向上的有效突破,通常會以放量大陽線的方式出現,聰明錢藉此吸引趨勢交易者進場,形成合力推動價格向上運動。這個關鍵時刻,聰明錢會在盤勢上做出完美的壓力支撐互換,向市場宣告該交易品項趨勢階段的開始。

(3)突破後:只要聰明錢能夠在盤勢上顯示出有效突破,也就是在價格壓力線上方運行,市場就會進入趨勢階段,形成 HH－HL 的趨勢結構。

需要注意的是,聰明錢(主力機構)的有效突破並不總是會成功,失敗的情形也常見。有效突破這個階段是聰明錢之間的博弈,如果有效突破變成假突破,先前的壓力線沒有變成新的支撐線,或是趨勢結構失敗,價格往往會快速下跌,市場短期內不會有任何買方支撐。

很明顯在吸籌區的早期,是聰明錢和笨錢的籌碼互換。突破前,是聰明錢和其他聰明錢(其他機構和成功的交易者)之間的相互試探。而有效突破是聰明錢(主力機構)的市場廣告,之後各路聰明錢合力快速推高股價,等待笨錢的重新進場。

3.4.4 有效突破前的技術型態

裸 K 線交易法依據市場的供需原理,理解了有效突破背後的深層邏輯。在此基礎上,能夠對有效突破做更準確、更有效的技術分析。

如圖 3-40 所示，長時間的橫盤走勢後，價格通常會選擇突破方向。以向上突破為例，在大型區間結構的中後期，也就是突破前，一般會有空頭陷阱、抬高的底部和窄幅收斂等三種技術特徵。

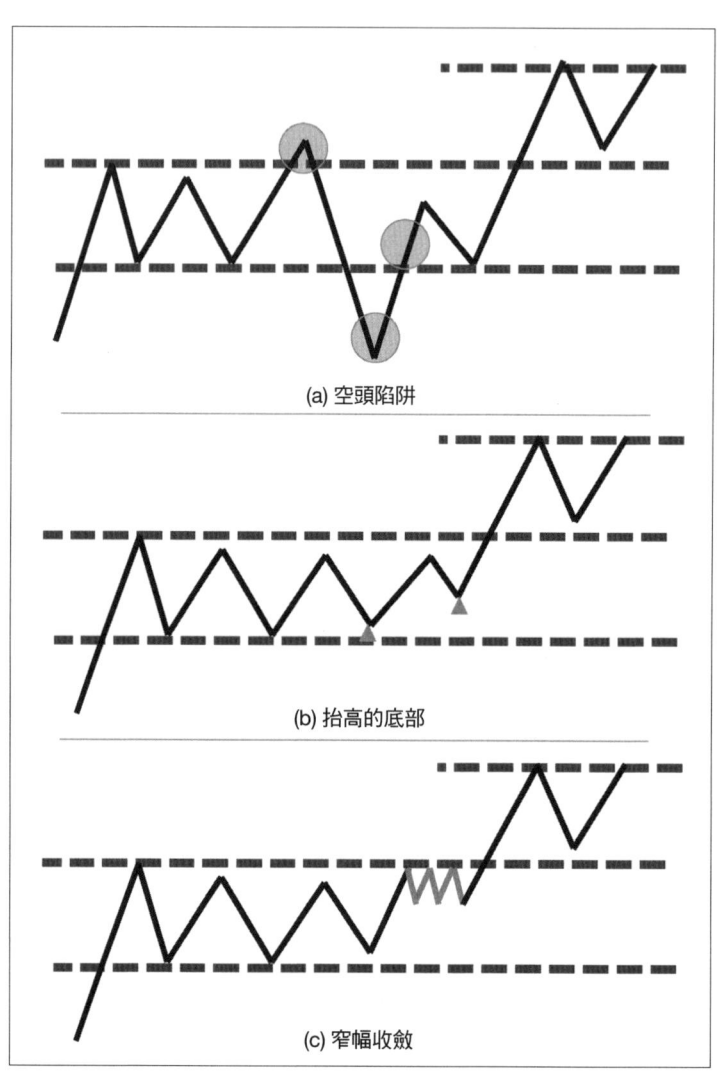

(a) 空頭陷阱

(b) 抬高的底部

(c) 窄幅收斂

▲ 圖 3-40　突破前的三種技術特徵

交易者要牢記，有效突破前的階段（區間結構的中後期），即使出現完美的技術型態，不能保證隨後就一定會出現突破走勢，也不能保證在很短的時間內就會突破。不突破或是長時間不突破，往往是更常見的情形。

（1）空頭陷阱：盤勢上表現為三個技術走勢的連續組合，即「向上的假突破—向下的假突破—快速重回區間結構」。一般情況下，向下的假突破非常劇烈，隨後快速重回區間結構，組合起來在K線上就會是清晰、明確的逆轉訊號K線。

如圖3-41所示，裸K線交易法中，有效突破前的空頭陷阱，是三個連續的技術型態。首先是向上的假突破；隨後價格回落到支撐線附近，市場出現賣壓擊穿支撐線，比正常向下假突破的跌幅更大，速度也更快，盤勢上呈現明顯的破位下行的訊號；第三個階段是價格快速回到支撐線上方。

裸K線交易法的處理方式，基於兩個主要理由：一是有效突破背後的供需邏輯；二是裸K線交易者技術分析的立足點，一直都是在尋找

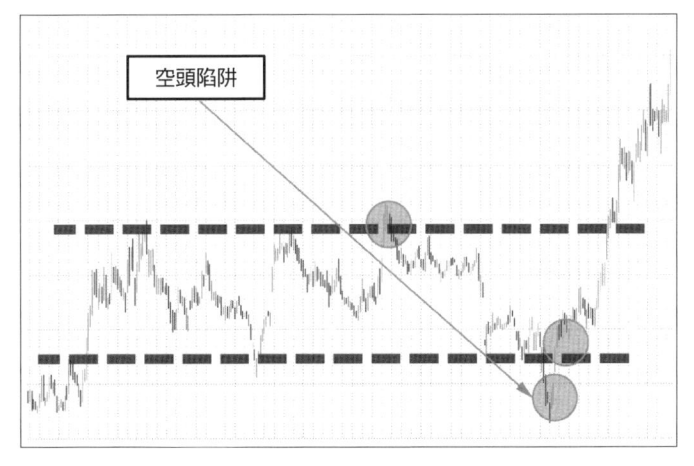

▲ 圖3-41　空頭陷阱

高品質的交易機會。向上的假突破本身就是一個高品質的交易機會，空頭陷阱後，價格重新回到支撐線上方，又是一個高品質的交易機會。

（2）抬高的底部：盤勢上既可能是典型的上漲三角形型態，也可能是各種類型的圓弧底。圖3-42是一個典型的上漲三角形，底部沿著向上的斜線依次抬高。圖3-43中，抬高的底部呈現小型圓弧底的型態。

（3）窄幅收斂：這種型態是裸K線交易者更偏愛的突破前型態，能夠提供更高品質的交易機會，交易者能找到盈虧比更高的進場點。

在大型區間結構的中後期（有效突破前），在壓力線下方出現一個窄幅收斂的型態。窄幅收斂在壓力線附近即可，可以如圖3-44所示在壓力線下方，也可以在壓力線上方，或是壓著壓力線。

裸K線交易者認為，任何技術分析都是交易者的主觀判斷，具體到特定的壓力線，不同的交易者可能會有不同的畫法。由於壓力線畫法的主觀性，所以在特定交易者的技術分析中，窄幅收斂就可能出現在不同的位置，但是都是在真實的壓力線附近。

有效突破的技術分析有一個基本的前提：要求區間結構的時間夠

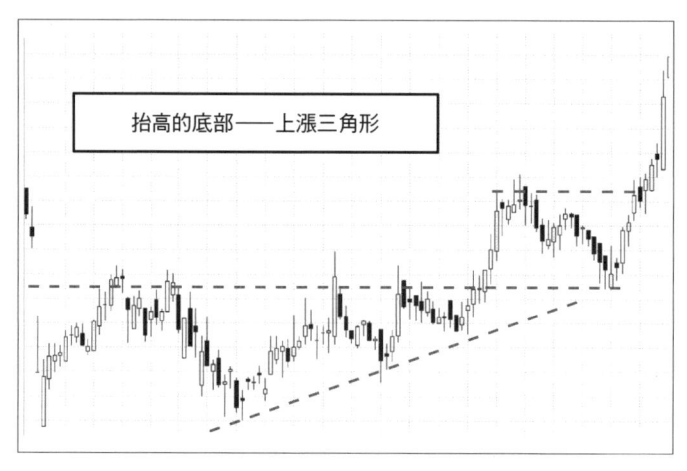

▲ 圖3-42 抬高的底部（上漲三角形）

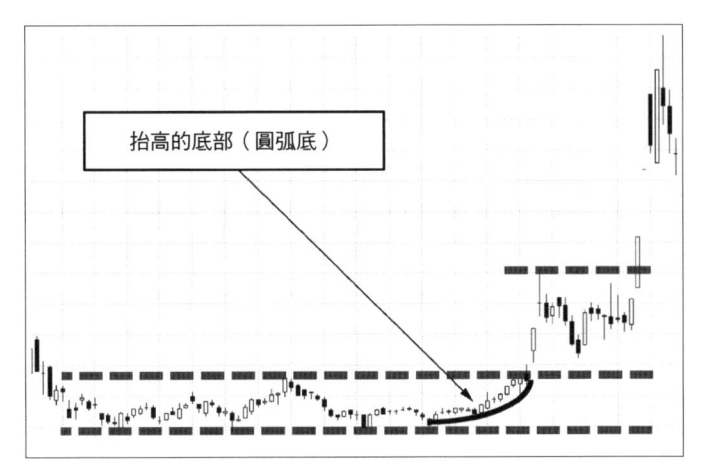

第 3 章　看圖就懂！裸 K 線交易法的 5 大技術分析

▲ 圖 3-43　抬高的底部（圓弧底）

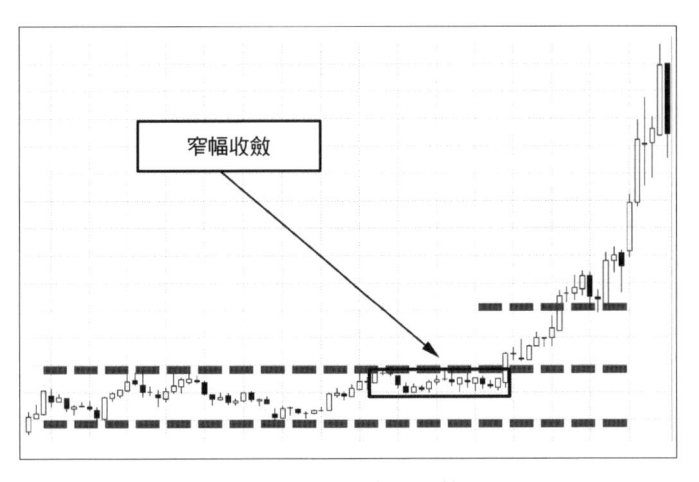

▲ 圖 3-44　窄幅收斂

長。即使交易者主觀認為時間足夠長，並且型態相對完美，假突破的可能性也遠遠高於有效突破。以圖 3-41 的走勢為例，在有效突破之前，三種有效突破前的技術型態都大致走了出來，但是並沒有出現真正的有效突破，如隨後的圖 3-45、圖 3-46 和圖 3-47 所示。

117

連巴菲特也佩服──風控》讀圖》交易心法，
讓你的利潤奔跑！

細心的讀者會發現，圖3-41與圖3-45中，兩條水平輔助線的位置不一樣。的確是這樣，假設交易者最近一根K線在 ① 附近時，圖3-45中

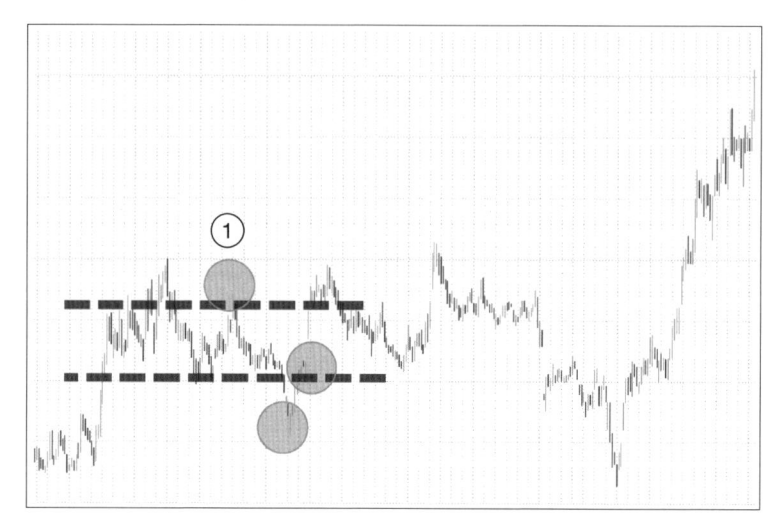

▲ 圖3-45　失敗的空頭陷阱

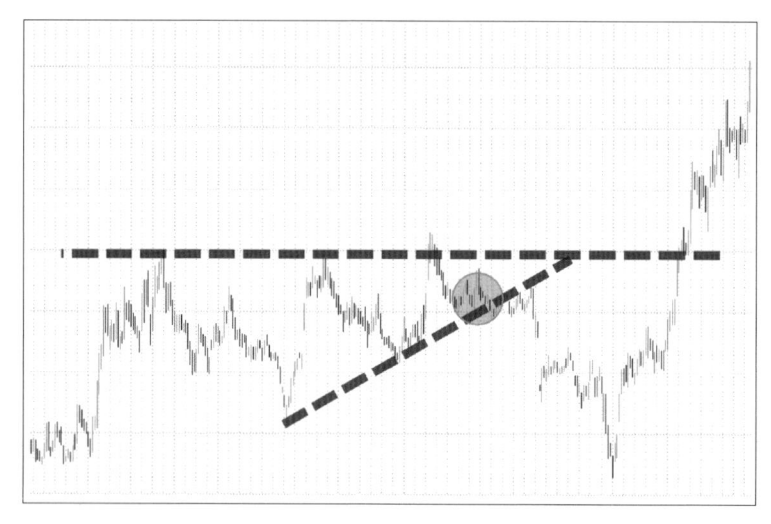

▲ 圖3-46　失敗的底部抬高（上漲三角形）

118

第 3 章　看圖就懂！裸 K 線交易法的 5 大技術分析

支撐線和壓力線是合理的畫法。以圖 3-45 中的畫法，空頭陷阱的力度很強，上漲到壓力線上方停留一段時間，形成一次向上的假突破。

當價格運行到圖 3-46 中圓圈附近時，交易者調整壓力線，並主觀認為正在形成上漲三角形是合理的研判。隨後的走勢破壞了可能的技術型態，交易者就要接受這個結果，而不是去與市場講道理。例如某些交易者會認為，圓圈左側的高點穿越壓力線，這不是標準的上漲三角形型態，所以就失敗了。

這是嚴重錯誤的想法，隨後更嚴重的錯誤，是在自己的交易系統中加入更多研判標準，試圖提高技術分析的準確性。這樣的學習和成長之路走不通，是緣木求魚。因為交易領域不存在「聖杯」，再複雜的優化都會有例外的情況。

圖 3-47 是失敗的窄幅收斂。窄幅收斂形成的小平台向下突破後，隨後的走勢是大幅下跌，先前的支撐線也被擊穿，導致交易者需要重新畫支撐線，畫線結果參見圖 3-41 中的支撐線。

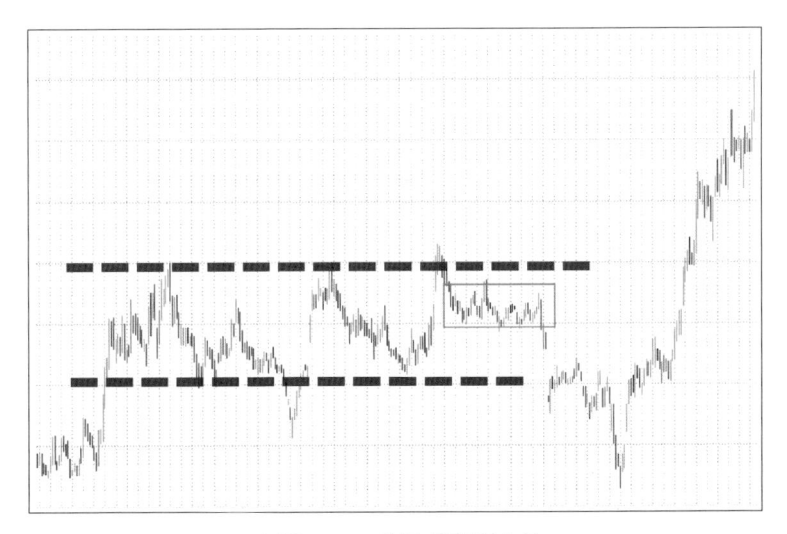

▲ 圖 3-47　失敗的窄幅收斂

3.4.5　有效突破的關鍵技術特徵

　　本書針對有效突破前的技術分析，儘管給出三種典型的技術型態，但「有效突破」充滿不確定性。既有是否突破的不確定，也有突破時間的不確定。交易者在有效突破前進場，往往在付出極大的時間成本之後，很可能是小賺、平手，甚至是小虧離場。

　　根據價格運動的慣性特徵，一些裸K線交易者會偏向於在有效突破之後進場，參與有效突破後的趨勢結構交易。

　　這樣交易的技術原理是，當先前的壓力線變成支撐線時，交易者根據價格運動的對稱特徵，至少能夠主觀認為，價格會有一個等於前區間結構空間的對稱上漲。因此，有效突破的初期，價格停留在先前壓力線附近時，可以認為是新區間結構支撐線的小型區間，這是一次高品質的交易機會。

　　將上述技術原理對應到盤勢上，有很大的可能性出現一次甚至多次典型的壓力支撐互換的技術型態。需要注意的是，日K線圖上形成的有效突破，不一定會在日K線圖上呈現壓力支撐互換，而是可能會在更小級別的時間週期上出現，例如30分鐘K線圖，甚至是5分鐘K線圖。

　　強趨勢結構的有效突破，通常以實體大陽線的形式出現，也常見壓力線上方的跳空實體大陽線。正常的趨勢結構，尤其是弱趨勢結構，有可能是一組小K線爬上壓力線。但有效突破在完成壓力支撐互換之後，都應該出現一根標誌性的趨勢大陽線，形成更高的高點HH。

　　裸K線交易法中，針對有效突破的確定，一般使用兩個技術工具：壓力支撐互換和趨勢性的標誌大陽線。

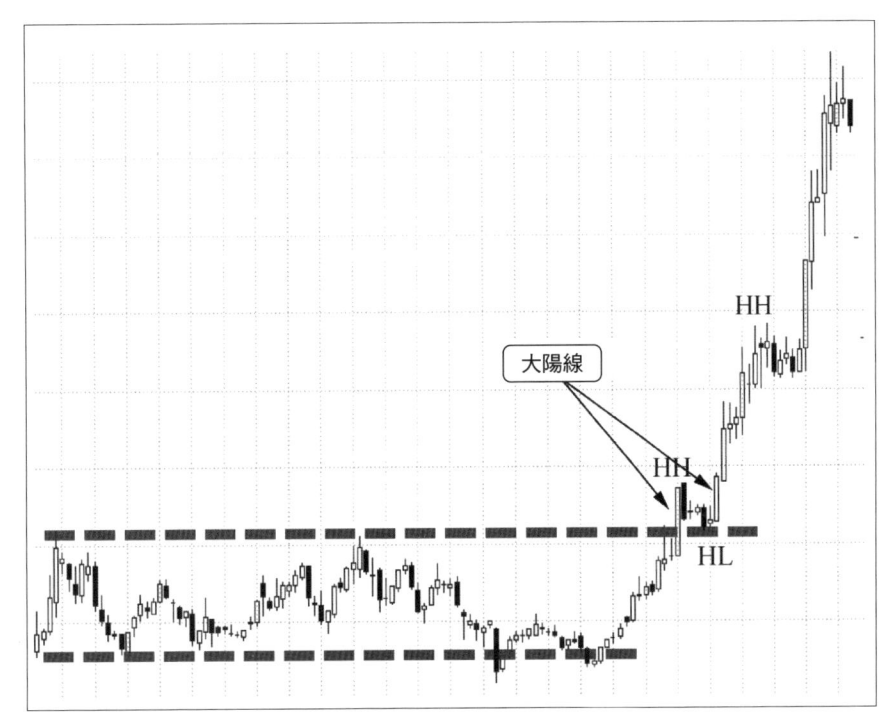

第 3 章　看圖就懂！裸 K 線交易法的 5 大技術分析

▲ 圖 3-48　有效突破的技術確認

如圖 3-48 所示，大陽線突破壓力線後形成 HH，之後在壓力線上方形成 HL，再以大陽線形成更高的 HH，形成趨勢結構。圖 3-48 中的 HL 完成壓力支撐互換，大陽線則是趨勢性的標誌大陽線。

圖 3-49 呈現強勢的有效突破，在更小時間週期的壓力支撐互換趨勢。圖中，上面是 30 分鐘 K 線圖，下面是日 K 線圖。虛線表示的壓力線價位，在兩個時間週期上是相同的。在代表同一時刻的三角形與圓圈之間，30 分鐘 K 線圖的 K 線更密集，數量遠多於日 K 線圖。

注意日 K 線圖上的圓圈位置，對壓力線的突破是一根漲停板的實體大陽線，之後連續兩天漲停才出現回檔。但是在 30 分鐘 K 線圖的圓圈位置，可以觀察到明顯的壓力支撐互換。

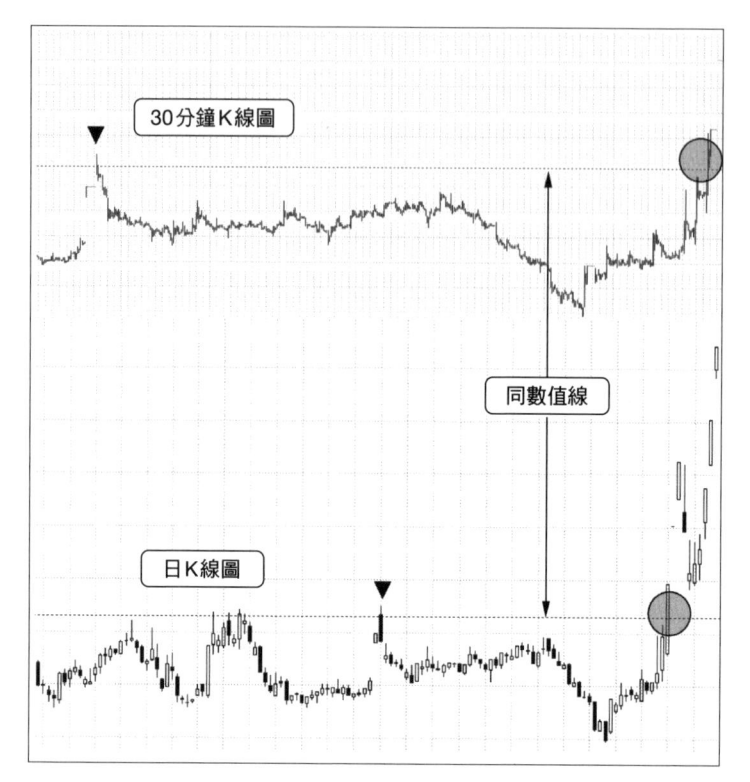

連巴菲特也佩服──風控》讀圖》交易心法，
讓你的利潤奔跑！

▲ 圖 3-49　更小時間週期上的壓力支撐互換

3.4.6　趨勢結構中的突破

　　優秀的裸K線交易者，90%以上的獲利都來自順趨勢交易。能否在趨勢結構中運用突破的技術分析方法，是成功交易者與優秀交易者的分水嶺。

　　趨勢結構中的突破與區間結構的突破，有巨大差異。根據價格運動的慣性特徵，趨勢結構的慣性，本身就直接為價格運動指明方向。如果說區間結構的突破是小機率事件，趨勢結構中順趨勢方向的突破，則是大機率事件。

由於趨勢結構本身具備的方向性，所以趨勢結構中的突破技術分析就很簡單。當趨勢調整出現小型區間結構時，凡是逆方向的突破大機率，是假突破；凡是順方向的突破大機率，是有效突破。

如圖 3-50 所示，在清晰的下跌趨勢結構中，針對壓力線的向上突破大機率是假突破。案例中的交易品項是歐元兌美元日線圖，時間是 2022 年 1 月至 9 月。如圖 3-51 所示，在順趨勢方向針對支撐線的突破，有很高的機率是有效突破。

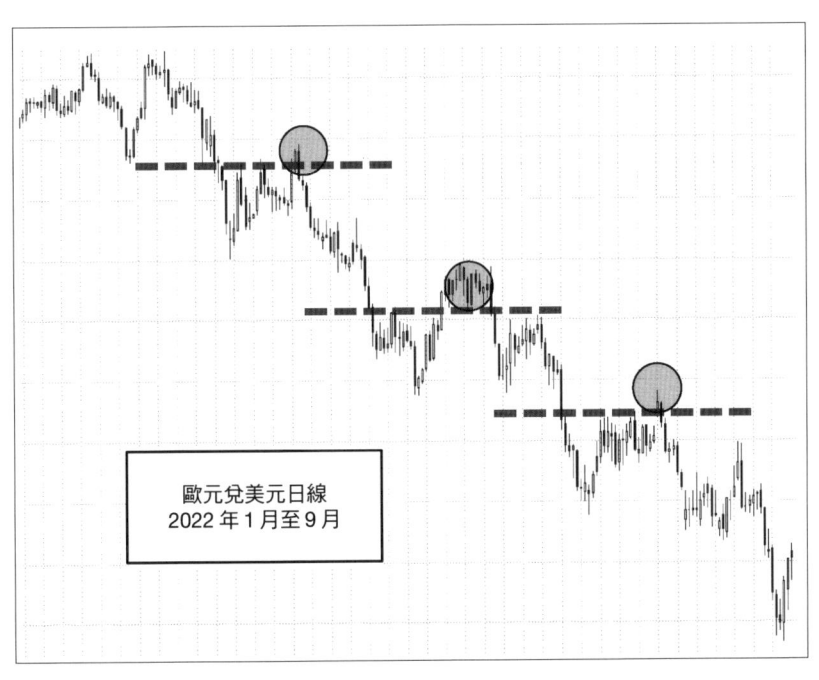

▲圖 3-50 逆趨勢方向的假突破

連巴菲特也佩服——風控》讀圖》交易心法，
讓你的利潤奔跑！

歐元兌美元日線
2022 年 1 月至 9 月

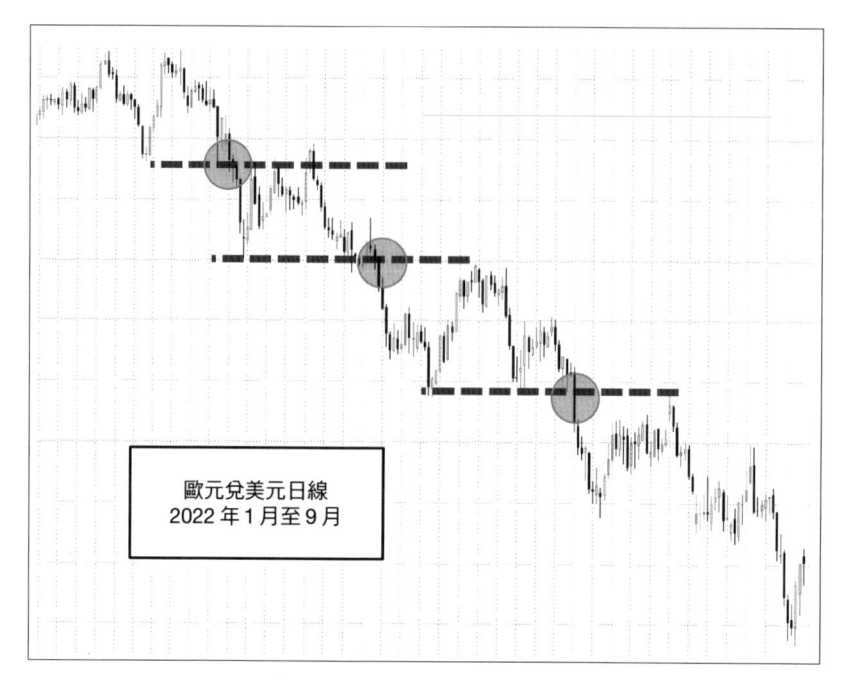

▲ 圖 3-51 順趨勢方向的有效突破

3.5 PA 共振的熱區技術分析

價格行為在特定的時空點，如果採用多種技術分析工具，都能夠得出相同的結論，這樣的情形叫作 PA（Price Action，價格行為）共振。PA 共振在圖表上的特定時空點就是熱區，熱區往往是交易者的優勢區。

3.5.1　PA 共振的技術原理

裸 K 線交易法技術分析的基礎是價格行為學，採用的基礎分析工具是 K 線、型態和輔助線（水平線、斜線和均線）。裸 K 線交易者從最近的 K 線出發，利用三種基礎分析工具，把複雜的價格運動解構為區間結構、趨勢結構，以及連接兩者的突破，從而能夠解釋過去的走勢，並主觀判斷即將出現，以及未來一段時間內的可能走勢。

價格行為學作為當代技術分析的主流，同樣認為任何價格運動都是歷史的重複，即特定價格模式的重複。因此，價格運動在關鍵的時空點，必然會出現慣性變化，或是慣性持續的典型特徵。慣性變化是指價

格結構的改變，包括趨勢結構轉逆趨勢結構、趨勢結構轉區間結構，以及區間結構轉趨勢結構。慣性持續是指價格運動繼續保持當前的價格結構，包括區間結構的持續，以及趨勢結構的持續。

以區間結構的持續為例，支撐線和壓力線是價格橫向運動的範圍，只有當支撐線和壓力線反覆發揮作用時，盤勢才能表明當前的價格結構的確是區間結構。因此，當價格觸及支撐線或壓力線時，價格必然會逆向運動，從而出現逆轉訊號 K 線。

如果不是這樣，價格向上運動，以中陽線或是大陽線穿越壓力線，交易者就會看見壓力線被趨勢訊號 K 線穿越，盤勢發出區間結構可能轉趨勢結構的訊號，交易者就會採用突破的技術分析方法，判斷是假突破還是有效突破。假突破價格會再次回落到壓力線下方，有效突破就會完成壓力支撐互換。

一般情況下，價格穿越壓力線後，盤勢會很快給出真假突破的明確訊號，交易者也就能夠及時得出，價格結構是慣性持續還是慣性改變的明確結論。

裸 K 線交易者在上述的技術分析過程中，採用的就是 PA 共振的技術原理。交易者根據先前的走勢，畫出對應的輔助線，作為價格結構可能變化的觀察區。觀察區內出現的訊號 K 線，就是 PA 共振。

需要注意的是，PA 共振熱區既指價格的空間（不是一個絕對的數值），也指時間，並不是一些交易者誤以為的單獨一根 Pinbar，或是一根趨勢大陽線。

熱區是區間結構的逆轉點和不同價格結構的轉化點，是交易者的交易優勢區。更重要的是，PA 共振的熱區技術分析，能夠為優秀的交易者制定更好的交易策略和更精細的交易計畫，大幅度提高勝算和盈虧比。

3.5.2　輔助線與K線的共振

　　PA共振首先是輔助線與K線的共振。在圖3-52中有三根輔助線，分別代表壓力支撐互換的水平線、小型趨勢線和20均線，三角形對應一根典型的Pinbar。圖中的走勢是區間結構轉趨勢結構的突破。

　　PA共振的熱區由輔助線（水平輔助線、小型趨勢線、20均線）和訊號K線（突破陽線、Pinbar）共同構成。熱區內的價格行為，明確表示突破是有效突破，價格運動從區間結構轉為趨勢結構。

　　在裸K線交易法中，針對輔助線的測試，包括觸及、假突破和缺口（不觸及）三類。圖3-52中的Pinbar的最低價，擊穿先前的壓力線和先前的小型趨勢線，但是沒有觸及20均線。這樣的情形，對壓力線和小型趨勢線是假突破的重新測試，對20均線是缺口的重新測試。

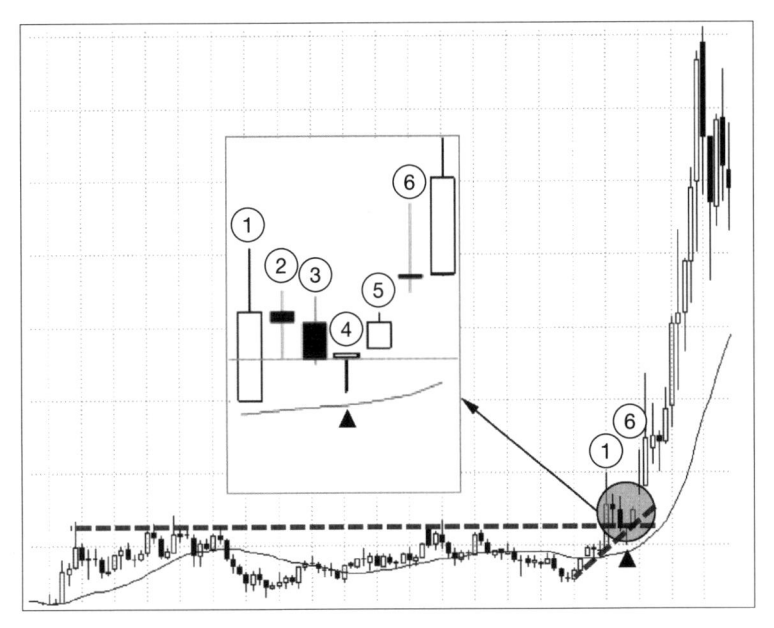

▲ 圖3-52　輔助線與K線的共振

PA共振熱區是一個價格空間和一個過程。案例中的熱區要把突破的大陽線作為起始點，Pinbar後的第一根或第二根K線作為熱區的結束點。一些裸K線交易者，在熱區會採用「逐K分析」的技術分析方法。這裡的「逐K分析」是指對每一根K線進行分析。圖3-52中標注的①和⑥之間共計6根K線。突破大陽線具有長上影線（作為①號K線），顯示上方有較強的賣壓。

隨後的②號K線是一根陰十字線，兩線組合是孕線組合。②號K線的低點正好觸及壓力線，顯示先前的壓力線變成支撐線。由於①號K線的上影線過長，②號K線的孕線組合不足以消化突破後的賣壓，因此出現收盤價接近壓力線的③號K線，表明超短線的空頭優勢。

這個時候，裸K線交易者利用突破技術原理，做技術分析時會把壓力線當成新的支撐線，並劃定一個小型區間。小型區間的支撐線以①號K線的開盤價或是最低價為基準，壓力線以②號K線最低價和③號K線的收盤價為參考。

④號K線是典型的Pinbar，低點並沒有觸及小型區間的支撐線，收盤價在③號K線的收盤價之上，也就是在③號K線的實體內。從小型區間來看，④號K線是高品質的Pinbar，盤勢由空轉多。⑤號K線是一根小陽線，收盤價幾乎與③號K線的開盤價一樣，收復了③號K線的陰實體，這是多頭強勢的標誌。

⑥號K線是一根跳空倒T線，缺口和更高的高點HH（形成趨勢結構）表明強勢，長上影線表明上方賣壓較大，後續的價格運動需要更多的K線追蹤判斷。

對於裸K線交易者，「逐K分析」在學習階段是一種重要的訓練方法，能更深刻理解K線本身的技術原理和價格訊號。在交易實戰中使用「逐K分析」，可能過於繁雜，並容易拘泥於短線和超短線。

一些裸K線交易者會在熱區採用「逐K分析」，目的是尋找更高品

質的交易機會。裸K線交易法的技術分析，是基於規則的主觀判斷。在熱區，不同裸K線交易者可能會有不同的主觀判斷。由於案例中的突破陽線（①號K線）具有長上影線，所以一些交易者會主觀判斷為假突破，隨後的②號K線和③號K線支持這個主觀判斷。

④號K線（Pinbar）下跌走出最低價的過程中，盤面是一根實體大陰線，大陰線擊穿先前的壓力線和小型支撐線，更加支持假突破的判斷。但④號K線收定後，有經驗的交易者都會意識到，先前的主觀判斷可能出錯了，會調整自己的主觀判斷，激進的交易者會直接空轉多，穩健一點的交易者會等下一根K線。

因此，裸K線交易者技術分析的主觀判斷同樣是一個過程，並不存在死多頭或者死空頭的情形，技術分析者完全依賴看見的價格行為動態地主觀判斷。

真實的盤勢很少走出標準和完美的技術型態，經由「熱區是一個過程」的討論，交易者能夠更深刻地理解裸K線交易法的實戰價值，等待訊號K線出現之後再交易。

案例中，突破壓力線時的訊號K線具有長上影線，盤勢表明壓力線上方有較強的賣壓，有很高的機率會回檔。這種情形下，主觀判斷有效突破的交易者，就需要耐心等待一根針對先前壓力線的逆轉訊號K線，案例中是④號K線（Pinbar）的形式，如果是針對③號K線的吞噬線，也是標準的逆轉訊號K線。

3.5.3　時間週期的共振

時間週期的共振分為以下兩種類型。

第一種類型是三重時間週期架構的共振。例如日K線圖、30分鐘K線圖和5分鐘K線圖，是常用的三重時間週期圖。當日K線圖上出現

訊號K線時，在更小時間週期上，往往以頂部或底部的型態出現。

在圖3-8中，日K線圖裡的向下假突破，在30分鐘K線圖上，構造了一個底部型態；日K線圖裡的向上假突破，在30分鐘K線圖上，構造了一個頂部型態。

第二種類型是價格結構中的K線根數（時間週期數）與輔助線、訊號K線的共振，如圖3-53所示。

價格突破①號水平線（支撐線）後形成一個底部抬高的區間結構，②號水平線是壓力線。從左往右數，第一個向下的三角形是對②號壓力線的假突破，之後在①號支撐線獲得支撐。

假突破後的回檔走勢，以第一個向下的三角形為起點，再以①號線附近向上的三角形對應的K線為終點，這是第一組回檔，共計8根K線。

隨後的上漲先後突破②號壓力線和③號壓力線，並創出新高，對應第二個向下的三角形。以它為起點，第8根K線是第二個向上的三角

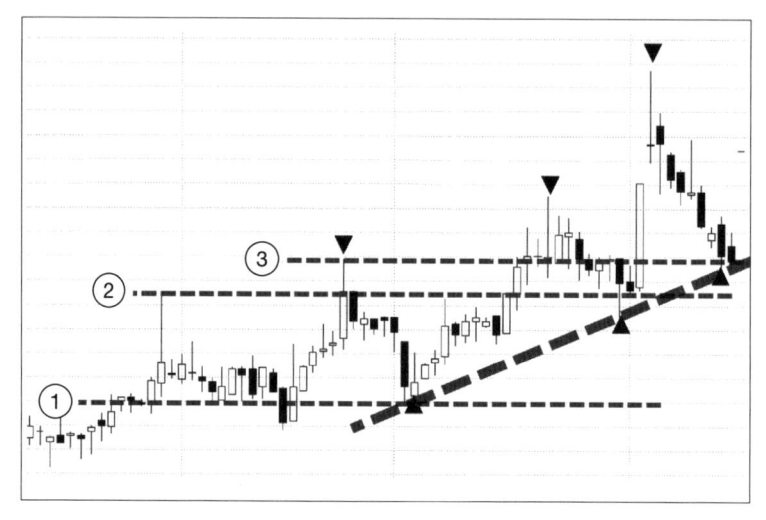

▲ 圖3-53 時間週期的共振

形,這是第二組回檔。此處的第8根K線是一根帶長下影線的陰線,並且收盤價站上②號線上方。

第三組回檔以第三個向下的三角形為起點,終點是第三個向上的三角形,同樣是8根K線。此處的第8根K線,收盤價站上③號線上方。

本例中的三組回檔,從頂到底大致都是8根K線。這種類型的共振,需要重點關注輔助線與同類走勢的時間週期數。實戰中,可以允許1到2根K線數值的差異,或者以次底(次頂)為參考。

針對一些裸K線交易法的高級培訓,可能會涉及第二種類型的時間週期共振。這種分析方法在真實走勢中,僅能作為次要的分析方法,原因在於其穩定性較差。但是,如果共振時出現標準的訊號K線,則時間週期共振的可靠性就很高。這個分析方法最大的好處,在於能夠提醒並防止交易者過早進場。

連巴菲特也佩服——風控》讀圖》交易心法，
讓你的利潤奔跑！

3.6 裸K線交易法，從「讀圖」中尋找交易機會

　　交易者掌握技術分析的原理、基礎知識和分析方法後，就能夠進行有效的技術分析。本書有意識地把裸K線交易法的技術分析稱為盤勢解讀，加以保留裸K線交易法「讀圖」的本義，這樣的處置是為了更易與一般技術分析有所區別。

　　一般的技術分析，主要是解釋過去走勢的模式和原因，而針對裸K線交易法的技術分析，則是為了尋找高品質的交易機會。這兩種差異很大，甚至是完全不一樣的思維方式，儘管表面上看起來非常類似。

3.6.1　讀圖尋找交易機會

　　2022年註定是人類歷史上大書特書的一年，股市的價格運動深刻記錄了動盪的現實世界。圖3-54是納斯達克指數截至2022年9月的週線圖，若採用一般的技術來分析此走勢，可能會標注更多輔助線，從而達到解釋價格走勢的目的，且主觀預測市場可能會在什麼價位見底。

　　而裸K線交易者使用的輔助線，通常只有圖3-54中的①②③，最

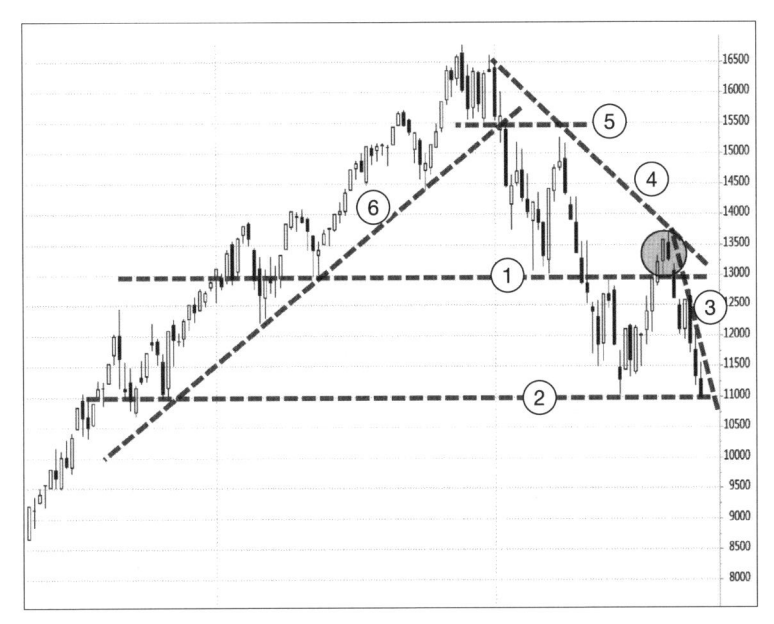

第 3 章　看圖就懂！裸 K 線交易法的 5 大技術分析

▲ 圖3-54　納斯達克指數週線（截至2022年9月）

多加上 ④。畫線的出發點是最近的 K 線，先畫支撐線和壓力線，然後觀察最近幾根 K 線的走勢。由於最近的走勢形成明顯的趨勢結構，畫出 ③ 號下跌趨勢線。若要觀察當前市場的主要趨勢，還可畫出 ④ 號線。

圖 3-54 中圓圈處，是下跌趨勢中逆趨勢方向的假突破，最近一根 K 線向下幾乎觸及標注為 ② 的支撐線。儘管裸 K 線交易者認為，順趨勢方向的突破通常是有效突破，但是三波下跌後，支撐線附近依然是重點關注區，觀察盤勢究竟出現什麼類型的訊號 K 線。

當然，裸 K 線交易者也會關注和解釋先前的走勢。圖 3-54 是一個典型的上漲趨勢轉下跌趨勢，⑤ 號線是確定下跌趨勢的支撐壓力互換，突破後的回檔沒有觸及先前的支撐線，隨後的下跌趨勢很可能是強趨勢結構。

既然是強下跌趨勢結構，在沒有突破下跌趨勢線之前，整體思路就

133

是看空與做空。在這樣的主觀判斷下，圓圈中的逆趨勢方向的假突破，就很容易掌握，成為一次高品質的做空交易機會。

永遠要牢記，裸K線交易者解讀盤勢的目的，是為了尋找高品質的交易機會。

3.6.2 交易背景分析

股市相對於外匯、期貨和債券市場，最大的差異是交易品項的數量極為龐大，並且走勢極其分化。裸K線交易法在股市應用時，不能墨守成規看K線，應當做交易背景分析。

股市的交易背景分為兩個層面：一是交易品項本身的背景；二是交易品項所在市場的背景。

交易品項本身的背景，主要是指分析更大時間週期架構的價格結構，例如日線交易者關注週線圖。一般情況下，更大時間週期的價格結構，能夠提供一段時間的策略指導；更重要的是，更大時間週期中的各種壓力位和支撐位，往往是交易時間週期的頂部或是底部。

市場的背景分析除了大盤指數的價格結構分析，更重要的是選股，也就是選擇交易品項。在股市中，特定的個股相對大盤走勢強勢還是弱勢，抑或是隨波逐流，本質上也是個股的價格行為。

資訊時代，多數裸K線交易者選股時利用統計學的原理，充分使用行情軟體的公式編寫功能，編寫個人的選股公式，逐步篩選出相對大盤指數強勢的個股，作為潛在的交易品項。這塊內容超出了本書的範圍，不展開討論。一些交易者選擇只做自己熟悉的個股，也是一種很好的策略。

3.6.3　個股的盤勢解讀

　　外匯、期貨和債券市場的交易品項數量少，參與者眾多，是典型的高流動大市場，裸 K 線交易法非常適合這樣的市場。

　　在很大程度上，裸 K 線交易者參與這類市場，完全可以使用純裸 K 線技術，不需要更多的參考訊息。股市則不一樣，個股的盤勢解讀，需要更多與個股有關的價格行為資訊。

　　裸 K 線交易者交易個股有兩個理由：一是因為波動性是所有交易者盈虧源頭，而個股的波動性最大，能夠為優秀的交易者帶來豐厚的利潤；二是因為優秀的裸 K 線交易者，往往擅長做某種特定的圖表。股票市場中，個股走勢高度分化，交易者在絕大多數時間內，都能找到符合個人交易習慣的特定個股，能夠一招吃遍天下。

　　交易個股時，個股的盤勢解讀及交易背景分析，比個股的價格結構分析更重要。一般情況下，交易背景分析包括以下三個方面。

　　（1）市場環境：市場環境首先是指個股所在市場的大盤指數。偏好做多的交易者，採用裸 K 線交易法的技術分析方法，很容易研判大盤指數的價格結構，並採取牛市主動做多、橫盤謹慎做多、熊市觀望的基本策略。

　　（2）活躍股：活躍股是指正在走大型上漲趨勢的市場熱門股，參與活躍股的交易是股市贏利的基本法則。活躍股有可能是單獨的個股行情，也可能是由特定的板塊屬性推動的。如果是由特定的板塊屬性推動的，則要對特定的板塊指數進行價格結構分析。

　　每個交易者都應當有一套自己的選股策略，能夠利用活躍股相對大盤指數的強勢價格行為特徵，及時挑選出活躍股。

　　（3）個股分析：個股交易常見的難題，是潛在的交易品項數量太多。10 支以上潛在的可交易股，對於個人交易者來說已經算多了。在這

個時候的篩選工作技術面近似，裸K線交易者並不會排斥基本面分析和題材面分析。

有經驗的裸K線交易者的個股盤勢解讀，通常會在收盤後進行。一般包括以下內容。

第一，大盤價格結構的追蹤與研判。

第二，利用個人的選股系統，選出可能的活躍股。

第三，快速技術篩選，留下符合個人擅長圖形的個股。

第四，對留下的個股進行價格結構細緻分析，加上基本面和題材面的輔助分析。

第 4 章

高手技巧大公開，停損點、交易陷阱通通告訴你

> 連巴菲特也佩服——風控》讀圖》交易心法，讓你的利潤奔跑！

4.1 遵守停損原則，不用高風險也能超高獲利

停損是指交易者進場後，實際價格走勢偏離了交易計畫，價格逆向運動導致交易出現虧損，交易者主動做出的離場行為。當虧損達到一定程度時交易者主動賣出，虧損不再擴大，從而實現管控虧損的目的。

很多人認為獲利與風險成正比，高獲利高風險、低獲利低風險，這個觀點在裸K線交易法中是錯誤的。裸K線交易法涉及的所有交易行為，都是在可控的低風險前提下，去取得可能的低獲利、正常獲利、高獲利，甚至是超高獲利。

能夠做到這樣的原因在於裸K線交易法的停損方法，從邏輯上來說，裸K線交易法中的停損是一種基於規則的離場方法，既能管控風險，又能管控獲利。

4.1.1 單筆金額停損

單筆金額停損，是指以每一筆交易最大虧損金額作為離場的標準，並且只有這一個標準。

交易實戰中，單筆金額停損能賦予交易者很大的進場靈活性。例如，交易者把特定個股的買進區間設定為 10.20～10.50 元／股，停損價格是 10.10 元／股，停利價是 11.50 元／股，單筆停損金額為 1000.00 元。

如表 4-1 所示，1000.00 元的停損金額，潛在獲利是 2500.00～13000.00 元。原因在於，交易者能夠在單筆虧損金額的控制下，依據實際成交價格調整倉位。價格越低，能夠買進的股數就越多。如果走勢對路，更大的倉位必然帶來更多的獲利。

表 4-1　單筆金額停損

買進價（元／股）	買進股數（股）	停利價（元／股）	獲利（元）	停損價（元／股）	停損額（元）
10.20	10000	11.50	13000.00	10.10	1000.00
10.30	5000	11.50	6000.00	10.10	1000.00
10.40	3300	11.50	3630.00	10.10	990.00
10.50	2500	11.50	2500.00	10.10	1000.00

4.1.2　單筆百分比停損

單筆百分比停損是最常見的停損方法之一，交易者以實際成交價的特定百分比作為停損標準。一般採用實際成交價乘以（1−X%）。其中，X 就是交易者主觀設置的停損百分比。

例如，交易者實際的成交價是 100.00 元／股，5% 的停損價格就是 95.00 元／股。

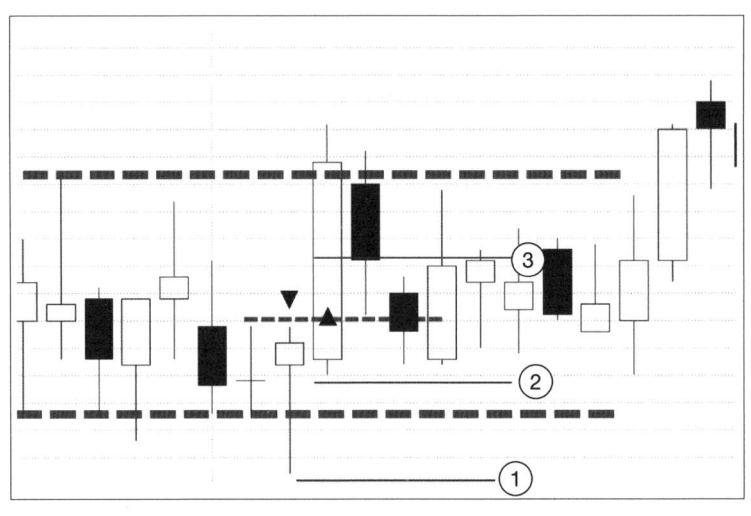

4.1.3 技術面參考點停損

技術面參考點停損，跟交易者的交易策略和交易習慣有關。如圖 4-1 所示，向下的三角形對應的是一根 Pinbar 訊號 K 線。隨後的第一根 K 線向上的三角形的橫線位置，是裸 K 線交易者常用的進場點。① 號線的停損設置是參考 Pinbar 訊號 K 線的低點；② 號線是參考更高擺動低點，以第二根 K 線的最低價做參考。①② 號線的停損設置，是參考擺動低點的典型方法。

一些交易者可能採用 ③ 號線的位置做停損，原因有兩個：一是進場當天是一根收盤價超過壓力線的大陽線，交易者認為隨後應該是強勢上漲，因此就以大陽線的中點作為停損點；二是交易者不希望獲利單虧損離場，就根據當下的盤勢，把停損價格提高到成本價之上，確保不會虧錢離場。需要注意的是，參考技術面的停損設置，要向下留出點差。

▲ 圖 4-1　技術面參考點停損

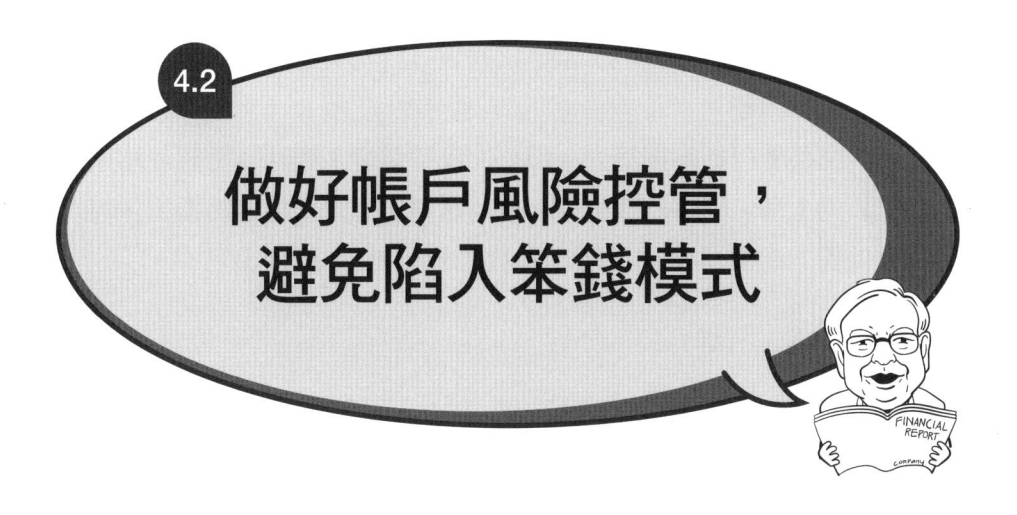

4.2 做好帳戶風險控管，避免陷入笨錢模式

停損通常是針對「單筆交易」的風險控制，而帳戶的風險控制主要是「總資金」的風險管理，防止總資金出現重大虧損。

4.2.1 虧大錢的三個原因

很多交易者都知道，即使是沒有槓桿的現金帳戶，也很容易在短時間內出現50%以上的虧損。以總資金虧損50%為標準，現金帳戶虧大錢主要有以下三種原因。

（1）笨錢模式：市場總是聰明錢賺錢，笨錢虧錢，而且笨錢虧錢的行為模式幾乎沒有任何變化。虧大錢最直接的原因就是高位買進，隨後的下跌趨勢中不停損，最後在下跌趨勢的中後期，或是吸籌區的壓力線附近離場。也就是說派發區進場、吸籌區離場，是笨錢最常見的交易行為。

如圖4-2所示，案例中的交易者在左上角趨勢尾聲以20.50元／股進場，隨後上漲到21.50元／股。儘管出現明顯的逆轉訊號K線，但交

易者主觀認定只是暫時整理。當價格跌破 ① 號線和 ② 號線後，盤勢呈現明顯的下跌訊號。

由於交易者已經虧損很大，每一次反彈都會主觀認為是整理結束，將展開新的上漲。隨著時間推移，交易者難以忍受大幅度虧損，多數人會在吸籌區的底部 ③ 的區間和吸籌區的壓力線 ④ 附近出場。

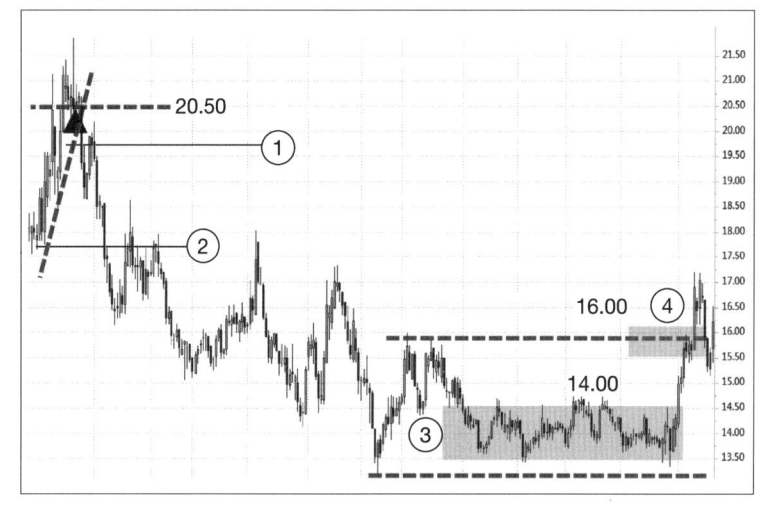

▲ 圖 4-2　笨錢模式

③ 和 ④ 的平均價格大致是 15.00 元／股，並作為交易者出場的實際價格。僅這一筆交易，就會虧損 26.80%。幾次高買低賣後，總資金就會虧損超過 50%。

（2）過度交易：指短時間內多次交易。過度交易通常以連續多筆小虧小賺的形式出現，累積下來往往導致重大虧損。例如，假設單筆百分比停損的標準是 5%，連續十幾次停損，也會導致總資金虧損 50% 以上。在特定的市場階段，短期內連續出現十幾次停損，並不是罕見的情形。

熊市初期的過度交易會導致快速的重大虧損，在這個市場階段，市場還彌漫著牛市的氛圍，很多交易者依然是牛市的信徒。

市場的真相則是多數個股正處於派發區尾聲，少數個股加速趕頂。沒有經驗的交易者，會砍掉破位下跌的個股A，換一支看起來會快速上漲的個股B；接下來新進的個股B又破位下跌，砍掉再換一支C……幾輪下來，總資金很快就會虧損50%以上，這樣的情形也被歸類為過度交易。

（3）重倉單一品項：「聽消息做交易」是很多交易者實際採用的交易策略，沒有經驗的交易者往往會因此重倉單一品項。這類交易品項的下跌趨勢被確定後，長期的大幅度下跌，可能會給交易者帶來超過50%以上的虧損。

交易心理學的研究表明，交易者在虧損的早期會焦慮，超過一定幅度後就會麻木。對虧損處於麻木狀態的交易者，往往會平和地看著股價繼續下跌，並期待遲早有一天股價會漲回來，自己不但能夠解套，還能大賺一筆。但這樣的願望，通常只有很小的機率會出現。

4.2.2 打平操作

裸K線交易法中，有經驗的交易者在資金管理中，會使用一種叫作「打平操作」的小技巧。以做多為例，打平操作是指交易者進場後，價格小幅上漲，交易者快速把停損價格提高到持倉成本的上方，從而確保該筆交易不會虧錢離場。常見的做法有以下兩種。

第一，降低倉位。例如，交易者以20.00元／股的價格進場，採用單筆5%停損，停損價格為19.00元／股，計畫做一筆盈虧比為2的交易，停利價格就是22.00元／股。

假設交易者以20.00元／股買進2000股，當價格漲到21.00元／

股時，交易者就賣出1000股，剩下1000股的持倉成本就是19.00元／股。

這樣操作之後，交易者仍舊以19.00元／股做停損價，即使停損離場，也不會虧錢。交易成功，獲利為3000.00元。

第二，上述案例中，交易者以20.00元／股買進2000股，初始停損設置為19.00元／股。當價格從20.00元／股上漲到21.00元／股以上時，交易者把停損價格提高到20.00元／股。

這樣的操作能夠保證交易者這筆交易不會虧錢離場。隨後，價格若到達停利價22.00元／股，成功賣出2000股，就能獲利4000.00元。

只要交易者杜絕虧大錢的交易行為，並適當採用打平操作，帳戶總資金的風險就得到有效控制，一般情況下不會出現重大虧損，進入不是笨錢的階段。

4.3 裸K線交易法的3種買進技巧

裸K線交易法中,除了「突破追漲進場法」之外,所有的買進方法都是慢一拍買。只有在輔助線附近出現訊號K線,交易者主觀認為是一次高品質交易機會後,才能依據擬訂的交易計畫擇機進場。

4.3.1 訊號K線買進法

裸K線交易法買進技巧的關鍵是訊號K線。訊號K線的作用有三個:一是進場訊號;二是提供停損參考點;三是確定進場買進的小型價格區間。

如圖4-3所示,錘子線是典型的Pinbar訊號K線,K線的最高價和最低價之間的空間,就是買進的小型價格區間。交易者通常在區間50%,或者61.8%的價格附近掛單買進。

裸K線交易法的買進方法有一個隱含邏輯,即假設在一輪下跌趨勢中,最後一根創新低的K線就是訊號K線。如果這樣的假設成立,價格就不會再創新低,訊號K線的價格區間,就是趨勢結束和逆轉的小

連巴菲特也佩服——風控》讀圖》交易心法，
讓你的利潤奔跑！

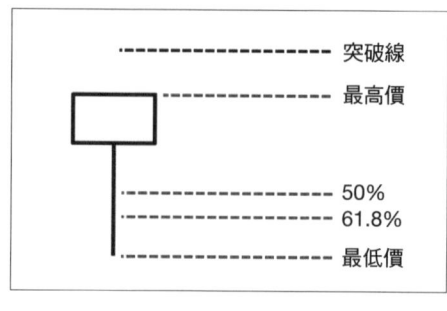

```
                                    ────── 突破線
                          ┌──┐
                          │  │      ────── 最高價
                          │  │
                          └──┤
                             │
                             │      ────── 50%
                             │      ────── 61.8%
                             │
                             │      ────── 最低價
```

▲ 圖 4-3　Pinbar 買入法

型價格區間，是最有優勢的交易區。

　　如果價格跌破訊號 K 線的最低價，假設的前提失效，交易者就要停損離場。由於掛單買進的價格距離最低價非常近，所以交易者只需要付出很小的試錯成本。

　　一些交易者會等待更明確的上漲訊號出現後再進場，通常會參考輔助線，以及與訊號 K 線相鄰的幾根 K 線，在最高價上方稍微高一點的位置畫出一根突破線，並作為進場的標準。

4.3.2　小區間分批買進

　　如圖 4-4 所示，價格跌到支撐線附近時，沒有出現典型的逆轉訊號 K 線，而是在靠近支撐線上方呈現窄幅收斂的價格行為。交易者把窄幅收斂作為進場的小型價格區間，並以區間上沿作為進場價格，評估潛在的盈虧比。如果潛在的盈虧比大於 2，則可以在窄幅收斂區內分批買進。

　　這種買進方式缺少訊號 K 線作為停損的參考點，有經驗的交易者通常會採用單筆金額停損的方法。需要注意的是，這裡的單筆是以區間內多次買進算一筆。

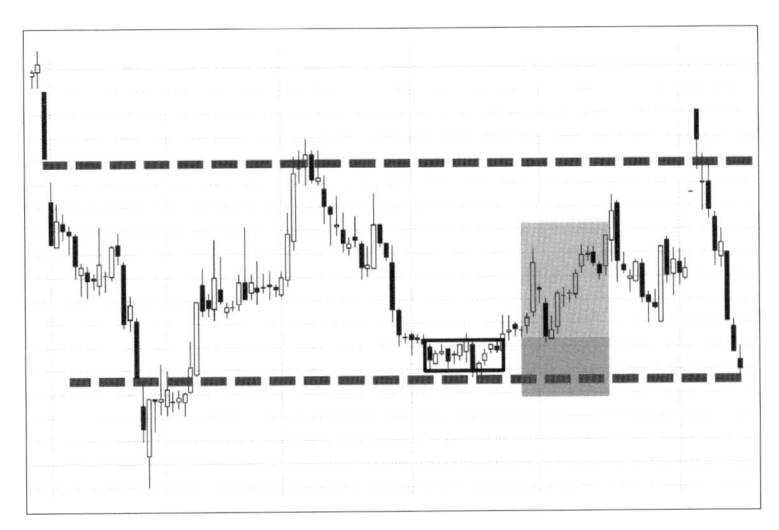

▲ 圖 4-4　小區間分批買進

4.3.3　買進區間的主動賣出

交易者進場後，盤勢呈現弱勢的價格行為，交易者連續幾天處於小幅虧損的狀態。交易者在這樣的情形下，如果主觀判斷自己可能出錯了，就會以低於持倉成本的價格賣出部分倉位。這樣的操作稱為「買進區間的主動賣出」，也是裸K線買進法中重要的技巧。

如圖4-5所示，向上三角形對應的是一根支撐線附近的吞噬線，這是典型的訊號K線。隨後第二天價格開高，穿越設置的突破線，交易者進場買進。但價格沒有持續上漲，連續好幾天小幅虧損。

這時交易者可以降低倉位，如果價格上漲，留下的倉位能夠獲利，成為一筆賺錢的交易。如果與圖4-5走勢一樣，則會減少單筆的虧損額。

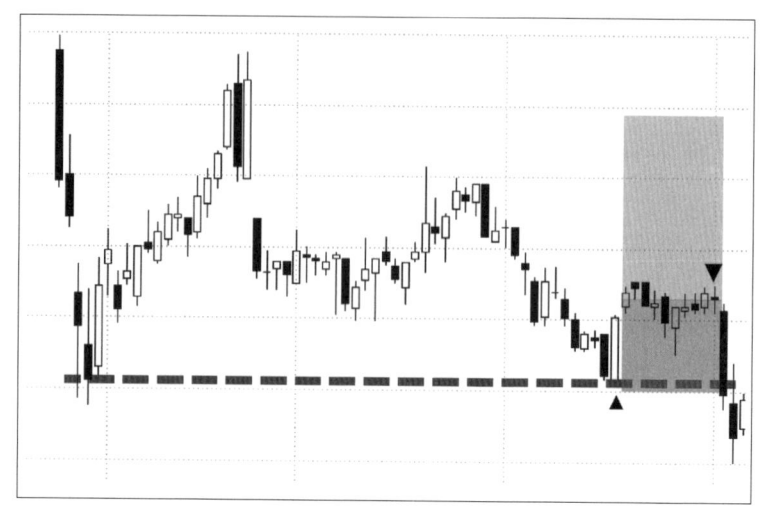

連巴菲特也佩服——風控》讀圖》交易心法，
讓你的利潤奔跑！

▲ 圖 4-5　買進區間的主動賣出

4.4 裸K線交易法的6種賣出技巧

　　無論鎖定利潤還是控制風險,任何賣出都是離場操作,都是籌碼變資金的交易行為。

　　市場中的大型聰明錢是價格結構的塑造者,其多數時間的交易行為是完成大量籌碼的互換,創造並持續趨勢行情,往往只是其相對少數時間的交易行為。裸K線交易法的底層邏輯,是跟隨聰明錢創造的市場節奏,做更高效率的交易。

　　裸K線交易者通常會在吸籌區的中後期或突破吸籌區的熱區進場,參與隨後的趨勢行情,並在趨勢結構的中後期或派發區早期離場。因此,裸K線交易法的賣出就分為兩種基本類型:一是進場階段的離場;二是鎖定獲利的離場。

　　而裸K線交易法的任何賣出操作,都基於三種技術工具,即輔助線、訊號K線以及主觀設置的盈虧比。

連巴菲特也佩服——風控》讀圖》交易心法，讓你的利潤奔跑！

4.4.1　買進區間停損被動賣出

　　裸K線交易法的買進邏輯是先有停損參考點，再有進場的價格區間。多數的交易者則是採用相反的邏輯，先有買進的價格區間，再找停損參考點。

　　基於裸K線交易法的買進邏輯，當觸及停損價格時，交易者主觀判斷出錯了的機率很高，至少是進場稍微早了點。這樣的情況下，先離場是最佳的選擇，如果隨後的走勢再次發出進場訊號，就重新進場。

　　如圖4-6所示，交易者觀察市場走到位置①附近時，主觀認為雙底形成，隨後朝位置②的方向走。不過當價格擊穿停損線後，儘管有一定的機率重新掉頭向上，繼續朝位置④③的方向走。但如果遇阻回落，從位置④朝著位置⑤的方向走下跌趨勢，那麼沒有停損離場的交易者，就可能出現重大虧損。

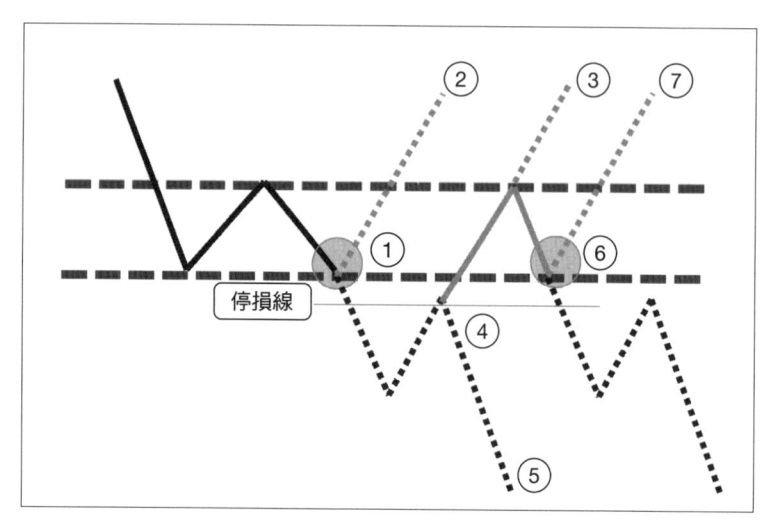

▲ 圖4-6　買進區間停損被動賣出

第 4 章　高手技巧大公開，停損點、交易陷阱通通告訴你

如果價格重新回到支撐線上方，隨後價格回落至位置⑥附近，交易者可以再次主觀認為可能形成頭肩底型態，在位置⑥第二次進場。

需要注意的是，第二次進場並不意味有更高的勝算。位置⑥之後的走勢，既有可能符合主觀判斷，朝位置⑦的方向走，也有可能與之前位置①類似，跌破停損線，繼續走下降趨勢。若第二次進場後價格再次擊穿停損線，裸K線交易者同樣會停損離場。

4.4.2　訊號K線主動賣出

訊號K線是裸K線交易者最重要，也是最常用的分析工具，能夠在盤勢中最早發出訊號。一般情況下，依據訊號K線賣出是有利於交易者操作。如圖4-7所示，案例中的上漲階段，出現6次逆轉訊號K線。

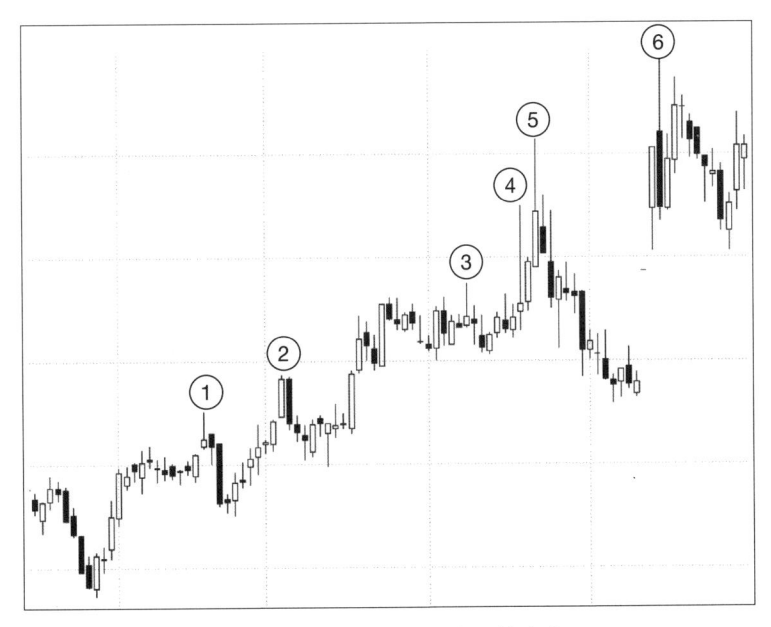

▲ 圖4-7　上漲階段訊號K線賣出

連巴菲特也佩服——風控》讀圖》交易心法，
讓你的利潤奔跑！

圖 4-7 中，①②③⑤⑥ 隨後都出現一定程度的整理，只有 ④ 在隨後的三天之內創出新高。需要注意的是，上漲階段出現逆轉訊號 K 線後，如果交易者主觀判斷趨勢尚未結束，可以先主動賣出部分倉位停利，剩下的倉位繼續跟隨市場趨勢。

如圖 4-8 所示，案例中的下跌階段，順趨勢方向做交易就是主動賣空，訊號 K 線主要有以下兩種情形。第一，反彈漲不動的訊號 K 線，如 ①②③⑤。第二，順趨勢方向的突破訊號 K 線，如 ④⑥⑦。

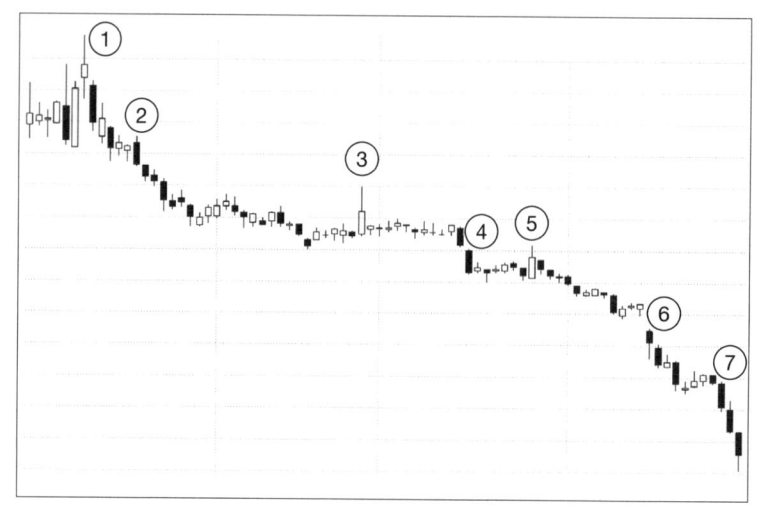

▲ 圖 4-8　下跌階段訊號 K 線賣出

4.4.3　盈虧比主動賣出

裸 K 線交易法的盈虧比主動賣出，是指交易者提前設置離場的價格，不去關心期間的市場價格行為。

例如前面提到的案例，交易者以 20.00 元／股的價格進場，採用單筆 5% 停損，停損價格為 19.00 元／股，計畫做一筆盈虧比為 2 的交易，

停利價格就是22.00元／股。交易者進場後，提前在22.00元／股掛上停利賣單。只要價格觸及22.00元／股，這筆交易就成功結束。

4.4.4 壓力位主動賣出

裸K線交易法中，壓力位通常由各類輔助線呈現出來，例如水平的壓力線、通道線、非水平方向的壓力線以及重要的均線。

如圖4-9所示，畫出上漲趨勢線和通道線後，很明顯看出通道線對運動的壓制效應。①②④⑤⑥的逆轉訊號K線出現，均與通道線有關，③與小型壓力線有關。交易者依據壓力位賣出，實際的賣出價格往往比訊號K線稍微高一點。

▲ 圖4-9　壓力位主動賣出

4.4.5 盤勢異動主動賣出

「異動」是交易者經常使用的一個概念，但又是一個不能明確定義的概念。一般情況下，交易者把「巨大的成交量」視為異動。

如果巨大的成交量伴隨典型的逆轉訊號K線，如圖4-10所示，①的看跌Pinbar和②的高位大陰線，通常是做多策略的危險訊號，那麼裸K線交易者一般會主動賣出離場。

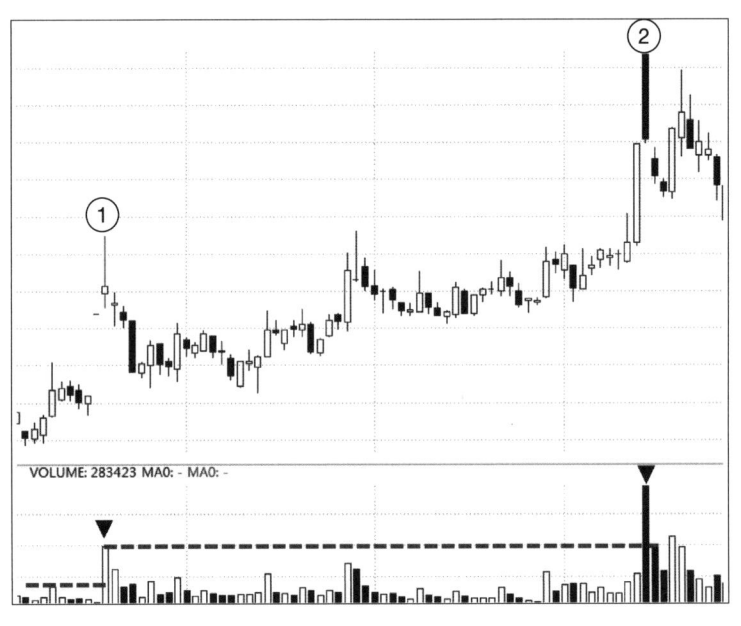

▲ 圖4-10　盤勢異動主動賣出

4.4.6　趨勢階段追蹤停損被動賣出

　　趨勢階段，只要價格從HL創出新高後，交易者就把停損價格抬高到比HL稍微低一點的位置，這樣的賣出方法，就是趨勢階段追蹤停損被動賣出。這種賣出法不猜頂而是跟著趨勢走，往往能夠獲得大幅的獲利。但也會損失最後一段「HL－HH」的獲利空間，也就是俗話說的「吃魚身子不吃魚尾」。

　　需要注意的是，該方法追蹤單獨的一段趨勢效果非常好，但追蹤多段趨勢構成的大型趨勢，則有一定的困難。原因有二個：一是大型趨勢的次級運動，有可能回檔的幅度很大，超過50%的回檔並不罕見；二是次級運動可能持續很長的時間。

　　裸K線交易者在大型趨勢中，通常會採用威科夫「吸籌區－趨勢－再吸籌區－趨勢」的價格結構模型，兩段趨勢分別處理，如圖4-11所示。

　　圖中的案例是一個兩段趨勢行情構成的大型趨勢，HL1到HL5是第一段趨勢，HL6到HL12是第二段趨勢，中間銜接了一個回檔幅度大，持續時間長的再吸籌區。

　　在每一段趨勢的尾聲，裸K線交易者都會利用多種技術分析工具，來判斷離場位置。例如，採用回檔是否回到先前壓力線（見圖4-11中淺色的壓力線）的方法，一些交易者會在兩段趨勢的圓圈位置離場。

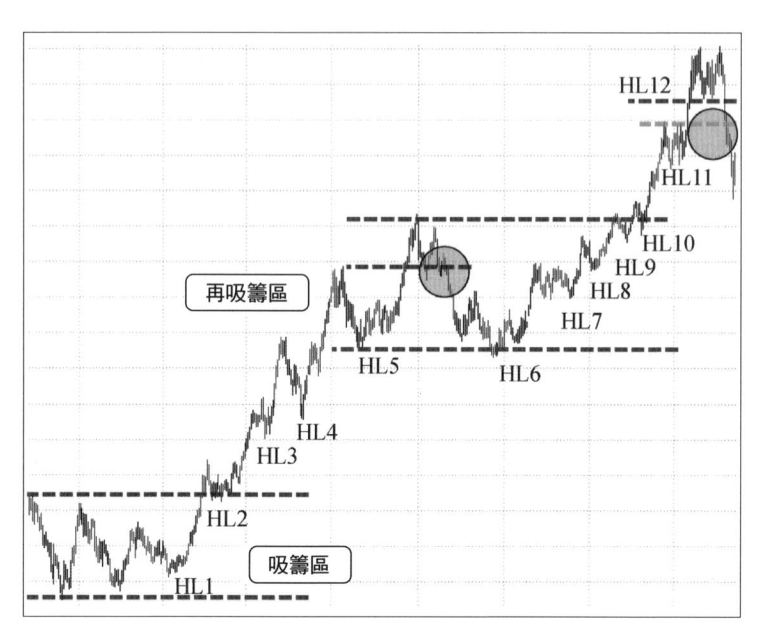

連巴菲特也佩服──風控》讀圖》交易心法，
讓你的利潤奔跑！

▲ 圖 4-11　趨勢階段追蹤停損被動賣出

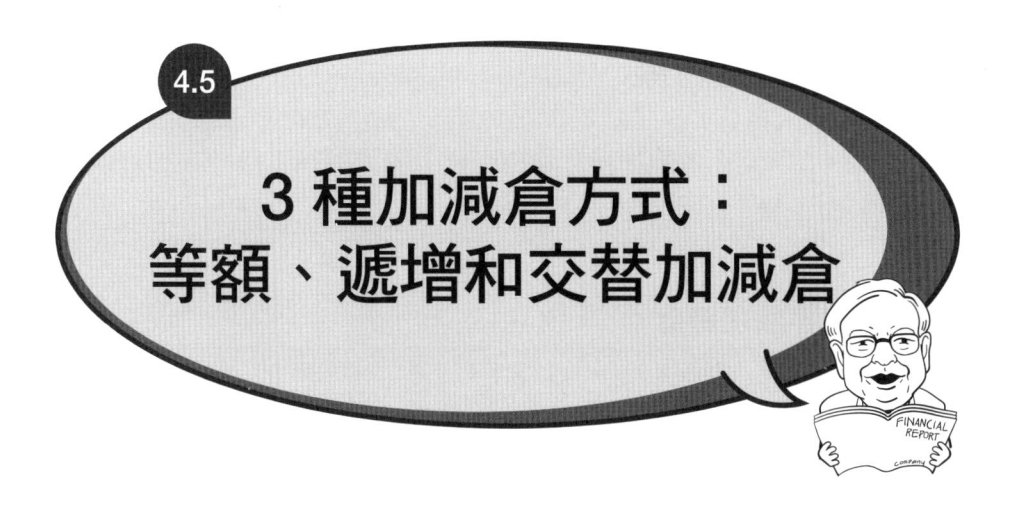

4.5 3種加減倉方式：等額、遞增和交替加減倉

　　裸K線交易法中最基本的操作方法：開倉成功後，價格到達第一目標位，部分減倉，剩餘籌碼等待第二目標位。

　　真實交易中，交易者很可能對特定的交易品項反覆買賣，多次交易。這樣的情形很容易讓交易者困惑，難以對交易結果進行有效記錄、統計和分析。解決的方法是要從加減倉的實際交易行為出發，弄清楚背後的數學邏輯。加減倉數學邏輯的核心是持倉成本，公式如下：

$$持倉成本 = \frac{前持倉成本 \times 前持倉數量 + 第二次交易價 \times 第二次交易數量}{前持倉數量 + 第二次交易數量}$$

　　第二次交易加倉用正數，減倉用負數。股價在持倉成本上方，加倉後新的持倉成本增加；減倉後新的持倉成本降低。股價在持倉成本下方，加倉後新的持倉成本降低；減倉後新的持倉成本增加。裸K線交易通常在底倉上現浮盈後加減倉，不做攤平操作。攤平操作指下跌過程中經由增加倉位降低持倉成本，這樣的操作有可能導致重大虧損。

4.5.1　等額加減倉

如表4-2所示,等額加減倉是指底倉上現浮盈後,每一次加倉或是減倉的股數一樣。

表 4-2 等額加減倉

股價 (元/股)	持股數 (股)	持倉成本 (元/股)	持股數 (股)	持倉成本 (元/股)
10.00	100000	10.00	10000	10.00
11.00				
12.00	9000	9.78	11000	10.18
13.00				
14.00	8000	9.25	12000	10.50
15.00				
16.00	7000	8.29	13000	10.92
17.00				
18.00	6000	6.67	14000	11.43
19.00				
20.00				
	獲利	80000.00	獲利	120000.00

股價從10.00元/股漲到20.00元/股,交易者以10.00元/股買進10000股作為底倉。

等額減倉的規則是每上漲2.00元就減倉1000股,共做了4次等額減倉操作,剩下6000股以20.00元/股全部賣出,獲利為80000.00元。

等額加倉的規則是每上漲2.00元就加倉1000股,共做了4次等額加倉操作,總倉位14000股以20.00元/股全部賣出,獲利為120000.00元。

4.5.2 遞增加減倉

遞增加減倉是指底倉上現浮盈後，按照遞增數列加減倉，如表 4-3 所示。

表 4-3 遞增加減倉

股價 （元／股）	持股數 （股）	持倉成本 （元／股）	持股數 （股）	持倉成本 （元／股）
10.00	100000	10.00	10000	10.00
11.00				
12.00	9000	9.78	11000	10.18
13.00				
14.00	7000	8.57	13000	10.77
15.00				
16.00	4000	3.00	16000	11.75
17.00				
18.00			20000	13.00
19.00				
20.00				
	獲利	60000.00	獲利	140000.00

遞增減倉的規則是每上漲 2.00 元就減倉一次。12.00 元／股時減倉 1000 股；14.00 元／股時減倉 2000 股；16.00 元／股時減倉 3000 股；18.00 元／股時剩下 4000 股，全部賣出。

遞增加倉的規則是每上漲 2.00 元就加倉一次。12.00 元／股時加倉 1000 股；14.00 元／股時加倉 2000 股；16.00 元／股時加倉 3000 股；18.00 元／股時加倉 4000 股；20.00 元／股時 20000 股全部賣出。

遞增數列如果從 1、2、3、4……變成 1、2、4、8……就成為等比

加減倉，也就是金字塔加減倉。

金字塔加倉法是激進的加倉法，一般在趨勢的早期進行。金字塔加倉法是利用浮盈的保護，快速從輕倉變成重倉，同時還能承擔小幅的價格回檔。這是一種高級技巧的加倉法，關鍵點在於停損價格要跟著持倉成本同步抬高。

4.5.3 交替加減倉

走勢清晰的上漲趨勢中，可以採用交替加減倉的方法。如圖4-12所示，在標準的上漲通道中，壓力支撐互換交易策略成功開倉10000股。隨後價格上漲到通道線，減5000股；回檔到支撐線，回補5000股。案例中交替操作了3次；到達目標價後，賣出10000股，清倉離場。

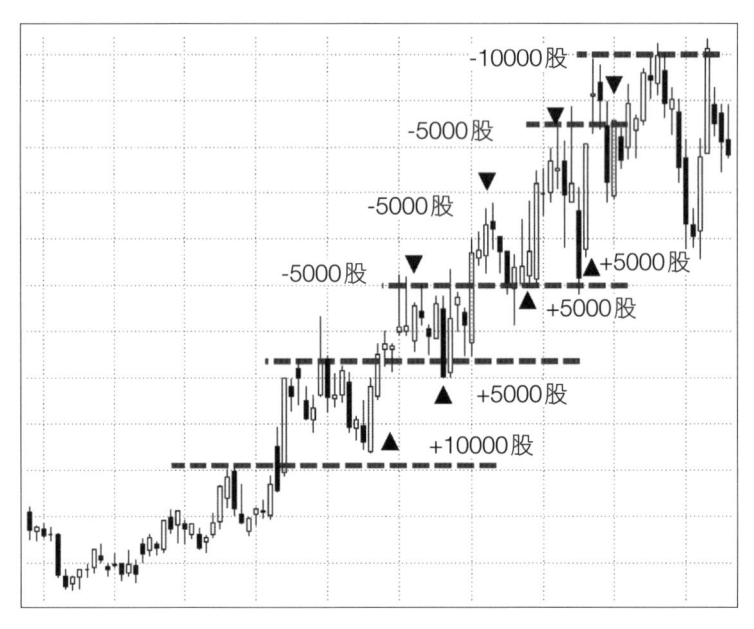

▲ 圖 4-12　交替加減倉

第 5 章

遵守6大交易策略，
讓你買到相對低點

5.1 簡單粗暴的交易策略：提前標注買、賣點

　　掌握了裸K線交易法的技術分析方法，一般情況下能夠對任意的走勢圖表所呈現的價格結構，做出清晰的技術分析，並能主觀預測未來一段時間內可能的走勢分類。對於行情分析從業者（股評家）來說，這樣的水準就夠了，但對於交易者來說，還需要進一步學習。

　　在技術分析基礎上配合買賣規則，對交易細節進行更深入的分析和規劃，都屬於交易策略的範疇。簡單來說，交易策略就是以最後一根K線為參考點，對還沒有出現的走勢提前標注買點和賣點，並在買賣規則的約束下進場交易。

　　「提前標注買點和賣點」，是裸K線交易法對交易策略簡單、直接，甚至粗暴的定義，源於交易者對獲利的根本需求。任何交易策略都必須能夠「提前標注買點和賣點」，否則只能歸為技術分析的範疇。

　　交易者進場交易，無論是低買高賣（做多），還是高賣低買（做空），都會依據特定的交易策略。此外，進場的交易者，都需要對自己採用的交易策略充滿信仰。

　　例如，聽消息做交易也是一種交易策略，因為這個策略確實提前標

注了買點,無論消息給出的是買進價格,還是買進時間。聽消息買股票的信仰基於訊息來源的權威性,以及先前的市場驗證。

事實上,在人類投機史中,無論過去還是現在,抑或是將來,聽消息做交易通常是多數人採用的交易策略。這個交易策略不能說好,也不能說壞,因為有時會賺錢,有時會虧錢。如果採用這種策略的交易者配合一套買賣規則,同時重視風險控制,那麼其不失為一個好的策略。但是,這個交易策略最大的弊端是缺乏自主性,只能被動地等待。

裸K線交易法相對於聽消息做交易,可能是對立的另一端。因為裸K線交易者只相信自己在盤面上看見的價格行為,並根據價格行為的訊號做交易,這是一種科學思維,裸K線交易者同樣需要對自己採用的交易策略建立信仰。裸K線交易法作為基於科學思維的交易策略,其信仰必然來自對交易策略背後邏輯的深刻理解和信賴。

任何一個交易策略都是把市場的不確定性,變成交易的確定性。還是以聽消息做交易為例,所有的不確定性經由訊息源的權威性,都變成了確定性。

交易者:「還會跌嗎?」
訊息源:「不會跌了,這裡就是底。」
交易者:「什麼時候賣?」
訊息源:「聽我消息。」

同樣是把市場的不確定性變成交易的確定性,裸K線交易法則是經由邏輯鏈的形式完成的。

第一,承認市場的不確定性。根據道氏理論,價格運動是主要趨勢運動、次級運動和日間運動三種不同時間架構下的混合運動,充滿不確定性。

第二，技術分析建立確定性。歷史重複和供需法，則是裸K線交易法技術分析的底層邏輯。在此基礎上，裸K線交易法對價格行為進行有效解構，分為區間結構、趨勢結構以及連接兩者的突破。

第三，建立技術分析的工具系統，分析具體的價格行為，同時主觀做出判斷。主觀判斷後，對於裸K線交易者來說，當下或是隨後的一段時間，價格運動就由不確定性變成確定性。

第四，配合使用買賣規則和交易數學，把主觀判斷的不確定性變成相對的確定性，並依據特定的交易策略進場交易，長期下來能夠有利可圖。

很明顯，聽消息做交易和裸K線交易法，這兩種典型對立的交易策略有兩個共同點。首先，必須把市場的不確定性，主觀變成交易的確定性。聽消息做交易採用的方法是信任權威；裸K線交易者則是相信知識。

其次，控制風險以防止主觀判斷的錯誤。在這一點上，聽消息做交易的人各有門道，通常會是少量或是適量參與，經由本能控制風險；而裸K線交易者，則有一整套買賣規則和風險控制的方法。

對交易策略的邏輯分析表示，任何交易策略都不可能降低市場本身的不確定性，只能主觀地把不確定性變成確定性。因此，任何一種交易策略的邏輯前提，都是主觀假設或是判斷即將出現一段相對確定的價格運動，從而提前標注買點和賣點。

裸K線交易策略的邏輯需要在技術分析的基礎上，採用一套規則來證明主觀假設或是判斷的正確性，從而獲得相對的確定性。裸K線交易策略的邏輯規則包括以下五點。

（1）價格運動的相對確定性：裸K線交易法的技術分析，提供邏輯上的支援。

（2）合適的盈虧比：交易策略提供的買點和賣點必須有利可圖，

裸K線交易法的輔助線能夠作為參考量度工具。

（3）正確性的證據：裸K線交易法解決的方法是「訊號K線」後做交易。其背後的邏輯如下。第一，訊號K線本身就是重要的價格行為訊號。第二，訊號K線能夠提供更有效的停損設置。第三，訊號K線隨後的幾根K線，能提供更多價格行為訊息。

換一個說法，就是裸K線交易法在交易策略中，使用大師們常說的「對路」概念。對路首先就是要出現訊號K線，隨後的K線符合主觀判斷的價格走勢。直白地說就是買對了，賣對了。因此，裸K線交易法的交易策略，除了依據技術分析標注出來買點和賣點，更重要的是還有一個買點和賣點之間「對路」的走勢圖。交易者依靠「對路」的走勢圖，能夠更合理地解決正確性的證據問題。

（4）容錯性：沒有任何技術能保證買了就漲，賣了就跌。交易者進場後，在一定時間內都會承受或多或少的虧損。問題在於交易者究竟要承擔多大的虧損，才應該主觀認為個人的判斷錯誤並停損離場。因此，停損價格的設置規則，就決定了交易策略的容錯性。簡單來說，停損越大、勝算就越高、容錯性就越好；但與此同時，盈虧比也在快速下降。

事實上，容錯性既表現在買點，也表現在賣點。例如，價格與計畫的賣點就差幾塊錢或是幾個點怎麼辦。很明顯，交易策略重點需要解決的難題是容錯性的平衡。

但是，停損價格的設置規則決定了容錯性的平衡，這是一個表面正確的觀點。例如，進場後該漲不漲，交易者難道真的要等待價格擊穿基於訊號K線的停損價格嗎？大師們的觀點是，進場後價格運動如果沒有出現預計中的走勢，多數情況下就是錯了。

換句話說，「對路」的走勢圖才是解決容錯性的正確邏輯，進場依據訊號K線，離場則需要更多地考慮是否對路。

關於容錯性，交易策略還需要解決一個問題，就是同一個交易小區間，進場次數的問題。這個問題沒有標準答案，甚至沒有勉強算是合理的答案，要依據交易者的個人偏好和習慣而定。

裸 K 線交易法的交易策略是在內在邏輯支撐下，能夠提前標注買點和賣點，還有一張買點和賣點之間的「對路」走勢圖。在這樣的基礎上，利用買賣規則，能夠最大限度地把價格運動的不確定性，變成交易者能夠掌握的相對確定性，由此建立對裸 K 線交易策略的信仰。

需要提醒的是，隨後討論的各種交易策略都有一個假設前提，即技術分析畫出的輔助線都是正確的，調整輔助線也都是正確的。這是必需的假設前提，否則不能有效討論交易策略。但是，這樣的假設前提在真實的交易中，即使是最優秀的交易者也不可能每次做到。

因此，交易者要牢記一點，隨時關注自己畫的輔助線，是否與盤勢的價格行為一致。如果不一致，多數情況下是交易者自己出錯，即在價格運動中畫錯輔助線。因為任何一段完成的走勢，所有的交易者都能畫出幾乎一模一樣的輔助線。

（5）裸 K 線交易策略的學習方法：裸 K 線交易策略的邏輯，再次證明裸 K 線交易法本質上是「看圖說話」。交易者看著盤勢上的 K 線圖，嘗試著讀懂圖表所代表的價格行為，然後按圖索驥，進行交易。交易策略的原理很簡單，提前標注買點和賣點也不難。難點在於交易策略的真實執行，對路了要拿得住，不對路能跑得快。

很多人把執行難歸結於交易者的心理問題，這樣的歸因並不是完全合理的，更可能的原因是交易者缺乏相應的知識和訓練。例如很多交易者可能並不知道，交易策略中除了買點和賣點之外，更重要的是要有一個「對路」的走勢圖。因此，掌握裸 K 線交易策略，需要重點式的學習和大量訓練。

5.2 裸K線交易法的3種基本交易策略

威科夫的價格循環和價格結構在圖表上，呈現為一系列的區間結構和趨勢結構的連接。進一步在趨勢結構中，同樣存在一系列的小型區間結構和趨勢結構。如果把趨勢結構中的小型區間結構，作為價格運動的基本單元，我們可以認為威科夫的吸籌區和再吸籌區，是小型區間結構的橫向重複；趨勢段則是小型區間結構的縱向重複。

其中，橫向重複沒有出現有效突破，價格呈現區間結構；縱向重複則反覆出現有效突破，並推動價格縱向運動，從而形成趨勢結構。

很明顯，交易策略的技術基礎是區間結構和有效突破。因此，裸K線交易法從交易的視角，採用威科夫價格循環和價格結構的模型，以是否出現有效突破為標準，建立了三種基本交易策略。

5.2.1 支撐線和壓力線的區間交易策略

價格區間運動時，沒有出現「突破」的價格行為，是最常見的情形。針對這樣的走勢，裸K線交易者可以主觀採用「支撐線和壓力線

的區間交易策略」。此策略清晰且簡單：支撐線買，壓力線賣。

如圖 5-1(a) 所示，下跌形成的區間結構，① 和 ② 形成支撐線和壓力線，③ 二次確認了支撐線。激進的做多交易者可以在 ③ 進場，穩健的交易者則會在價格再次接近支撐線時進場，在壓力線附近主動賣出。上漲形成的區間結構，① 和 ② 形成壓力線和支撐線，③ 二次確認了壓力線。做多的交易者則會在價格再次接近支撐時進場，在壓力線附近主動賣出。

圖 5-1(b) 和圖 5-1(c) 中的兩個案例，按照標準的買點和賣點，盈虧比都大於 2，滿足交易策略的合理盈虧比要求。交易者經由大量讀圖訓練，都能意識到，日 K 線圖的區間交易策略通常滿足盈虧比大於 2。

用折線畫出走勢結構後，就會發現嚴格意義上的標準區間結構很罕見，反覆調整水平輔助線，都難以捕捉到精確的逆轉點。即使把水平輔助線處理成為一個小型區間，真實的走勢也需要足夠大的區間範圍。但如果採用假突破的概念，水平輔助線是否精準的難題就迎刃而解。

換句話說，即使是典型的區間結構，通常也會伴隨小型的假突破。區間交易策略這樣處理後，就能夠包容絕大多數的真實走勢。

折線圖還顯示一些其他的價格行為特徵。

第一，壓力線附近通常出現小型的頂部型態，例如雙頂；支撐線附近也容易出現小型底部結構，例如雙底和頭肩底。這個價格行為特徵對於交易者非常重要，因為即使是小型雙底，也會耗幾個交易日。

第二，典型的區間內運動通常是一段小型趨勢，無論是從壓力線到支撐線，還是從支撐線到壓力線。

真實走勢中，更常見的是不規則的區間結構。如圖 5-2 所示，既有穿越水平輔助線的假突破，也有沒有觸及水平輔助線的情形。在滿足盈虧比大於 2 的情況下，交易者有以下兩種應對策略。

第一，畫出更緊的區間範圍。如圖 5-2 所示，分別畫出兩組支撐線

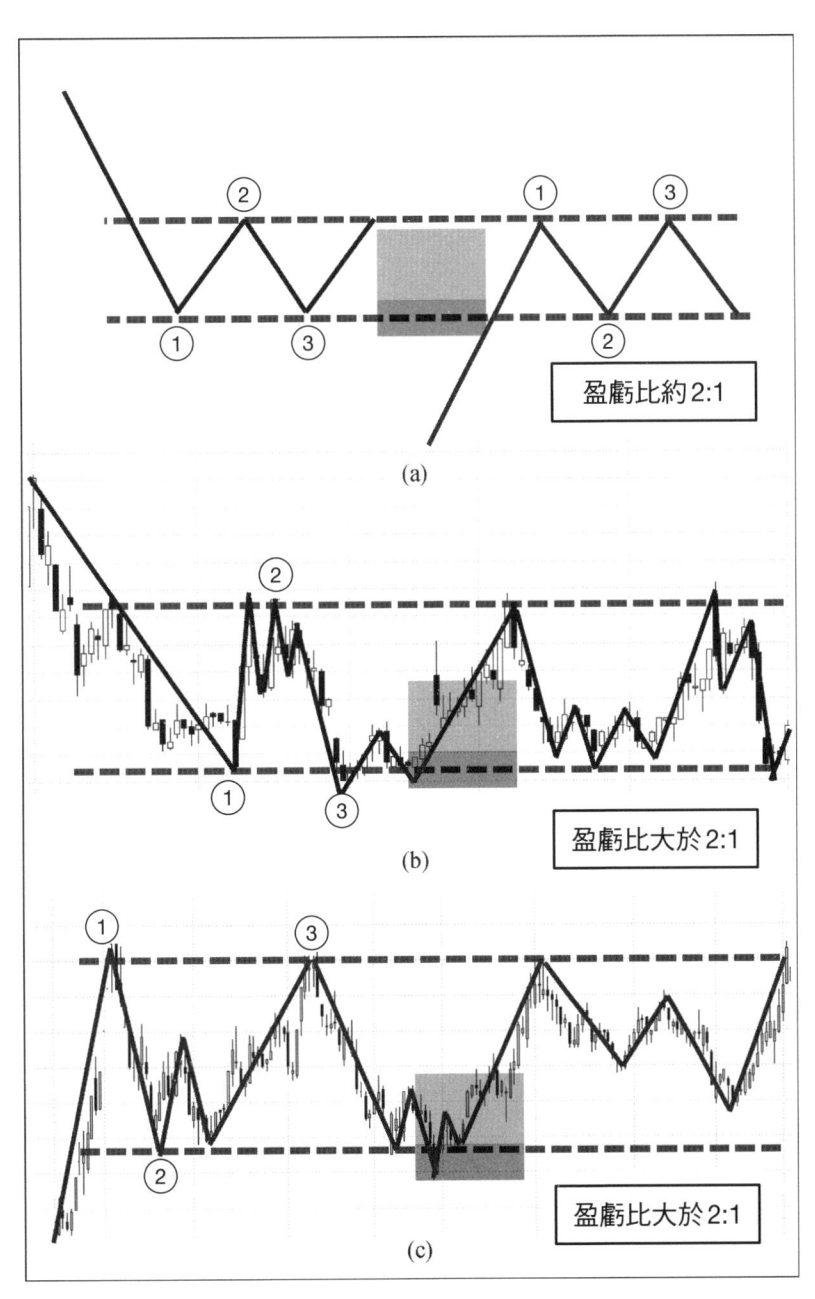

第 5 章　遵守 6 大交易策略，讓你買到相對低點

(a) 盈虧比約 2:1

(b) 盈虧比大於 2:1

(c) 盈虧比大於 2:1

▲ 圖 5-1　支撐線和壓力線的區間交易策略

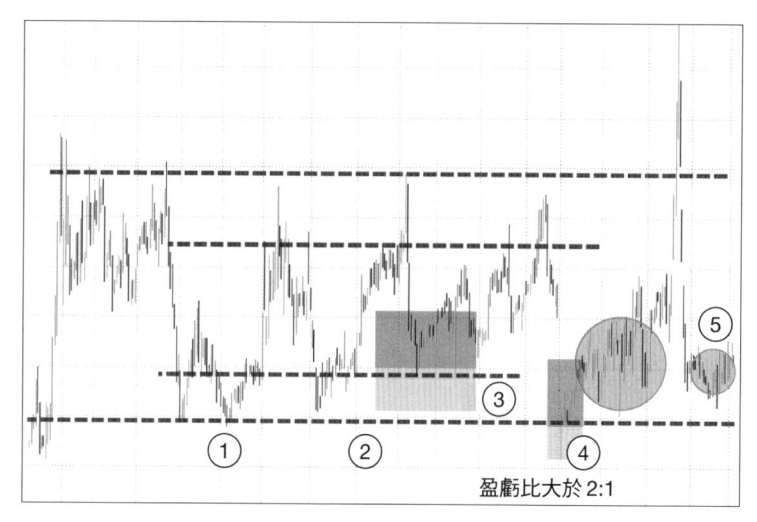

連巴菲特也佩服──風控》讀圖》交易心法，
讓你的利潤奔跑！

▲ 圖5-2　不規則的區間結構

和壓力線，一組長、一組短。在位置①，價格在更長的支撐線處得到支撐。但在位置②，價格沒有觸及更長的支撐線，便開始上漲。位置③的交易計畫，是依據圖中更短的支撐線做出的，賣點也依據更短的壓力線。只要新的壓力線盈虧比大於2，都可以作為離場的壓力線。

第二，選擇不交易。由於股市可交易的品項很多，所以可以在同時段選擇另外一支觸及支撐線，或是小型假突破的個股進行交易。

在圖5-2中④的位置，由於價格對更長的支撐線進行假突破，所以應使用更長的支撐線來做交易計畫。此時不能照搬位置③，使用更短的支撐線制訂交易計畫。

隨後市場在滿足盈虧比大於2之後，出現一段震盪走勢（大圓圈處）。面對這樣的走勢，不同的交易者有不同的處理方式，有的交易者在觸及盈虧比2時就主動離場；有的交易者會選擇再等等，看著價格漲過盈虧比2之後，再次回落到盈虧比2時，也選擇主動離場。還有一些交易者堅持完成區間交易策略，在更長的壓力線附近離場。這幾種應對

方式沒有對錯之分，只與交易者的交易計畫有關。

最後，在圖 5-2 中 ⑤ 的位置（小圓圈處）應如何處理？讀者可以思考一下。這是一個沒有標準答案的問題，學習裸 K 線交易策略，思考的本身就是答案。

5.2.2　假突破交易策略

假突破交易策略是逆轉交易策略。當假突破成立時，交易者主觀認為先前的運動方向已經發生逆轉，進場做與先前運動方向的反向交易。上漲的假突破成立，交易者就主觀認為下跌已經開始，做賣出操作；下跌的假突破成立則做買進操作。假突破交易策略的關鍵是，跌破先前的壓力線就賣出，漲回先前的支撐線就買進。

對於裸 K 線交易者而言，除了觀察市場完成假突破（即價格在短時間內兩次穿越同一根輔助線），還要關注隨後是否出現對路的走勢，原因在於只有對路的假突破才能有利可圖，不對路的假突破很可能導致小虧損。因此，只有當兩次穿越後，價格沿著先前相反的方向，繼續運動一段足夠的空間，並在另外一根輔助線附近產生新的價格行為，才能定義為「對路」的假突破。

以向上對壓力線的假突破為例，價格先漲過壓力線，隨後又跌破壓力線且繼續向下運動，可能是接近先前的支撐線，也可能是形成抬高的底部。如果是抬高的底部，交易者就可以畫出一根新的小型支撐線，同時把先前的底部和抬高的底部連接起來，形成一根新的小型趨勢線。

如圖 5-3 所示，裸 K 線交易者研判壓力線附近的假突破，會有淺色虛線示意的兩種可能的對路走勢圖。從技術分析的角度，價格在壓力線附近的兩次穿越，只能說有假突破的可能。如果隨後價格走到圖中下側的兩個圓圈，且淺色虛線出現新的逆向運動，才能確認先前的價格行為

171

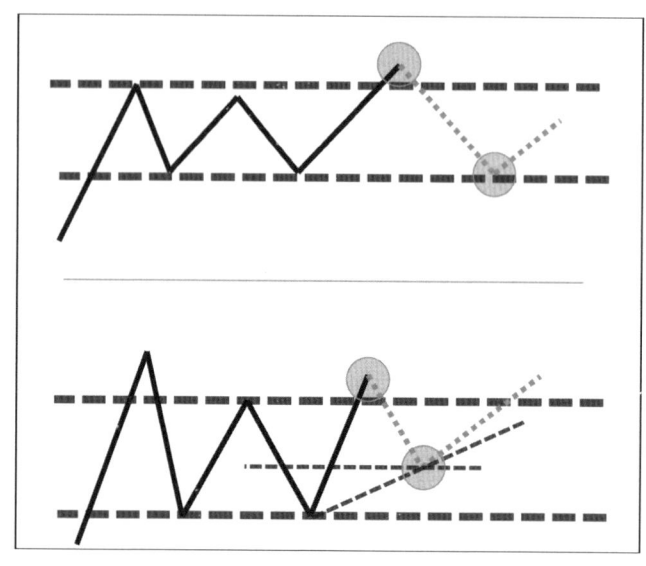

連巴菲特也佩服──風控》讀圖》交易心法，
讓你的利潤奔跑！

▲ 圖 5-3　假突破交易策略

是對路的假突破。

　　但是，交易策略不能是事後分析，交易者需要在壓力線附近圓圈位置，主觀研判為是假突破，並認為是一次高品質的做空機會，依據對路假突破的走勢圖，提前標注出賣空進場點和兩個可能的離場點。

　　如圖 5-4 所示，最左側的向下三角形是向下跳空的大陰線形成的缺口，右側的向上三角形是向上跳空大陽線形成的缺口。借助這兩個跳空缺口，確定壓力線和支撐線的大致範圍，其中，壓力線以最近的前高為參考點。

　　① 是針對壓力線的向上假突破，隨後是一段小型下跌趨勢，對支撐線形成假突破，①—② 就是對路的走勢。③ 是又一次針對壓力線的向上假突破，隨後同樣是一段小型下跌趨勢，但是並沒有觸及支撐線，而是形成更高的底部，② 和 ④ 的連線是一根上漲趨勢線。

　　交易者採用假突破的交易策略，在 ① 的位置做空，後續對路的走

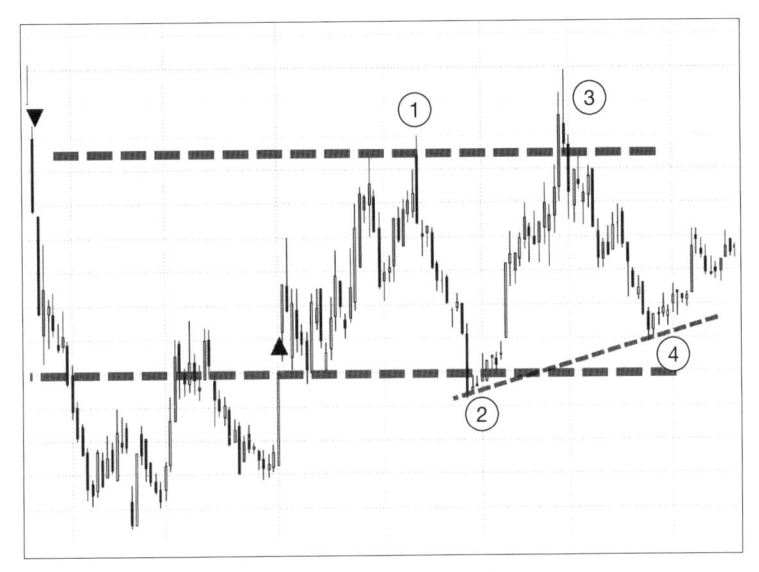

▲ 圖 5-4　假突破交易策略案例

勢圖可能是圖中的 ①—② 模式，也可能是 ③—④ 的模式。如果出現這兩種之外的其他走勢，就是價格行為的不對路，交易者要意識到自己可能出錯了，應擇機儘快離場。

如圖 5-5 所示，① 的位置是向下的假突破，交易者採用假突破交易策略進場交易，計畫做一次盈虧比大於 2 的高品質交易。交易者計畫在支撐線附近買進，對路的走勢圖有兩種，② 是區間內的小型壓力線，③ 是先前的壓力線。

進場後，對路的走勢應該是一段小型上漲趨勢，至少不應該跌破斜率很小的初始上漲趨勢線，這是走勢對路最基本的價格行為。參看圖 5-5 中向下的三角形對應的 K 線，二次探底後開始上漲。

但是，右邊向上的三角形對應的是一根陰線，跌破支撐線和最初的上漲趨勢線，收盤價創出新低。這根 K 線從多個角度呈現價格行為不對路，嚴重不符合交易策略應該有的對路走勢。按照交易策略的停損規

173

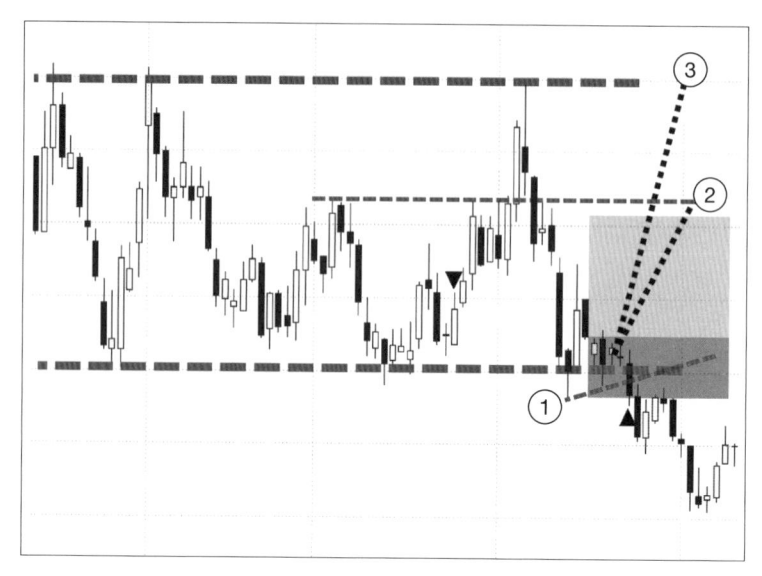

連巴菲特也佩服──風控》讀圖》交易心法，
讓你的利潤奔跑！

▲ 圖 5-5　失敗的假突破

則，交易者停損離場。

假突破交易策略是典型的逆轉交易策略，交易者試圖在價格運動逆轉的初期進場，從而獲得更高的盈虧比。具體來說，假突破交易策略包括以下四個要點。

（1）輔助線的準確性：在動態的價格運動中，交易者只能假設正在使用正確的輔助線。但很多情況下，正在使用的輔助線並不是很準確。如果依據錯誤輔助線的假突破研判，隨後的價格運動很快就會告訴交易者：出錯了！

但錯了不要緊，重新調整一下就可以，事實上，交易者不需要追求輔助線的絕對正確性。首先不存在這樣的輔助線，其次也沒有必要，因為交易實戰中，相對準確的輔助線就足夠用了。

（2）穿越的價格幅度：假突破既可能是小幅度穿越輔助線，也可能是較大幅度穿越輔助線，這兩種價格行為對後續走勢的影響很大。簡

單來說,小幅度穿越的假突破對應一段小行情,大幅度的穿越可能出現一段大行情。

如圖5-6所示,案例中的個股第二個漲停板失敗,收壓力線上方陰線(逆轉訊號K線),第二根K線(對應向下三角形)無力站上壓力線,形成假突破。由於假突破穿越的價格幅度大,跟隨其後的就是一段急促的大幅下跌,做空盈虧比大於3。

(3)兩次穿越的時間:一般情況下,假突破兩次穿越的時間會很短。如果穿越輔助線後停留的時間過長,再次逆向穿越輔助線,往往是更大時間架構上的假突破。

(4)第二次穿越的技術確認:這是最重要的技術細節之一,也是最佳的交易區間。當價格第二次逆向穿越輔助線時,大致分為以下兩種情形。

第一,以向上的假突破為例,價格第二次穿越壓力線的方向是向下,隨後會出現一個再次向上穿越的小型價格運動。這次向上的小型運

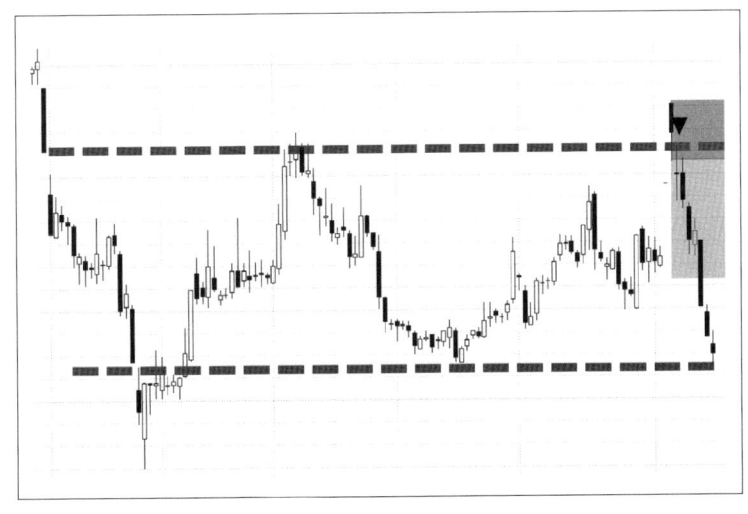

▲ 圖5-6 假突破穿越的價格幅度

動，明顯受到壓力線的壓制，很快就掉頭向下。整個過程的價格行為，就是第二次穿越的技術確認。盤勢上一般表現為長上影線的逆轉訊號K線，收盤價在壓力線下方。

第二，第二次向下穿越壓力線，快速形成有力的向下訊號K線，也就是強勢向下突破先前的壓力線（新的支撐線），這個過程的價格行為，同樣是第二次穿越的技術確認。

如圖5-7所示，① 是第二次穿越技術確認的第一種情形，② 是第二種情形。① 是一根長上影的開高 Pinbar。當天的價格運動是開高向上突破壓力線，隨後價格回落到壓力線下方，完成假突破的兩次穿越。在當天5分鐘K線圖上，三角形對應一根試圖重新站上壓力線的K線，開盤價後的最高價在壓力線上方，表明了一次小型向上運動對壓力線的技術確認。

② 是指三角形對應的探底陽線，和隨後的破位大陰線的組合。兩根線在日K線圖上從陽線的低點開始，兩次穿越壓力線，並且大陰線

▲ 圖5-7 第二次穿越的技術確認

強勢向下突破先前的壓力線。

需要注意的是，從技術邏輯的角度，假突破是價格運動慣性特徵的表現，那麼在交易實戰中，價格結構的中前期階段，交易者可能獲得更高一點的勝算。而在價格結構的中後期勝算就可能降低，因為價格結構很難一直持續下去，遲早會打破慣性，形成新的價格結構。

5.2.3　壓力支撐互換交易策略

價格行為出現有效突破後，壓力支撐互換交易策略，是交易者最熟悉的策略，即先前的壓力線變成支撐線後買進。

壓力支撐互換交易策略的邏輯是，價格成功擺脫先前價格結構的慣性，進入新的價格空間，這樣的價格行為需要足夠動能。以向上運動為例，盤勢上的價格行為是突破壓力線，回檔過程先前的壓力線呈現明顯的支撐作用，變成支撐線。具體來說，價格向上穿越壓力線並繼續上漲一段足夠的幅度，之後的回檔才能作為可能的壓力支撐互換。這是與假突破價格行為在技術細節上，最關鍵的區別。

如圖5-8所示，①②穿越壓力線，回檔先前的壓力線獲得支撐，並不是壓力支撐互換的價格行為，這樣的情形很容易變成假突破。只有漲幅接近先前區間結構空間數值後的回檔（③）才是典型的壓力支撐互換。需要注意的是，強勢上漲的回檔有時候不會接近先前的壓力線（④），這樣的情形同樣是壓力支撐互換。

但必須牢記一點，壓力支撐互換交易策略一定先要有足夠的漲幅。如圖5-9所示，①②儘管突破了壓力線且獲得支撐，但並不是壓力支撐互換。只有當價格有足夠的漲幅後（三角形處），隨後的回檔在先前的壓力線獲得支撐（③），這樣的價格行為才是壓力支撐互換。

交易者在③進場後，一些交易者主觀認為價格開始新的區間結

連巴菲特也佩服──風控》讀圖》交易心法，
讓你的利潤奔跑！

構，先前的高點（三角形處）就是離場點；還有一些交易者主觀認為隨後是一段趨勢，會持股待漲。

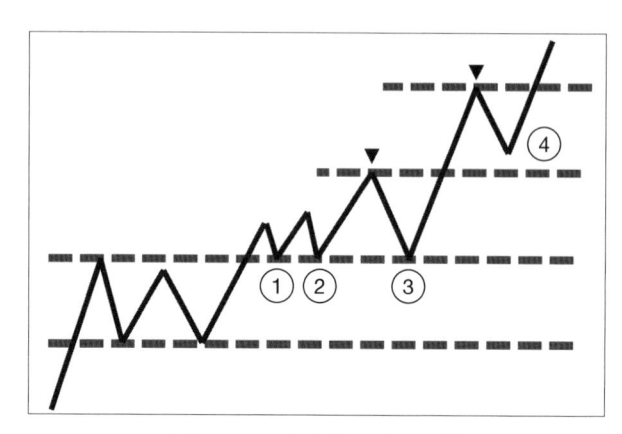

▲ 圖 5-8　壓力支撐互換交易策略

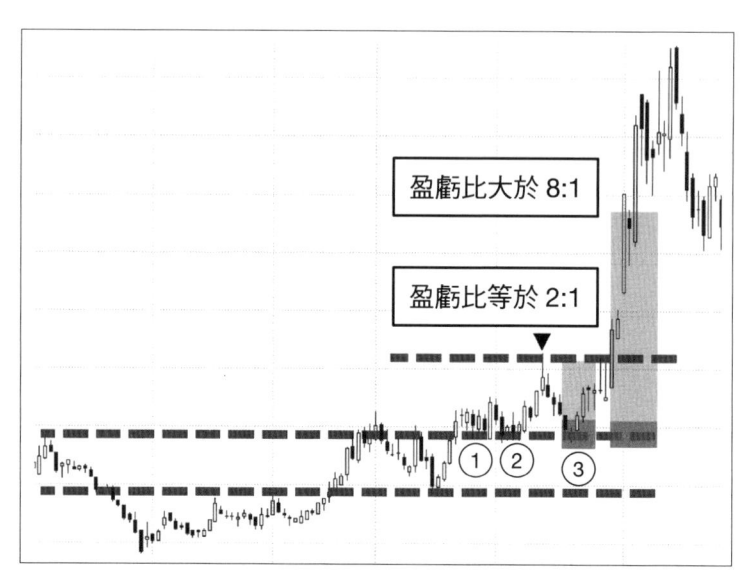

▲ 圖 5-9　壓力支撐互換交易策略案例

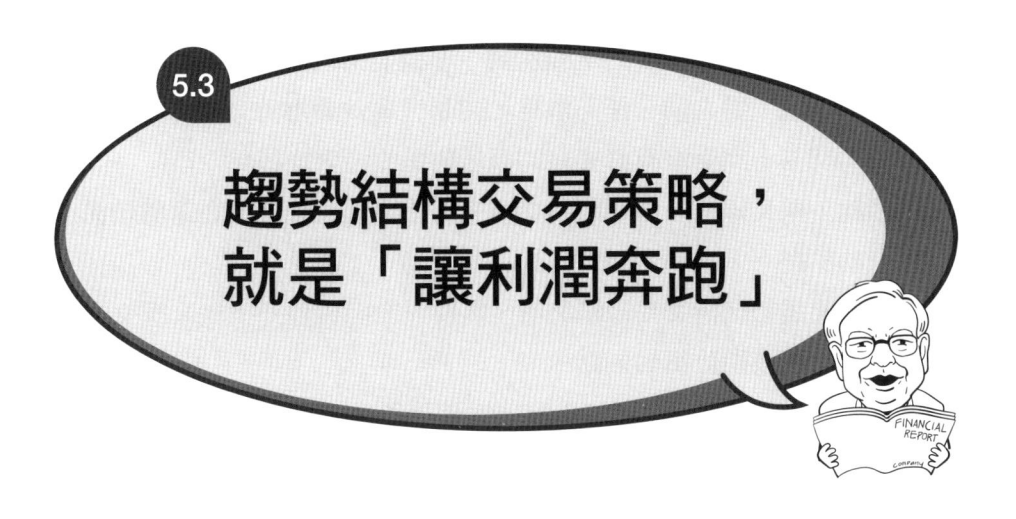

5.3 趨勢結構交易策略,就是「讓利潤奔跑」

「讓利潤奔跑」是裸K線趨勢結構交易策略的直白闡述。具體來說有以下三點。

第一,場外的交易者要儘快進場,搭上趨勢的快車。

第二,場內的交易者要拿得住籌碼,不要被趨勢的顛簸甩下車。

第三,在趨勢的轉捩點和確認點,要果斷離場。

很多交易者試圖抓住大型趨勢的極限逆轉點進場交易,這是錯誤的想法。在很多技術分析的圖書和教程資料中,趨勢結構的逆轉點都是重點討論的內容。這樣的闡述方式是講解技術分析知識所必需的正確方式,但在一定程度上也誤導了交易者的真實交易行為。

從交易實戰的角度看,任何趨勢結構的極限逆轉點都是特定的瞬間,是某一次特定的交易。當代的電腦行情記錄,足以鎖定到秒的精度,即使放大時間週期,用5分鐘線,甚至週線去標注極限逆轉點,在整個交易時段中也是短暫的瞬間。據此交易,交易者的交易機會就非常有限。

根據價格運動的慣性特徵,當趨勢結構真正形成後,會持續很長的

一段時間，並伴隨大幅度的空間運動。理論上來說，在趨勢結構沒有到達極限高（低）點之前，任何價格和時間進場做順趨勢交易，都是有利可圖的，交易者完全沒有必要試圖抓住趨勢的極限逆轉點。

因此，裸K線交易法的趨勢結構交易策略關注的是，在趨勢結構已經形成的前提下，交易者如何做順趨勢交易。

在討論趨勢結構交易策略之前，需要先全面梳理一下裸K線交易法關於趨勢結構技術分析的知識。

（1）趨勢的起點：趨勢起源於兩種情形，一種是趨勢轉逆趨勢，另外一種是吸籌區（派發區）轉趨勢。以上漲趨勢為例，兩種情形都是從極限低點開始上漲，並有效突破特定的關鍵水平線。

其中，下跌趨勢轉上漲趨勢是價格突破最後的反彈高點LH畫出的壓力線；吸籌區則是突破區間結構高點HH畫出的壓力線。上漲趨勢的起點既可以從極限低點起算，也可以按照突破關鍵水平線起算。本書採用後一種方式，以突破關鍵水平線作為趨勢的起點。

（2）趨勢結構：趨勢結構完全遵循道氏理論的定義，以上漲趨勢為例，價格沿著SL－SH－HL－HH－HL……的結構運行。其中，「HL－HH」是趨勢的上漲段，「HH－HL」是趨勢的調整段。上漲趨勢中，「HL－HH」的絕對空間數值大於「HH－HL」。「HH－HL」調整段分為簡單模式和複雜模式，簡單模式呈現「N」形價格行為，複雜模式則呈現不規則的區間結構。

（3）趨勢結構的分類：每次創新高HH後，畫出新的壓力線。再創新高後，一般會針對先前的壓力線回檔，盤勢呈現壓力支撐互換的價格行為。以先前壓力線為標準，分為不觸及、觸及和穿越三種情形，分別對應強勢趨勢、正常趨勢和弱勢趨勢三類。

（4）趨勢結構的輔助線：常用於趨勢跟隨的輔助線，有斜線和均線。基於兩個HL畫出的斜線，可以分為小型趨勢線和大型趨勢線，其

平行線（以 HH 定位）是通道線；基於兩個 HH 畫出的斜線是壓力線。20 均線一般追蹤中期的趨勢結構，60 均線追蹤長期的趨勢結構。

（5）趨勢階段的 K 線價格行為：上漲趨勢中，陽線力度會整體大於陰線，並充分呈現出特定趨勢結構的強度。在輔助線附近，通常會出現明顯的訊號 K 線。

（6）趨勢結構的破壞：趨勢結構的破壞除了尖頂之外，通常是一個過程。早期的訊號可以採用比較過頂高（參見圖 3-26）的方法；中期採用趨勢線的破壞；技術上明確的破壞則根據道氏理論，採用有效跌破前一個 HL 的規則。

（7）大型趨勢的中間結構：大型趨勢結構中，會多次出現區間結構形式的再吸籌區。再吸籌區對應道氏理論的次級運動，通常會出現較大幅度的下跌，之後運行較長時間的區間結構。這樣的價格行為是趨勢結構交易策略的難點。

5.4 趨勢結構交易策略的 5 種進場法

裸 K 線趨勢結構交易策略的進場方法，主要有五種，包括：壓力支撐互換進場法、逆向假突破進場法、順趨勢突破進場法、大陽線進場法和輔助線進場法。

需要注意的是，即使是典型的大型上漲趨勢，任何進場法都要滿足合理的盈虧比，防止買在趨勢階段的高點，或是極限高點附近，從而導致重大的虧損。

5.4.1 壓力支撐互換進場法

壓力支撐互換進場法，是交易者最常用的交易策略。趨勢結構中，典型壓力支撐互換的價格行為，通常都是高品質的進場點，尤其是在趨勢結構的早期和中期。

如圖 5-10 所示，圖中共標注 8 次進場點，7 次獲利，② 則是一次失敗的交易。需要注意的是，①② 的位置並不符合壓力支撐互換交易策略的要求，原因在於回檔支撐線之前上漲的幅度不夠大。儘管 ① 是一次

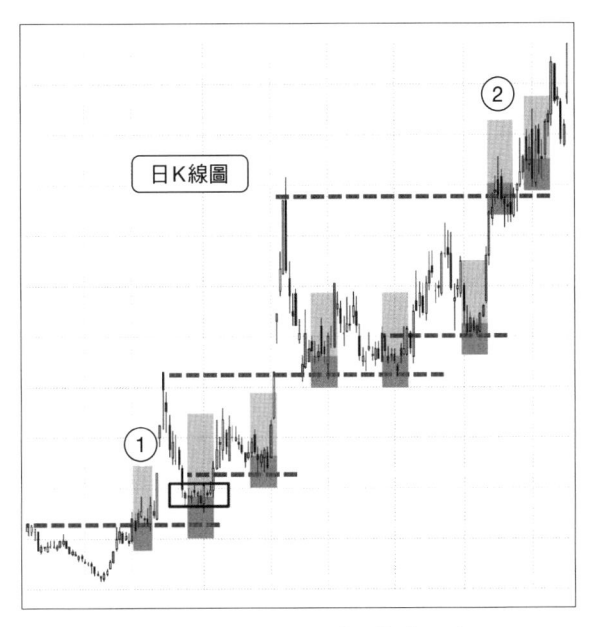

▲ 圖 5-10　壓力支撐互換進場法

賺錢的交易,但不是一致性規則的交易,優秀的裸K線交易者,會遠離這類賺錢但不符合一致性規則的交易。

5.4.2　逆向假突破進場法

逆向假突破進場法,是指上漲趨勢中出現窄幅收斂,交易者把窄幅收斂作為區間結構,當出現向下假突破時進場。

如圖 5-11 所示,趨勢階段的逆向假突破通常都是高品質的交易機會。一般情況下,價格突破壓力線後進入新的價格區間,會出現一個窄幅收斂的價格行為。窄幅收斂事實上就是一個小型的區間結構,針對這個區間結構的逆向假突破,就是圖中標注的進場點。

需要注意的是,逆向假突破的清晰區間結構,往往出現在更小時間

週期上。為便於理解，將圖 5-10 中的方框區域 K 線，改用 30 分鐘 K 線圖來說明，如圖 5-12 所示。

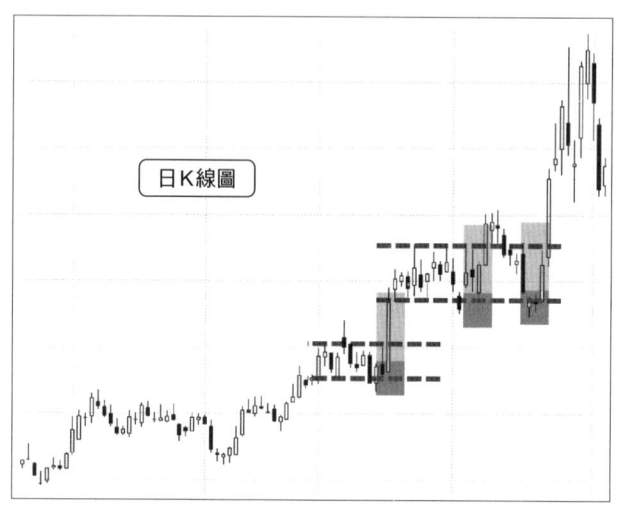

▲ 圖 5-11 逆向假突破進場法

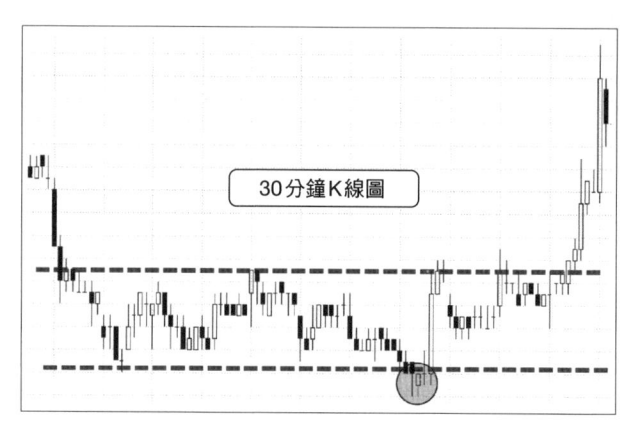

▲ 圖 5-12 更小時間週期中的逆向假突破

第 5 章　遵守 6 大交易策略，讓你買到相對低點

對比圖5-12和圖5-10，可以清晰地觀察到日K線圖上重疊的多根K線，在更小的時間週期中往往是一個小型的區間結構。小型區間結構中的逆向假突破，通常是大型趨勢結構的高品質進場點，尤其是在趨勢的早期階段。

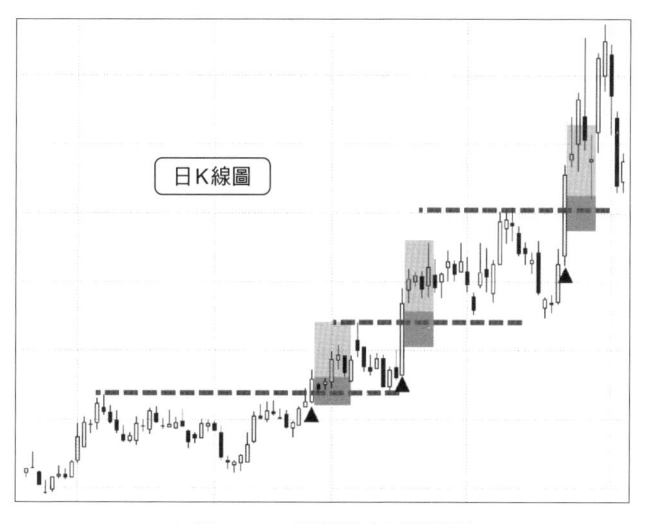

5.4.3　順趨勢突破進場法

順趨勢突破進場法是指，當價格超過壓力線一定幅度後，就直接進場買進。如圖5-13所示，在上漲趨勢中，三個三角形都是突破壓力線的大陽線。可在壓力線上方一點的價位設置盈虧比約為2：1的交易計畫。實戰中，一般在大陽線實體的中點，或是最高價和最低價的中點設置停損價格。

交易實戰中，突破陽線是首選的買進時間，原因在於這是短線和超短線交易者的進場法，「對路」的走勢圖是價格快速上漲。圖5-13中

▲ 圖 5-13　順趨勢突破進場法

的案例前兩次進場走勢並不對路，這時交易者並不想花費過多的時間成本，會按照盈虧比的標準離場。第三次進場走出了對路的走勢，連漲三天，交易者多數會在第三天衝高離場。

5.4.4　大陽線進場法

　　大陽線進場法是指趨勢結構中出現大陽線後，第二天擇機進場。停損採用與順趨勢突破進場法同樣的標準，並採用2：1的盈虧比評估進場後的潛在獲利空間。由於交易者做的是趨勢結構，所以進場後不觸及停損位就繼續持股。

　　如圖5-14所示，盤勢中跳空突破後，缺口是強而有力的支撐線。交

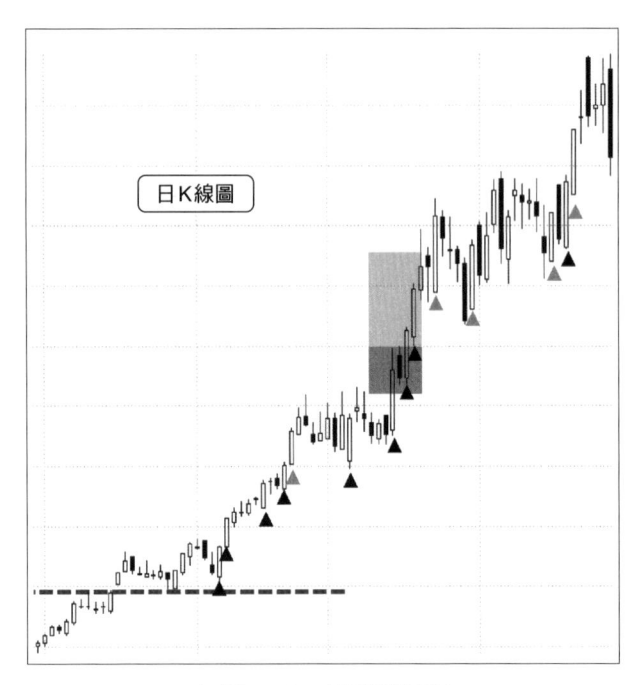

▲ 圖 5-14　大陽線進場法

易者主觀認為價格進入趨勢階段,並採用大陽線進場法的買進策略。圖中有 14 根大陽線,對應 14 次進場機會。其中,4 次盈虧比沒有到 2 就觸及停損點,是失敗的交易;其餘 10 次進場成功。

5.4.5　輔助線進場法

輔助線進場法是指,利用趨勢線和均線做參考的買進方法。如圖 5-15 所示,① 對應的買進點是一個典型的熱區;②③ 是均線做進場參考;④ 是利用上漲趨勢線。其中,③ 是一次失敗的交易。

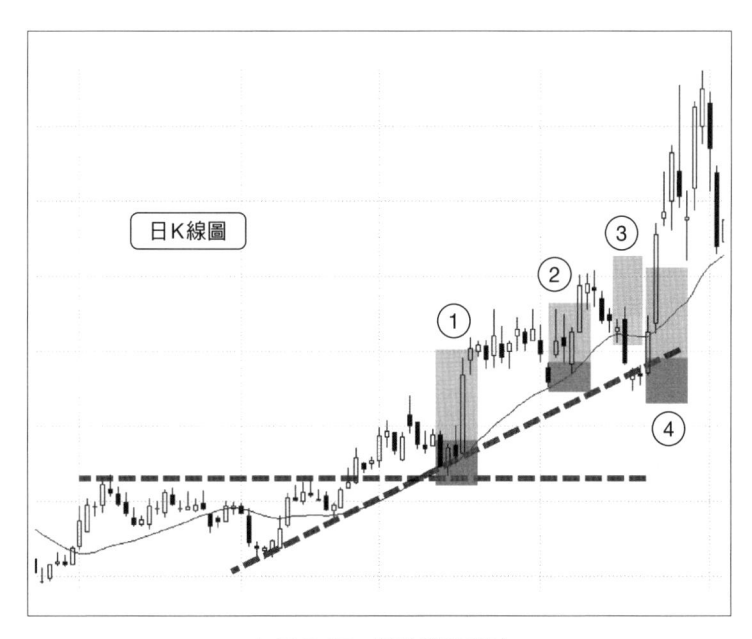

▲ 圖 5-15　輔助線進場法

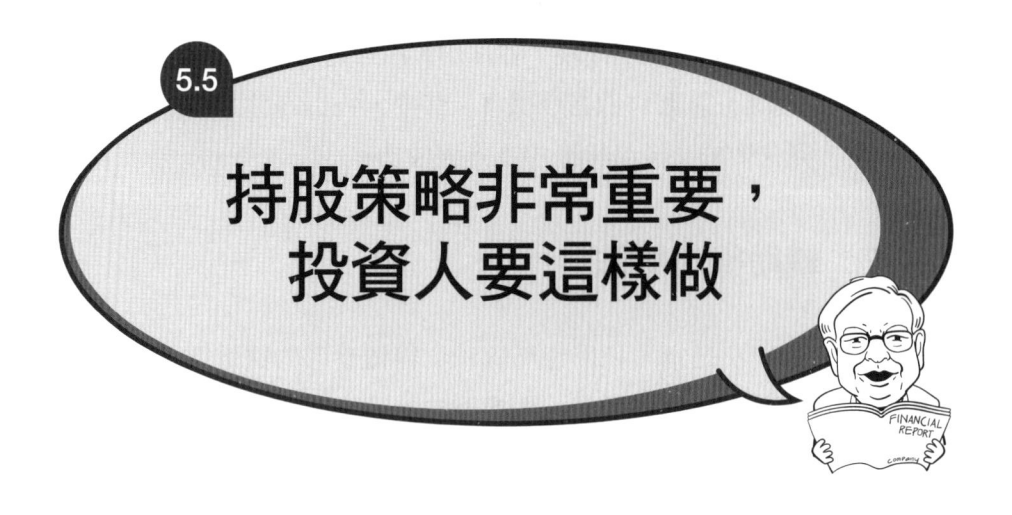

5.5 持股策略非常重要，投資人要這樣做

趨勢階段的持股策略是交易的重中之重，裸K線交易者一般採用輔助線和趨勢結構點兩個方法處理。

5.5.1 輔助線持股

持股策略最直觀的方法是使用輔助線。如圖5-16所示，價格突破壓力線後，進入趨勢階段。在整個過程中（包括突破前和突破後），趨勢線、通道線、壓力線和均線都有重要的指示作用。

圖5-16中，下排的 ①②③ 對應三條小型趨勢線，在價格從橫盤變為上漲的過程中，小型趨勢線的斜率變大，這是對路的價格行為。上排的 ①② 對應兩條壓力線，採用的是連接兩個HH的方法畫線，代表趨勢運動中向上「HL－HH」段的可能壓力區。

20均線明顯與短期趨勢運動的低點吻合，短期價格運動依托20均線上漲。在20均線走平的過程中，一般對應一個再吸籌區，代表中線趨勢的60均線有明確的指示作用。

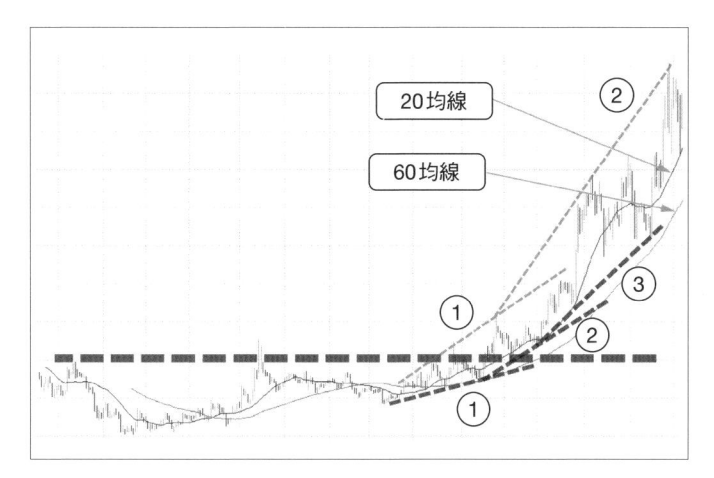

▲ 圖 5-16　趨勢結構的輔助線與動態調整

上漲趨勢中，交易者主觀設置並調整特定的輔助線。輔助線的持股策略是：只要價格沒有出現有效跌破輔助線的價格行為就持股，有效跌破就離場。

5.5.2　趨勢結構點持股

裸 K 線交易法中，掌握趨勢主要行情的持股策略，還可以使用結構點跟進的方法。圖 5-17 是圖 5-16 右側的主要趨勢段，水平輔助線的位置一樣。當價格有效突破壓力線時，交易者可以根據盤勢中交替出現的「HH－HL」結構點來追蹤趨勢，這是追蹤長期大型趨勢最有效的方法。需要注意的是，圖 5-17 中兩個圓圈位置，儘管出現價格回檔，但均在特定的某一根大陽線，或是某兩根連續大陽線的範圍內。一般情況下，這樣的回檔不作為結構點。

上漲趨勢中，趨勢結構點的持股策略是：只要價格沒有跌破前一個 HL 就持股，有效跌破就離場。

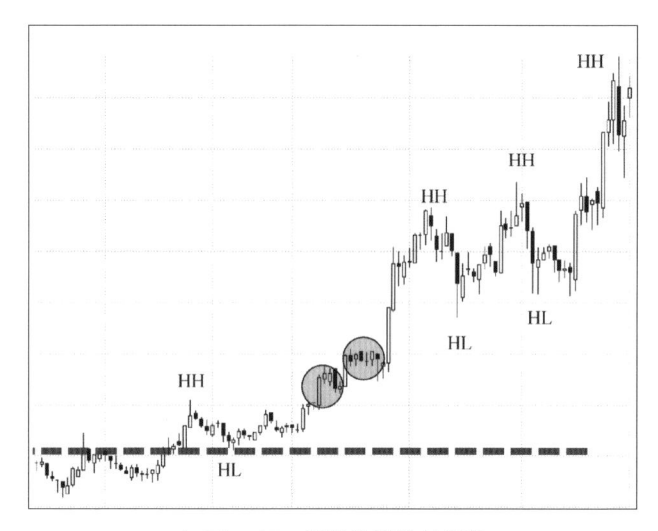

▲ 圖 5-17　趨勢結構的結構點

　　需要注意的是，在**趨勢結構的早期**，或是持續時間很長的再吸籌區，價格在橫盤運動過程中，會出現絕對數值差異不大的兩個甚至多個 HL，並且有可能跌破相鄰的 HL（見圖 5-18）。這種情況下，交易者可以採用區間結構的假突破交易策略處置。

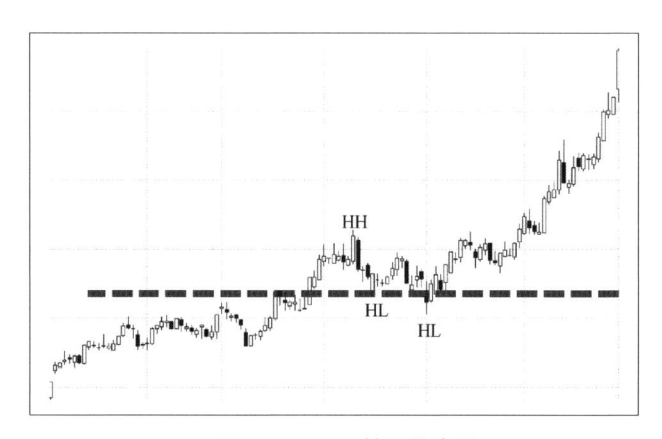

▲ 圖 5-18　再吸籌區的處置

5.6 用日K線圖分析大行情

大行情的基礎圖表是日K線圖。分析大行情主要關注的是日K線圖的趨勢，以及趨勢結束後的逆趨勢，大行情通常持續幾個月到幾年。

5.6.1 大行情與有效突破

通常進取型交易者偏重於研究大行情與有效突破，因為這是做交易賺錢效率最快的時間段。裸K線交易法把有效突破，都歸類為對關鍵水平線的有效突破，並主觀認為，有效突破後都會跟隨一段或短或長的趨勢行情。因此，交易策略是向上突破關鍵水平線就買進做多，向下突破關鍵水平線就賣出做空。

有效突破交易策略採用這樣的表述並不合適，因為突破這種價格行為非常複雜，具體來說有以下兩點。

第一，裸K線交易法中，有效突破必須出現壓力支撐互換，或是支撐壓力互換的價格行為。與假突破兩次穿越輔助線不一樣，有效突破的價格行為相對複雜一些，不確定性也更高一些。相對複雜性展現在有效

突破可能反覆多次穿越特定的輔助線；不確定性則展現在任何看起來有效的突破，在隨後很短的時間內又會變成假突破。

第二，有效突破是價格運動正在或是即將進入強勢運動階段的訊號，必然伴隨著遠超過平常的價格波動。價格大幅波動的市場階段，對任何類型的交易者都不友好。

在有效突破交易策略中，按照威科夫的價格循環，區間結構轉趨勢結構分為吸籌區轉趨勢和再吸籌區轉趨勢兩種類型。因此，裸K線交易法的有效突破交易策略實際上是三種：吸籌區轉趨勢、再吸籌區轉趨勢和趨勢轉逆趨勢。

圖5-19是做多三種有效突破交易策略的全景圖。圖5-19(a)是下跌趨勢轉上漲趨勢，特徵是以極限低點，作為下跌趨勢的終點和結構轉化的逆轉點。極限低點出現後，新的上漲趨勢很快形成。圖5-19(b)是下跌趨勢結構—區間結構—上漲趨勢結構，區間結構是威科夫所說的吸籌區。圖5-19(c)是上漲趨勢結構—區間結構—上漲趨勢結構，區間結構是再吸籌區。

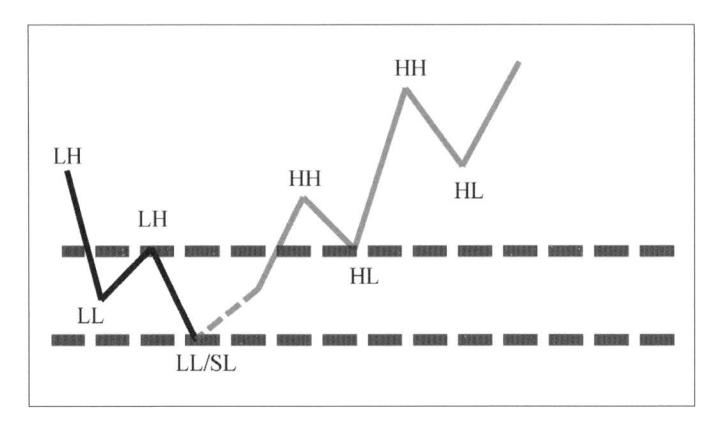

▲ 圖 5-19(a)　下跌趨勢轉上漲趨勢

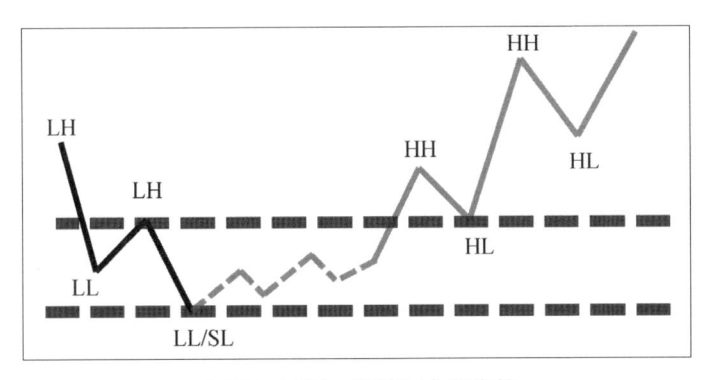

▲ 圖 5-19(b)　吸籌區上漲趨勢

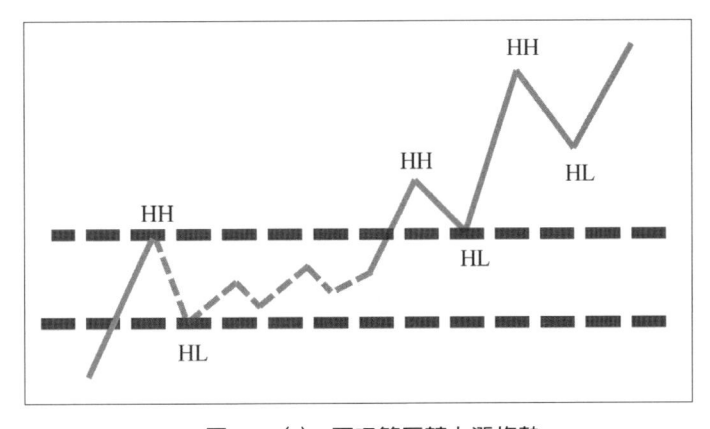

▲ 圖 5-19(c)　再吸籌區轉上漲趨勢

5.6.2　從趨勢到逆趨勢兩段大行情的全景圖

圖 5-20 是離岸人民幣兌美元的日線圖，時間從 2019 年 8 月到 2022 年 10 月初，其間走出兩段大行情。圖中呈現了三種有效突破交易策略的典型全景圖。

① 是區間結構轉下跌趨勢，即派發區轉下跌趨勢。② 是下跌趨勢轉上漲趨勢，也可以看成是吸籌區轉上漲趨勢。③ 是再吸籌區轉上漲

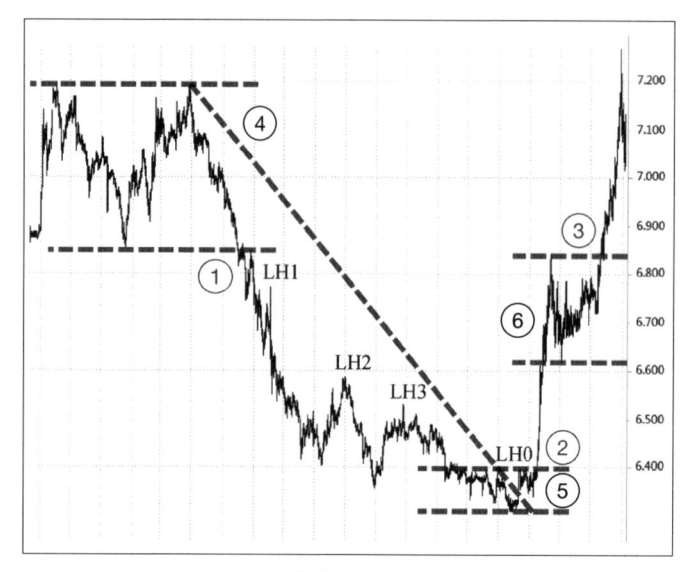

連巴菲特也佩服──風控》讀圖》交易心法，
讓你的利潤奔跑！

▲ 圖 5-20　離岸人民幣兌美元日線圖

趨勢。④ 是派發區，⑤ 是吸籌區，⑥ 是再吸籌區。接下來分別討論 ①②③ 對應的有效突破的交易背景和盤勢細節。

5.6.3　向下的有效突破確認下跌趨勢

　　圖 5-21 截取了圖 5-20 中的平台 ④ 及 ① 對應的區域。在局部放大的日 K 線圖中，可觀察到典型的支撐壓力互換，其中的三角形是對應有效突破區域的三角形。交易背景是第二次觸及壓力線時，沒有創出新高，技術上形成雙頂型態，支撐線因此成為雙頂型態的頸線。有效突破是技術上對頸線的突破和反彈確認。

　　圖 5-22 是圖 5-21 中副圖的細節圖（日線）。在反彈頸線（先前的支撐線）的過程中，在頸線下方出現一陽一陰兩根長上影線十字星 K 線，可以作為逆轉訊號 K 線。

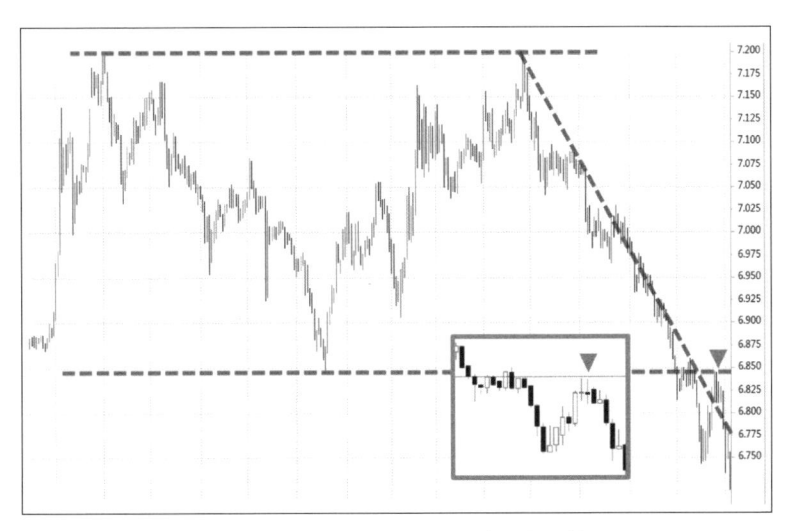

第 5 章　遵守 6 大交易策略，讓你買到相對低點

▲ 圖 5-21　有效突破的支撐壓力互換

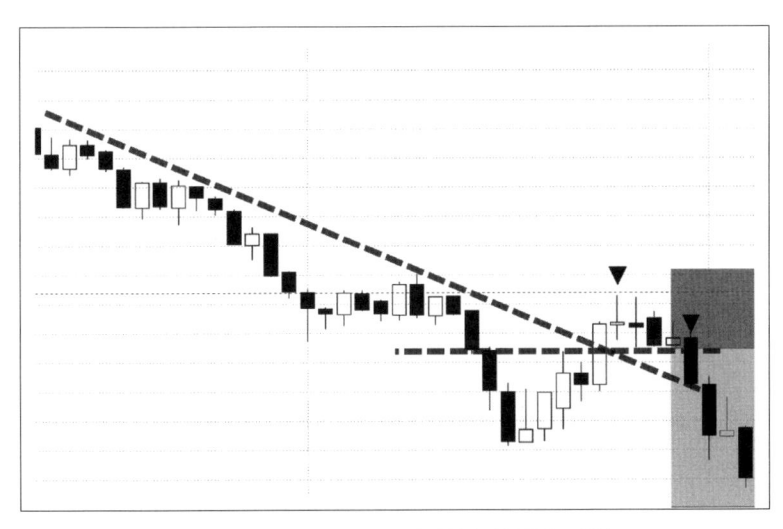

▲ 圖 5-22　圖 5-21 中副圖的細節圖（日線）

隨後跌破兩根十字星最低價的陰線，這是賣出做空的進場點之一，短線盈虧比也接近2。事實上，這是中長線做空的最佳區間，有經驗的裸K線交易者，實際的盈虧比可能接近8。

5.6.4 下跌趨勢轉上漲趨勢的交易方法

按照趨勢結構轉逆趨勢結構的視角進行技術分析，圖5-23截取了圖5-20從平台④的尾聲到平台⑤，包含整個下跌趨勢。

下跌趨勢轉上漲趨勢，前提是下跌趨勢已經結束。如圖5-23所示，採用下跌趨勢線的分析工具，畫出5根下跌趨勢線，圖中僅標注①號線和⑤號線（黑色圈）。

趨勢結束的早期訊號是突破下跌趨勢線；隨後能夠根據盤勢畫出上漲趨勢線，就很可能是下跌趨勢轉上漲趨勢。在趨勢的中後期，總共

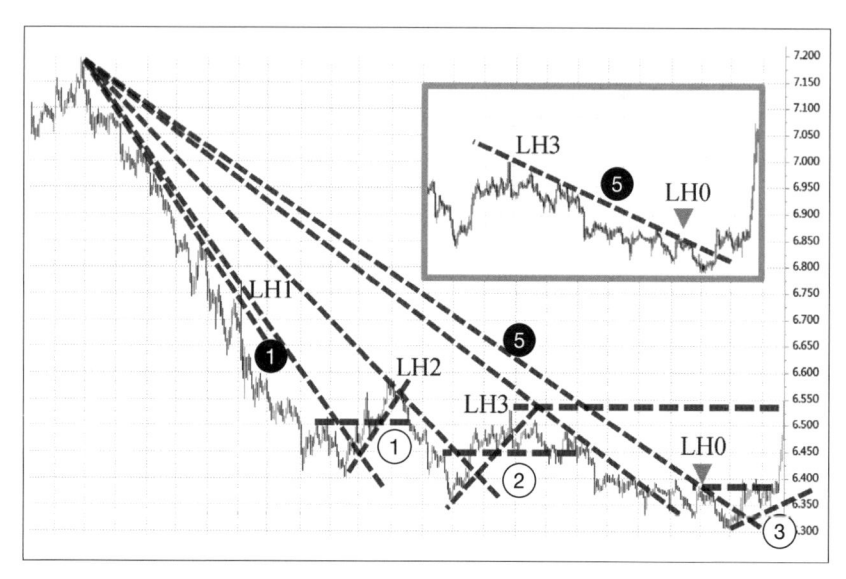

▲ 圖 5-23　趨勢結構轉逆趨勢結構

出現3次，分別對應的是①②③（白色圈）。副圖是右下角③（白色圈）對應的區域，三角形指示了LH0。

圖5-23中①②③（白色圈）的位置都可能是下跌趨勢轉上漲趨勢，研判的關鍵是有效突破。有效突破首先是對下跌趨勢線的突破（斜線），其次是形成新的逆向趨勢線，更重要的是對相鄰的LH的突破（水平線）。

①②③（白色圈）中，①②是下跌趨勢中的反彈，只有③在大幅上漲後，才滿足下跌趨勢轉上漲趨勢的判斷標準。但另外一個視角則是，價格上漲突破LH3時，更高的LH2近在咫尺，技術上很容易以相鄰的LH（即LH2和LH3）的價格區間形成關鍵壓力線。

交易實戰中，在長期大幅下跌的中後期，一些裸K線交易者會主觀認為當下正在做趨勢轉逆趨勢。基於這樣的主觀判斷，只要當盤勢連續出現兩個價格行為，就視為主觀判斷成立。第一個價格行為是突破正在使用的下跌趨勢線，第二個價格行為是形成新的上漲趨勢線。因此，在①②③（白色圈）的區間都會進場。

另外一些裸K線交易者則更有耐心，會等待盤勢出現第三個價格行為，即價格穿越最近的LH。這類交易者在①②（白色圈）不會進場，只在③的區間等待價格漲過最後一個LH（即LH0）才進場。

如圖5-24所示，①和②是兩種不同的進場策略。①代表激進交易者的策略，試圖抓住趨勢的逆轉點，經由更早一些進場，從而獲得更高的盈虧比；②則是更典型的趨勢轉逆趨勢有效突破交易策略。

當①的走勢對路時，隨後的上漲趨勢可能到達目標價位③附近。當②的走勢對路時，隨後的上漲趨勢可能到達目標價位④附近。關於目標價位③和④，通常主觀認為兩者是相等的。

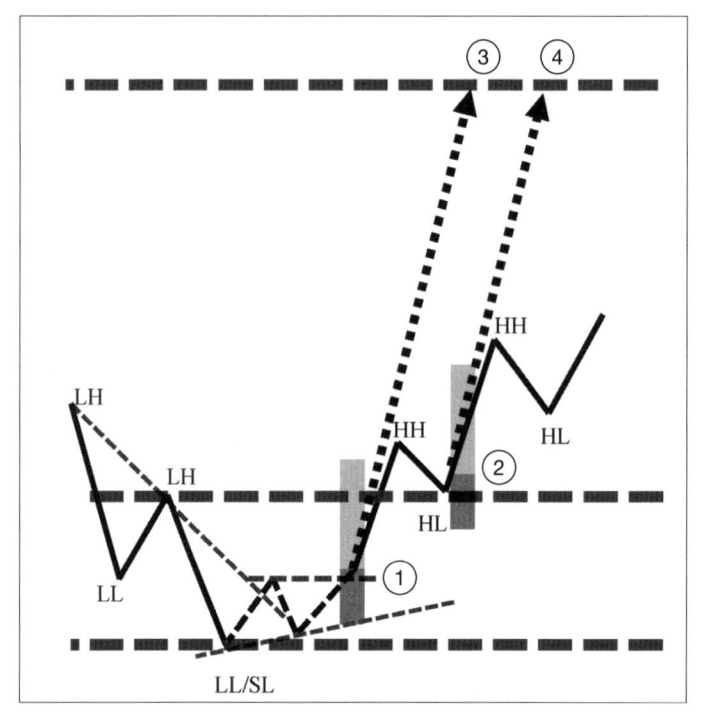

連巴菲特也佩服——風控》讀圖》交易心法，讓你的利潤奔跑！

▲ 圖 5-24　有效突破的兩個進場點

5.6.5　吸籌區轉上漲趨勢角的交易方法

對大行情做吸籌區轉上漲趨勢的技術分析時，可以使用更大時間週期的 K 線圖。圖 5-25 是離岸人民幣兌美元的季線圖，時間從 2016 年 3 月至 2022 年 10 月初。

在全世界熱烈討論人民幣匯率是否破 6.00 元的輿論氛圍中，盤勢已經呈現出見底的價格行為。2022 年 3 月的季線是接近支撐線的十字星，是趨勢可能逆轉的訊號 K 線。需要說明的是，對於大型趨勢行情的研判，裸 K 線交易者也常使用月線和季線。

按照吸籌區轉上漲趨勢的視角進行技術分析，圖 5-26 重點關注圖

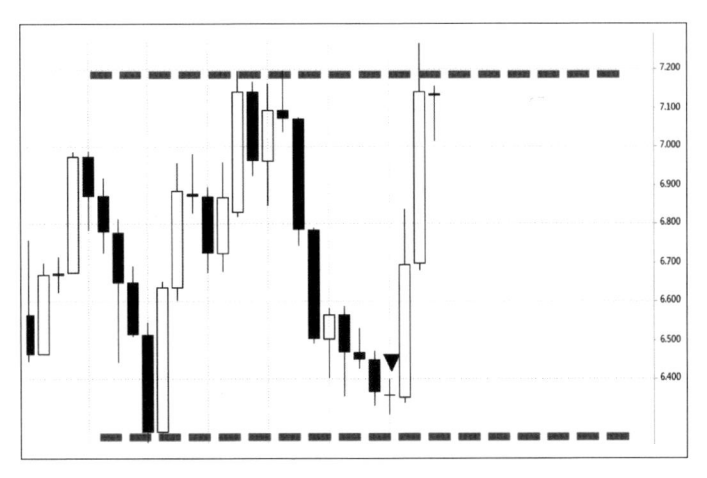

▲ 圖 5-25　離岸人民幣兌美元的季線圖

▲ 圖 5-26　吸籌區的不同畫法

5-23 的吸籌區。不同的裸 K 交易者根據自己不同交易風格，可能會在圖 5-26 中畫出不一樣的吸籌區，以下就圖 5-26 中的細線小方框（持續時間短的小吸籌區）展開討論。

將此區域放大，便是圖 5-27 下方的 K 線圖。為了更便於分析「轉

趨勢」的過程，參考圖5-23畫出下降趨勢線、壓力線和支撐線。

圖5-27中的⑤對應了圖5-23的⑤號下降趨勢線。⑤號下降趨勢線，是圖5-23中畫出的最後一根下降趨勢線，代表長期下跌趨勢。

圖5-27中的淺色下跌趨勢線，是針對短期日K線圖的小型下跌趨勢線。它與長期下跌趨勢線，都經過下跌趨勢線範圍內的最後一個LH（LH0）。注意，圖5-27中的①號水平線，對應了圖5-23中的以LH0做的水平輔助線。

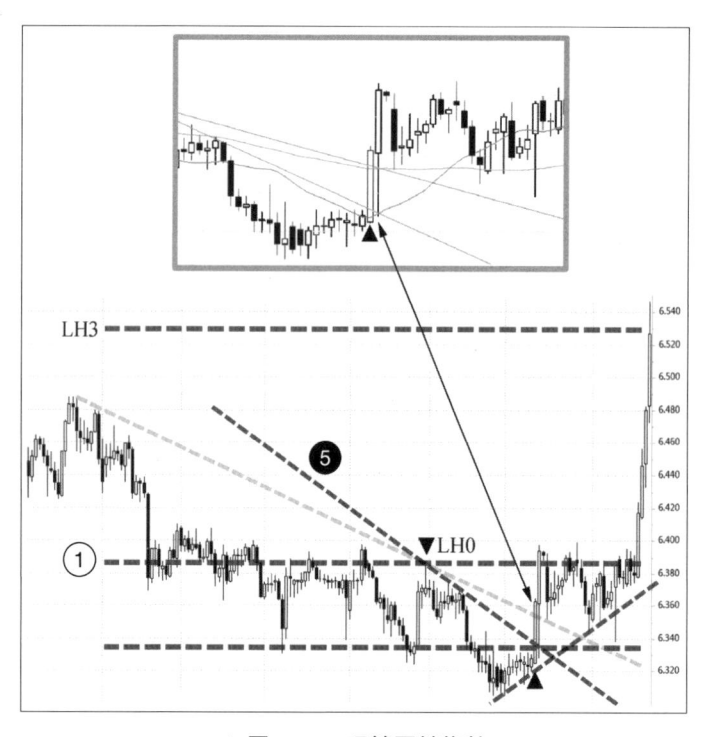

▲ 圖5-27　吸籌區轉趨勢

圖5-27上方的K線圖放大短期上漲趨勢，還添加20均線和60均線輔助分析。注意，向上的三角形對應的大陽線，同時穿越四根輔助線，

分別是小型下跌趨勢線、長期下跌趨勢線、20均線和60均線。隨後一根長下影線的實體陽線，回測長期下跌趨勢線和20均線，並且收盤價站上①號水平線。

兩根陽線顯示出多方的強勢，是最重要的訊號K線。需要說明的是，裸K線交易法不需要同時使用多個技術分析工具，圖5-27的兩根下跌趨勢線和兩根均線，各採用一根即可。訊號K線出現之後可以制訂交易計畫，目標價位在LH3附近。

5.6.6　上漲趨勢的技術分析與交易方法

對上漲趨勢做技術分析，主要是在價格上漲過程中，觀察壓力位附近出現的價格行為。圖5-28截取圖5-20從平台⑤到平台⑥之間的上漲趨勢。

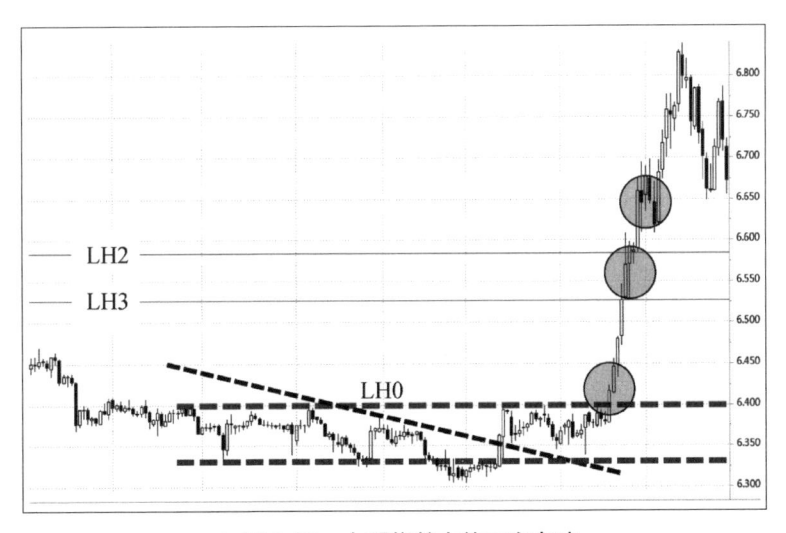

▲圖5-28　上漲趨勢中的三次突破

市場從下跌趨勢結構轉化成上漲趨勢結構，隨後出現三次突破。第一次是針對LH0的突破，沒有在日K線圖上出現壓力支撐互換。第二次是針對LH3的突破，盤勢有一次壓力支撐互換。

第三次是針對LH2的突破，由於LH2是大型吸籌區的壓力線（參見圖5-26中的粗線大方框），被突破後便是強勢的壓力支撐互換，回檔的低點並沒有觸及LH2。

現在出現一個問題，若採用有效突破後重新測試先前壓力線買進的方法，第一次和第三次突破都沒有買進機會。對於這種情形，一些交易者選擇放棄交易，因為他們個人的有效突破交易策略，主觀規定了買進規則，只在回檔時接近支撐線的位置進場。

還有一些交易者則採用另外一種邏輯，能夠在案例中的三次有效突破中都能買進。這種方法叫作「買高賣更高」，就是突破追漲買，俗稱「追漲殺跌」。這兩種買法沒有對錯之分，只是各自交易策略的邏輯不一樣而已。

按照有效突破的定義，有效突破後都會出現沿著突破方向的一段趨勢，最小幅度是突破前價格結構空間的對稱漲幅。

以區間結構突破為例，最小幅度就是支撐線和壓力線之間的絕對數值。既然是一段趨勢上漲，必然出現HH和HL。以壓力線作為可能的HL，交易者可以主觀上把壓力線上方某個特定價位定義為A，作為強勢突破的參考價位。

很明顯，A一定在壓力線上方，因為A之後回檔的低點HL已經主觀假設為壓力線。交易者主觀認為，只有當價格穿越壓力線，並且到達A的強度，才有可能在隨後的回檔中，低點在壓力線附近，從而形成典型的有效突破型態──壓力支撐互換。

如果突破更強勢，穿越壓力線之後，必然超過A之後才會出現回檔。在假設回檔幅度都是A到壓力線的空間數值的條件下，更強勢的

突破回檔的低點就一定在壓力線上方，不會觸及壓力線。圖 5-28 中第一次突破和第三次突破，就是這樣的情形。

交易者追漲買使用 Buy Stop 的下單模式，也稱為停損多單。A 的數值主要是防止買在假突破的最高點。交易者採用的邏輯是，假突破通常是針對壓力線的小型穿越，不能觸及 A。問題在於：A 的數值如何確定？

眾所周知裸 K 線交易者幾乎不使用指標，但有經驗的裸 K 線交易者會使用 ATR 指標，主要用在突破買進和停損單的設置。當交易者主觀認為價格會強勢有效突破時，在突破前（價格還在壓力線下方），根據使用的時間週期（本書是日線）顯示的 ATR 數值確定 A 點。一般以壓力線為參考，向上加一個 ATR 值，再加上點差，就是 Buy Stop 的價格。

如圖 5-29 所示，下跌趨勢中，最後一個更低的高點 LH 的數值是 19.12 元／股。箭頭的當天盤勢顯示出可能會有效突破，當天的 ATR 數值是 0.76 元／股，點差主觀確定為 0.05 元／股，A 的數值等於 19.93 元／股。當天的漲停價是 19.49 元／股，沒有到達 A 的數值。

第二天跳空開高，開盤價為 19.87 元／股，收盤價為 20.78 元／股，隨後幾天調整的低點是 20.20 元／股。Buy Stop 訂單買進後，不同的交易者根據個人的買賣規則確定停損價。

實戰中，有些交易者會採用漲停板後第一天的 ATR 數值，原因在於採用當日規則。當天的 ATR 數值是 0.85 元／股，A 的數值則是 20.02 元／股。

還有一些交易者採用另外的方法確定 A 的數值，例如壓力線上方的 3%。這樣處理，案例中 A 的數值就是 19.69 元／股（19.12×1.03），加上主觀確定的點差 0.05 元／股，Buy Stop 訂單價格就是 19.74 元／股。漲停板第二天的最低價是 19.62 元／股，交易者能夠買到。

需要注意的是在漲停板制度下，一段強勁的上漲可能分兩天或是兩

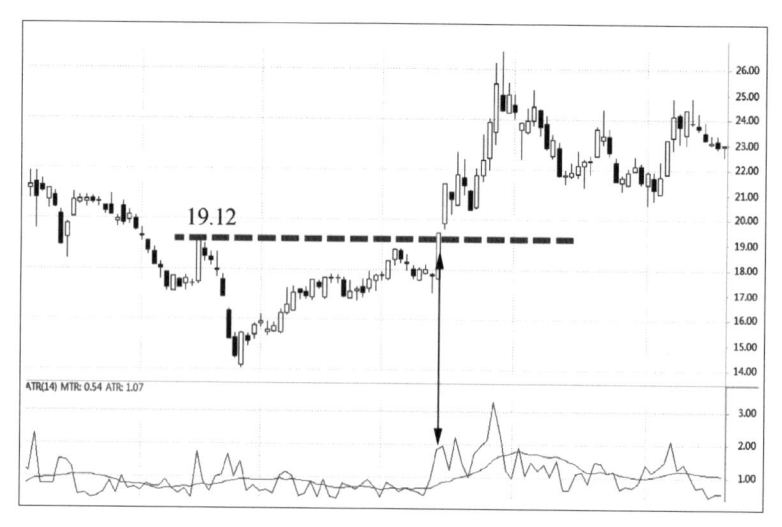

連巴菲特也佩服——風控》讀圖》交易心法，
讓你的利潤奔跑！

▲ 圖 5-29　ATR 買入法①

天以上的時間完成，中間可能會出現跳空缺口，正好在交易者設置的 A 的數值上方，導致 Buy Stop 訂單方式不能成交。

5.6.7　再吸籌區轉上漲趨勢的交易方法

接下來按照吸籌區轉上漲趨勢的視角進行技術分析，圖 5-30 截取了圖 5-20 中的平台 ⑤ 的尾聲、平台 ⑥ 直至 ③ 對應的區域。

圖 5-20 中的平台 ⑥（再吸籌區）是價格突破 LH2 壓力線之後的大型吸籌區。仔細觀察它的內部結構，市場形成了 HH－HL，這段調整的低點 HL 沒有觸及 LH2，這是強勢的壓力支撐互換。交易者可以由此主觀判斷在 LH2 上方的價格區間，可能是一個再吸籌區。當價格突破

---

① ATR 買入法是一種裸 K 線交易技術中的高級買入技巧。

第 5 章　遵守 6 大交易策略，讓你買到相對低點

再吸籌區後，會有一段趨勢運動。真實的價格運動確實如此。

由於真實的交易並不能「看見」未來的走勢圖，在分析圖 5-20 中的平台 ⑥ 時，要利用區間結構的分析技術。利用擺動高點 SH 和擺動低點 SL，來追蹤這段走勢。圖 5-30 中標注的 ①②③④⑤，是主觀判斷時的重點。

其中，⑤ 是最清晰和直接的判斷點，典型的突破壓力線之後的壓力支撐互換，區間結構轉趨勢結構的三個價格行為都出現了，正常執行壓力支撐互換的交易策略即可。

① 的交易策略可採用壓力支撐互換交易策略。市場從平台的尾聲強勢突破 LH0 的壓力線後，快速到達 HH 之後開始回檔。由於回檔的低點 HL 價格高於 LH2，且形成 HL 的 K 線，是一根長下影線十字星線，這是典型的逆轉訊號 K 線。

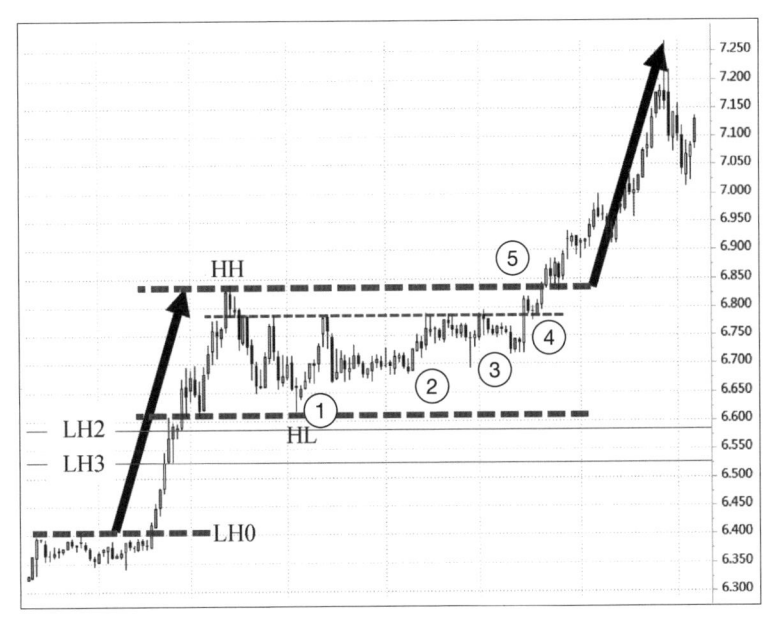

▲ 圖 5-30　再吸籌區轉上漲趨勢

需要說明的是，由於 HL 是針對基於 LH2 的大型吸籌區的突破回檔，所以有經驗的交易者會主觀判斷，可能會有一個較長時間的橫盤走勢。② 和 ③ 是區間結構內底部抬高的價格行為。④ 是突破了區間內的小型壓力線，很多交易者會在 ②③④ 的區域進場。

其原因有兩個：一是突破 LH0 到 HH 是一段強勢的上漲趨勢，隨後的調整可能是一次簡單的快速調整，①②③④ 的位置都可能是新一輪快速上漲的起始點；二是 ①②③④ 的位置買進的價格相對於 ⑤ 的位置會更低，有更高的盈虧比。

同樣是做再吸籌區的有效突破，不同交易者的技術細節有巨大的差異。這些差異是個性化的，是成功交易者最重要的技術訣竅，也是裸 K 線交易法學習者需要大量讀圖和反覆練習的關鍵點。

裸 K 線交易法最核心的技術，是分析輔助線附近 K 線所呈現的價格行為。如圖 5-31 所示，再吸籌區畫出 4 根水平輔助線和 1 根小型趨勢線。儘管輔助線都是一個小型價格區間，但是交易者還是能夠根據 K 線，畫出相對更有參考價值的輔助線（更緊的價格區間）。

例如，再吸籌區的壓力線依據 HH 確定，可以參考 HH 之前的最後一根大陽線的收盤價和 HH 陰線的開盤價，並把兩根 K 線的上影線部分作為壓力線的小型價格區間。這樣的畫法，對判斷突破壓力線後回檔的可能低點就很有幫助。

同樣的道理，以最左側陰線（突破 LH2 的回檔低點）收盤價和隨後大陽線開盤價，作為可能的支撐線，對隨後長下影線十字線的低點（HL）判斷也有幫助。

區間內部兩根水平線，一根是壓力支撐互換水平線，另外一根是區間內的重要壓力線。仔細觀察價格運動在這些輔助線附近，都出現什麼樣的價格行為，對於交易者形成個人的交易經驗非常重要。

裸 K 線交易者在讀圖的過程中，要強化訓練尋找高品質交易機會

▲ 圖 5-31　再吸籌區的輔助線

的主動意識。在 HL 出現後，隨後的上漲遇阻回落，一些交易者會意識到，再吸籌區可能出現較長的區間運動，並會選擇在場外觀察。當出現三角形對應的第二根長下影線的十字線（見圖 5-31）後，交易者會認為這是價格可能變化的訊號，但這不是一個好的進場機會。

原因在於這根訊號 K 線出現在再吸籌區的中上位置，距離區間內的重要壓力線太近了，不是一個交易優勢區。用十字線的低點修正區間內小型上漲趨勢線後，交易者就會等待上漲趨勢線與區間內壓力支撐互換水平線交叉點的出現，這裡可能是一個熱區。一根中陰線觸及水平輔助線進入熱區後，隨後出現兩根孕線。這樣的價格行為，就是一些裸 K 線交易者進場的標誌。

由此可知，不同的裸 K 線交易者根據各自的經驗和偏好，形成大同小異又極具個人特徵的有效突破交易策略。這裡的大同小異，異的成分遠遠大於同，但是表面看起來又是同的成分居多。

5.6.8　關於大行情交易策略的總結

本書採用有效突破作為討論大行情的基礎。有效突破是指,威科夫價格結構中的吸籌區和再吸籌區(區間結構)轉趨勢結構的突破。

第一,橫向運動的區間結構通常需要較長的時間。

第二,有效突破發生在區間結構的中後期,分為突破前、突破和突破後三個階段,對應三種進場方法:抬高的底部買、突破買和突破後壓力支撐互換買。賣點都以可能的趨勢高點為參考點。

第三,成功掌握和執行有效突破交易策略,要求交易者具備正確的知識,並需要大量的練習和經驗,裸K線交易者通常都有個性化的交易訣竅。

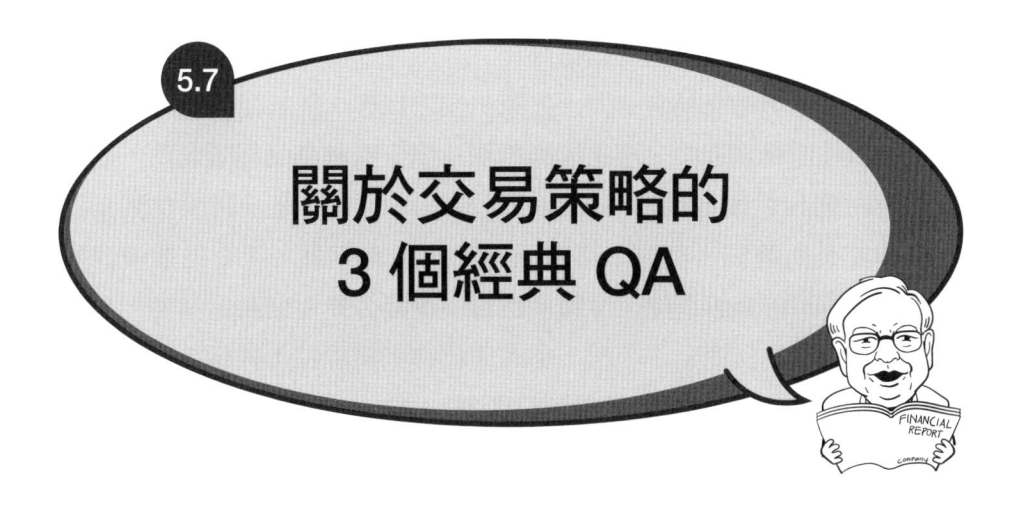

5.7 關於交易策略的 3 個經典 QA

眾所周知，傳統技術分析往往流於紙上談兵，市場一直都在詬病這個弊端。裸 K 線交易法的出現和發展，就是為了解決技術分析這個問題。但是，很多人在學習裸 K 線交易法的過程中，又陷入「裸 K 線交易法紙上談兵」的新泥沼。其主要原因在於不瞭解裸 K 線交易法的交易哲學，也就是裸 K 線交易法的底層邏輯。

幾乎所有領域，都會存在一些特定的經典辯題。經由對經典辯題的討論，往往能夠正本清源，從知其然到知其所以然。

5.7.1　左側交易與右側交易

一段下跌趨勢結束後轉上漲趨勢，無論是趨勢直接轉逆趨勢，還是中間銜接一個吸籌區，在盤勢上都會存在下跌趨勢的極限低點。

以極限低點作為分界點，在左側的下跌過程中買進，就是左側交易；在極限低點出現後的右側，價格逐漸上漲，在上漲過程中的買進，則是右側交易。左側交易的優點是買進價格低，缺點是風險高；右側交

連巴菲特也佩服──風控》讀圖》交易心法，
讓你的利潤奔跑！

易的優點是風險低，買進的價格高。

一些有經驗的交易者會對上述說法嗤之以鼻，認為是典型的紙上談兵。在價格運動過程中，沒有人能夠標注出下跌趨勢的極限低點，並據此分為左側和右側。但在裸K線的交易策略中，則充分利用左側交易和右側交易的邏輯。例如，下跌過程中，逆轉訊號K線的最低價就是主觀認定的可能極限低點，並據此把價格運動分為左側和右側。

裸K線交易法認為，分析市場的價格運動可以採用威科夫的價格循環和價格結構，更底層的邏輯是聰明錢和笨錢的籌碼互換。裸K線交易者利用技術分析的工具，讀懂盤勢呈現的價格行為，主觀做出判斷，採用特定的交易策略擬訂交易計畫，進場交易。

因此，裸K線交易者的開倉（做多／做空），通常是主觀認定（輔助線附近的訊號K線）後的右側交易，離場則由交易策略的平倉規則確定，可以是左側，也可以是右側。

真實的底層邏輯是，裸K線交易者進場（開倉）是主觀的右側交易。以做多為例，無論是支撐線買進還是壓力支撐互換買進，都有一個假設的前底（相對的極限低點），交易者依靠這個假設的前底設置停損價格。

如果價格跌破假設的前底，就直接證明先前的主觀判斷出錯。停損離場後，按照一般技術分析的左側交易與右側交易，裸K線交易者又變成所謂的左側交易者。

5.7.2　短單與長單

這個辯題討論的重點是持股時間和獲利空間。短單持股時間短，獲利空間相對較小；長單持股時間長，獲利空間相對更大。一般情況下，短單對應更小的時間週期，長單對應大一些的時間週期。總結就是，短

單做的是小型價格波動；長單做的是大型價格波動。

裸K線交易法針對這個辯題，會基於市場的事實和交易規則確定兩個前提：一是最優秀個體交易者的主要獲利，都來自大型的趨勢行情；二是任何一筆交易都不能出現重大虧損。很明顯，這是兩個相互矛盾的前提。賺大錢要做長單；防止大虧損則不能持有虧損的長單。

裸K線交易法不是從技術分析和優化交易策略入手，因為這樣的思路很難解決短單和長單的問題。裸K線交易法是建立正確的底層邏輯，從執行角度（訂單管理）出發，難題迎刃而解，具體有以下三點。

第一，所有的交易都是從短單開始的。

第二，大型趨勢階段，獲利的短單經由持股待漲和加倉的策略，變成能夠賺大錢的長單。

第三，任何情況下，及時砍掉虧損的短單。

5.7.3　交易策略的歷史回測

裸K線交易法最重要的工具之一是交易數學。一些裸K線交易者熱衷於特定交易策略的歷史回測，並把其結果作為判斷優劣的標準。很多情況下，簡單的歷史回測是新的紙上談兵。

裸K線交易法的任何一種交易策略，都是基於某種特定的價格行為，而特定的價格行為，只會出現在市場的特定階段，市場階段—價格行為—交易策略，三者具有對應關係。

從邏輯上來說，任何一種交易策略都很難適合市場的所有階段，這也是裸K線交易法需要交易者主觀判斷的原因所在。以向上突破買進的交易策略為例，在下跌趨勢和橫向運動這兩種市場階段，勝算必然會很低；而在上漲趨勢階段，則是高勝算的交易策略。

對於交易策略的歷史回測，多數的回測方案沒有考慮到市場階段這

連巴菲特也佩服──風控》讀圖》交易心法，
讓你的利潤奔跑！

個重要因素，回測方案本身存在很大程度的邏輯缺陷，其結論的意義也就相對有限。因此，裸 K 線交易者使用歷史回測這個輔助工具時，要清楚特定交易策略本身的邏輯基礎，設計更合理的回測方案。

在雙向交易和極低交易成本（接近忽略不計）的前提下，如果是針對小型（超小型）價格運動的交易策略，則另當別論，很大程度上不需要考慮市場階段。原因在於這種交易策略存在另外一種底層邏輯，本書在此不展開討論。

第 6 章

活用交易數學，
提高獲利的秘密武器

連巴菲特也佩服——風控》讀圖》交易心法，
讓你的利潤奔跑！

6.1 交易數學是什麼？

"數支配著宇宙"是古希臘哲學家、數學家畢達哥拉斯的名言。數學是科學的工具，能經由創立概念並建立概念之間的聯繫，從而揭示宇宙的真相。

在交易領域，有兩個領域廣泛採用數學工具。一是技術分析，很多技術分析大師試圖找到價格運動內在的數理邏輯，例如交易者熟知的波浪理論、諧波理論，以及斐波那契數列等。二是對交易行為的分析採用了機率論。

交易數學是與交易行為有關的數學，這是裸K線交易法最重要的理論基礎之一。交易數學對交易行為建立了一套科學分析的思維模式，幫助交易者弄清楚交易行為與交易結果之間的聯繫，並找到提高獲利的有效方法。

需要注意的是，交易數學的模型具有高度抽象的特點。原因在於只有高度抽象才能對交易行為展開有效分析，並建立各因素之間的聯繫。一些情況下，交易數學的結論可能明顯地反常識。

更重要的是，高度抽象的數學模型與真實的交易有很大的差異，交

易者不能簡單地照本宣科,或是人云亦云。想真正活用交易數學,交易者需要從抽象回到具體,在建立交易體系的過程中參考交易數學的思維方式,以及在交易行為中使用有效的結論。

總之,交易者需要理解交易數學的原理,在科學認知市場和交易行為的基礎上,建立有效的交易體系,執行符合數學邏輯的交易行為。

6.2 交易行為的數學邏輯：做帳戶而非做交易

交易帳戶中的資金，是所有交易行為的出發點和落腳點。裸 K 線交易法最核心的理念是帳戶資金曲線的管理，包括資金曲線的正向增長、防止大幅度回檔，以及避免出現重大虧損，這個概念同時也是裸 K 線交易法與傳統交易法的分水嶺。換句話說，裸 K 線交易法是「做帳戶」，傳統的交易法是「做交易」。

在裸 K 線交易法中，「做交易」是手段，「做帳戶」才是目的。因此，相對於傳統的交易者，裸 K 線交易者需要學習和掌握一套新的知識體系 —— 交易行為的數學邏輯。

6.2.1　漲幅與跌幅

在 10% 的漲停板制度的市場中，很多交易者認為漲 10% 賺的錢與跌 10% 虧的錢是一樣的。運氣不好吃了一個跌停板，第二天來一個漲停板就回本了，事實不是這樣。例如，一支股價為 100.00 元／股的股票，當天跌停後股價為 100.00 ×（1–10%）= 90.00，而第二天漲停後

第 6 章　活用交易數學，提高獲利的秘密武器

股價變成 90.00 ×（1+10%）= 99.00。

可以看到價格並沒有回到100.00元／股，而是99.00元／股，每股差了1.00元！假設交易者採用一個盈虧比1：1的交易策略（盈虧幅度都為10%），勝算是50%，盈虧交替出現，10次之後的結果是：100.00 × 1.1 × 0.9 × 1.1 × 0.9 × 1.1 × 0.9 × 1.1 × 0.9 × 1.1 × 0.9 ≈ 95.10。

看似一個不賠也不賺的交易策略，長期執行下來卻必然虧錢。為什麼會這樣呢？因為以數學運算後：100 × 0.9 × 1.1 ≠ 100，而100 × 0.9 × 1.1111 = 99.999 ≈ 100。

以數學計算的結果，跌停板的個股，需要上漲11.11%才能回本，而不是漲停板的10%。如表6-1所示，跌幅50%的個股，需要成為翻倍股才能回本；跌幅90%的個股，需要成為10倍股才能回本。

表 6-1　跌幅與漲幅

本金（元）	跌幅	漲幅	百分比差額	恢復本金（元）
100.00	0.00%	0.00%	0.00%	100.00
90.00	10.00%	11.11%	1.11%	100.00
80.00	20.00%	25.00%	5.00%	100.00
70.00	30.00%	42.86%	12.86%	100.00
60.00	40.00%	66.67%	26.67%	100.00
50.00	50.00%	100.00%	50.00%	100.00
40.00	60.00%	150.00%	90.00%	100.00
30.00	70.00%	233.33%	163.33%	100.00
20.00	80.00%	400.00%	320.00%	100.00
10.00	90.00%	900.00%	810.00%	100.00

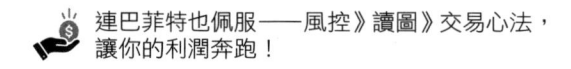

連巴菲特也佩服──風控《讀圖》交易心法，
讓你的利潤奔跑！

因此，交易者要牢記交易數學的第一條：百分比的跌幅與漲幅不一樣。從表6-1中的數據可以看出，無論帳戶總資金還是單筆交易，交易者都應該把虧損控制在10%以內。

6.2.2　複利的魔法

複利是交易數學中的魔法師，公式如下，其中 P = 本金；i = 利率；n = 持有期數。

$$F = P \times (1+i)^n$$

很多交易領域的新人都曾經有一個夢想：投入1萬元，每天即使只賺1%，在複利的加持下，100次交易後就是27048.14元。半年能賺到17048.14元，高達170%的獲利！

$$F = 10000 \times (1+1\%)^{100} = 27048.14$$

當然，這只能是一個夢想，幾乎沒有任何人可以做到。這個夢想最大的困難在於連續100次的成功，這在真實的交易中太難了。事實上，每一次交易都會有費用。假設每買賣一次的總費用是0.1%，代入複利公式：

$$F = 10000 \times (1-0.1\%)^{100} = 9047.92$$

計算的結果是9047.92元。100次的平進平出，交易者損失了952.08元，虧損率為9.52%。

交易者正確理解複利公式，需要從交易數學的視角出發。公式中，本金（P）作為常數，i 和 n 是兩個獨立的變數。但交易中的 i 和 n 關聯性極強。例如，中長線操作模式下，i 就會相對較大，同時也導致交易需要更多的時間，n 就變小。

假設特定的交易策略規定了單筆交易的持續時間，i 也同時為正。這樣的情形也會導致某些時間週期是無效交易，降低了 n。更常見的情形是，規定單筆交易的持續時間後，i 有可能會變小。

交易領域直接套用複利公式並不恰當，只有當交易者的交易系統穩定後，才會出現相對穩定的 i 和 n。因此，交易者需要瞭解更多與交易有關的數學工具，才能逐漸穩定自己的交易系統，讓複利公式的魔法真正發揮作用。

6.2.3　盈虧比

理解交易中的盈虧比，一般都借用博彩業的賠率概念，博彩業的賠率是指損失的本金與獲利金額的比例。例如1：3的賠率，100元的本金，錯了虧100元；對了拿回300元，扣除本金100元，賺200元。

交易中的盈虧比是指獲利與虧損的比例，一般情況下使用的是百分比。例如，停利賺6%，停損虧2%，這筆交易的盈虧比就是3：1。對比賠率和盈虧比兩個概念，存在以下幾個重要的差異。

第一，賠率是直接損失全部本金；盈虧比是損失部分本金。

第二，賠率真實的獲利要扣除本金，1：3賠率贏家真實的獲利率是200%。盈虧比則是實際的獲利率。

第三，賠率是金額的比例；盈虧比是金額百分比的比例。

第四，賠率是博彩業標準的客觀業務行為，賠率是多少就是多少。盈虧比受到市場的制約（例如跌停板無法成交）和交易者的主觀修正，

一般情況下並不是標準行為。交易策略中的盈虧比，往往與真實交易的盈虧比有很大的差異。

6.2.4　勝率

勝率是指博弈的成功率。勝率有兩個含義：一是指獲勝（成功）的機率；二是指多次博弈後的統計比率。

博彩業的「勝」就是贏，必然對應相應的賠率，其收益也必然是確定的數值。交易中的「勝」則有多重含義，確定性遠不如博彩業。例如，一個盈虧比為3的交易策略，6%停利，2%停損。「勝」的標準有以下三種。

第一，獲利在0～5.99%之間。

第二，獲利正好是6%。

第三，獲利大於6%。

實際交易中，往往第一種和第三種情形占多數。因此，交易者需要統計真實的勝率和真實的盈虧比。一般情況下三種情形都算勝，之後再統計平均獲利率。輸的統計也同樣處理，得出平均虧損率。平均獲利率除以平均虧損率，就是真實的盈虧比。

6.2.5　數學期望

數學期望是機率學的重要概念，是指事件在機率確定時最終發生的期望值，其計算公式為：

$$S = \sum (事件收益 \times 事件機率)$$

第 6 章　活用交易數學，提高獲利的秘密武器

關於博彩業的博弈，結果只有贏或輸兩種標準情形。假設贏的機率（勝率）為 P，輸的機率為 $1-P$；假定輸的損失為 -1，賠率是 R，則事件輸為 -1，事件贏為 R，代入上面的數學期望公式，得到：

$$S = 事件贏 \times 勝率 + 事件輸 \times 輸的機率$$
$$= R \times P + (-1) \times (1-P)$$
$$= R \times P - 1 + P$$
$$= P \times (R+1) - 1$$

不同勝率和盈虧比對應的期望值（數學期望）有負有正。對於博彩業中任何一種博弈，博彩公司都會利用規則和訊息優勢，讓博彩方具備正的期望值；投注方整體作為對手方，只能具有負的期望值。因此，作為個體的投注方，會在某些時候獲得正收益，長期下來只能獲得負收益。這就是久賭必輸的數學邏輯。

如果投注方能夠主動選擇，必然只會參與期望值為正的博弈。表 6-2 中羅列了特定賠率期望值正負轉折（期望值為 0.00）的臨界勝率，例如賠率為 4 的情況下，勝率需要 20%。

表 6-2 中的數據還表明，期望值是勝率和賠率共同的結果。在相對高賠率的情況下，即使較低的勝率，期望值也會很高。例如賠率為 5 的情況下，50% 的勝率對應的期望值是 2，意味著 2 倍的收益。

儘管交易不是標準的博彩型博弈，但是也能借助期望值分析交易行為。交易中的結果分為獲利和虧損。假設獲利的機率為 P，則虧損的機率為 $1-P$；假定虧損為 -1，盈虧比是 R，則事件虧損為 -1，事件獲利為 R，代入上面的數學期望公式，得到：

> 連巴菲特也佩服——風控》讀圖》交易心法，讓你的利潤奔跑！

表 6-2　數學期望的正負值

勝率＼賠率	1	2	3	4	5	6
5.00%	-0.90	-0.85	-0.80	-0.75	-0.70	-0.65
10.00%	-0.80	-0.70	-0.60	-0.50	-0.40	-0.30
14.29%	-0.71	-0.57	-0.43	-0.29	-0.14	0.00
16.67%	-0.67	-0.50	-0.33	-0.17	0.00	0.17
20.00%	-0.60	-0.40	-0.20	0.00	0.20	0.40
25.00%	-0.50	-0.25	0.00	0.25	0.50	0.75
30.00%	-0.40	-0.10	0.20	0.50	0.80	1.10
33.33%	-0.33	0.00	0.33	0.67	1.00	1.33
40.00%	-0.20	0.20	0.60	1.00	1.40	1.80
50.00%	0.00	0.50	1.00	1.50	2.00	2.50
60.00%	0.20	0.80	1.40	2.00	2.60	3.20
70.00%	0.40	1.10	1.80	2.50	3.20	3.90
80.00%	0.60	1.40	2.20	3.00	3.80	4.60
90.00%	0.80	1.70	2.60	3.50	4.40	5.30
100.00%	1.00	2.00	3.00	4.00	5.00	6.00

$$S = 事件盈贏 \times 獲利機率 + 事件虧損 \times 虧損機率$$
$$= R \times P + (-1) \times (1-P)$$
$$= R \times P - 1 + P$$
$$= P \times (R+1) - 1$$

交易者可以把上述公式直觀化，獲利的機率為 P（盈），虧損的機率為 P（虧），盈虧比為 R，得到直觀的公式：

第6章　活用交易數學，提高獲利的秘密武器

$$S = R \times P（盈）- P（虧）$$

進一步直觀化：

$$S = 獲利率 \times 勝率 - 虧損率 \times 敗率$$

在討論交易中的期望值之前，需要注意的是，博彩業的輸是損失所有的本金，交易中的虧損是損失本金的一部分（一般指本金的百分比）。因此，交易的實際虧損額才是博彩業對應的本金。

表6-3是勝率為30%的情況下，百分比停損從1%～10%對應不同盈虧比計算出來的期望值。數據顯示，盈虧比為2，期望值為正對應的最小勝率是33.33%。因此，在勝率為30%的情況下，只有3以上的盈虧比才是有利可圖的交易。

表6-4是勝率為55%的計算數據。數據顯示，盈虧比為1的情況下，勝率超過50%的期望值就為正，是有利可圖的交易。

真實交易中，勝率是一個變數，很大程度與百分比停損的設置有關。交易者需要在盈虧比確定（技術分析）的情況下，合理設置停損價格，以實現更好的交易結果。

表6-3和表6-4還呈現出一個事實，交易中的期望值與百分比停損成比例關係。表6-3中，盈虧比為4時，停損8%的期望值是4%，停損4%的期望值是2%，成倍數關係。

表6-4中，盈虧比為4時，停損8%的期望值是14%，停損4%的期望值是7%，也成倍數關係。這個事實，從數學邏輯上證明中長期交易策略的優勢。相對於短線和超短線，中長線交易經由承受更大波動空間的價格運動，使得單筆交易能夠獲得更多的收益。同時，更寬的停損設置，在一定程度上也提高了勝率。

> 連巴菲特也佩服——風控》讀圖》交易心法，讓你的利潤奔跑！

表 6-3　交易中勝率為 30% 的數學期望

百分比停損 \ 盈虧比	1	2	3	4	5	6
1.00%	-0.40%	-0.10%	0.20%	0.50%	0.80%	1.10%
2.00%	-0.80%	-0.20%	0.40%	1.00%	1.60%	2.20%
3.00%	-1.20%	-0.30%	0.60%	1.50%	2.40%	3.30%
4.00%	-1.60%	-0.40%	0.80%	2.00%	3.20%	4.40%
5.00%	-2.00%	-0.50%	1.00%	2.50%	4.00%	5.50%
6.00%	-2.40%	-0.60%	1.20%	3.00%	4.80%	6.60%
7.00%	-2.80%	-0.70%	1.40%	3.50%	5.60%	7.70%
8.00%	-3.20%	-0.80%	1.60%	4.00%	6.40%	8.80%
9.00%	-3.60%	-0.90%	1.80%	4.50%	7.20%	9.90%
10.00%	-4.00%	-1.00%	2.00%	5.00%	8.00%	11.00%

表 6-4　交易中勝率為 55% 的數學期望

百分比停損 \ 盈虧比	1	2	3	4	5	6
1.00%	0.10%	0.65%	1.20%	1.75%	2.30%	2.85%
2.00%	0.20%	1.30%	2.40%	3.50%	4.60%	5.70%
3.00%	0.30%	1.95%	3.60%	5.25%	6.90%	8.55%
4.00%	0.40%	2.60%	4.80%	7.00%	9.20%	11.40%
5.00%	0.50%	3.25%	6.00%	8.75%	11.50%	14.25%
6.00%	0.60%	3.90%	7.20%	10.50%	13.80%	17.10%
7.00%	0.70%	4.55%	8.40%	12.25%	16.10%	19.95%
8.00%	0.80%	5.20%	9.60%	14.00%	18.40%	22.80%
9.00%	0.90%	5.85%	10.80%	15.75%	20.70%	25.65%
10.00%	1.00%	6.50%	12.00%	17.50%	23.00%	28.50%

6.2.6　大數法則

　　交易數學的基礎是大數法則。所謂大數法則，就是需要夠多的樣本，或是大量重複，才會呈現數學模型的結論。博彩公司的博弈，要麼是一局有大量的投注方，要麼是長期重複沒有任何變化的博弈，自然適合數學模型的結論。但是，特定的交易者即使交易很長時間，實際的交易次數也難以滿足大數法則的要求。

　　大數法則下，勝率為40%的交易策略，任何一個交易者都不能期待連續三次交易就一定會有一次成功。事實上，特定的交易者甚至可能出現連續10次失敗，這是每一個交易者必須牢記和接受的事實。一些交易者在瞭解大數法則後，簡單採取大量增加交易次數的方式，小倉位交易大量的品項。這樣的解決思路和方法有待商榷，原因有三。

　　第一，針對特定個股的單筆交易，交易結果既與個股有關，也與大盤環境有關，絕大多數個股的走勢受大盤的影響更大。因此，即使是小倉位多品項交易，多數品項也會是同樣的走勢，交易者交易的其實是大盤指數。

　　第二，超過10個交易品項，對於多數的個體交易者來說，都是巨大的負擔。第三，如果採用有限品項，短線或超短線交易，過緊的百分比停損又限制了期望值。

　　更為合理的解決思路有兩個：一是交易獨立行情的個股；二是利用歷史數據回測，檢驗特定交易策略相對真實的勝率。

6.2.7　凱利公式

　　「投機是一門長期的事業。」這句話有兩個意思：一是交易者會做很多次交易；二是交易者在任何一次交易中，不能失去所有的本金，也

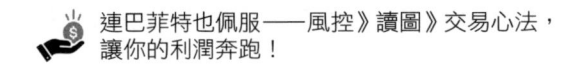

連巴菲特也佩服──風控》讀圖》交易心法，
讓你的利潤奔跑！

就是爆倉。很明顯，在每一次交易中，交易者都需要考慮防止爆倉出局的風險，具體的做法就是謹慎考慮每一次交易的下注金額。

抽象表達是，在連續性風險博弈中，如果勝率和賠率（盈虧比）確定的情況，交易者單筆最合理的下注金額是多少，才能保證多次博弈後不爆倉。

凱利公式給出的單筆下注金額，不但解決了爆倉的問題，還做到收益最大化，因此被稱為「神奇的凱利公式」。更神奇的是，凱利公式是一個非常簡單的公式：

$$f = \frac{bp - q}{b} = \frac{p(b+1) - 1}{b}$$

其中，f 表示單筆最優下注比例；b 表示賠率（盈虧比）；p 表示勝率；q 表示失敗的機率（$q = 1-p$）。假設交易者採用的交易策略，勝算是 30%，盈虧比是 4。

$$f = \frac{p(b+1) - 1}{b} = \frac{0.3 \times (4+1) - 1}{4} = 12.50\%$$

按照凱利公式計算出來的下注比例是 12.50%，公式表明，這樣的下注比例長期能夠實現收益最大化。

表 6-5 是不同勝率對應不同盈虧比，按照凱利公式計算的單筆下注金額，負數代表不參與。表中的數據明顯地反常識，典型的單品項單筆重倉！有經驗的交易者馬上就能意識到，這樣的下注模式很容易導致重大虧損。

表 6-5　博弈中的凱利公式

勝率＼盈虧比	1	2	3	4	5	6
10.00%	-80.00%	-35.00%	-20.00%	-12.50%	-8.00%	-5.00%
20.00%	-60.00%	-20.00%	-6.67%	0.00%	4.00%	6.67%
30.00%	-40.00%	-5.00%	6.67%	12.50%	16.00%	18.33%
40.00%	-20.00%	10.00%	20.00%	25.00%	28.00%	30.00%
50.00%	0.00%	25.00%	33.33%	37.50%	40.00%	41.67%
60.00%	20.00%	40.00%	46.67%	50.00%	52.00%	53.33%
70.00%	40.00%	55.00%	60.00%	62.50%	64.00%	65.00%
80.00%	60.00%	70.00%	73.33%	75.00%	76.00%	76.67%
90.00%	80.00%	85.00%	86.67%	87.50%	88.00%	88.33%
100.00%	100.00%	100.00%	100.00%	100.00%	100.00%	100.00%

　　例如，盈虧比為4、勝率為30%的下注比例是12.50%。假設運氣不好，第一筆交易失敗，本金就直接損失了12.50%。如果連續幾次運氣不好，按照跌幅與漲幅的規則，這個帳戶基本上就廢了！

　　出錯的原因在於，上述凱利公式適用的場景，是大數法則下標準的博彩業模式，而個體交易者的交易行為，並不符合凱利公式的假設前提。

　　個體交易者既不能完成大數法則要求的實際次數；又不能在多變的市場背景中固定特定交易策略的勝率和盈虧比。更重要的是，理論上存在連續多次的失敗的小機率事件，並不影響大數法則下的結論，但是在實戰中足以摧毀任何一個交易帳戶。

　　另外，標準的博彩業模式虧掉的是全部的下注金額。但交易並不是如此，虧掉的是停損金額。因此，凱利公式在交易領域的公式是：

連巴菲特也佩服——風控》讀圖》交易心法，讓你的利潤奔跑！

$$f = \frac{勝率}{百分比停損} = \frac{敗率}{百分比停利}$$

表 6-6 中的數據是百分比停損為 5% 的計算數據，其中的 2000.00% 就是 20 倍槓桿操作。表中的勝算為 30%、盈虧比為 4 的下注金額為總資金 250.00%。在 2.5 倍的槓桿下，單筆下注金額是自有資金的 12.5%，與前面公式相同。

$$f = \frac{p(b+1)-1}{b} = \frac{0.3 \times (4+1) - 1}{4} = 12.50\%$$

表 6-6　交易中的凱利公式

勝率＼盈虧比	1	2	3	4	5	6
10.00%	-1600.00%	-700.00%	-400.00%	-250.00%	-160.00%	-100.00%
20.00%	-1200.00%	-400.00%	-133.33%	0.00%	80.00%	133.33%
30.00%	-800.00%	-100.00%	133.33%	250.00%	320.00%	366.67%
40.00%	-400.00%	200.00%	400.00%	500.00%	560.00%	600.00%
50.00%	0.00%	500.00%	666.67%	750.00%	800.00%	833.33%
60.00%	400.00%	800.00%	933.33%	1000.00%	1040.00%	1066.67%
70.00%	800.00%	1100.00%	1200.00%	1250.00%	1280.00%	1300.00%
80.00%	1200.00%	1400.00%	1466.67%	1500.00%	1520.00%	1533.33%
90.00%	1600.00%	1700.00%	1733.33%	1750.00%	1760.00%	1766.67%
100.00%	2000.00%	2000.00%	2000.00%	2000.00%	2000.00%	2000.00%

以10萬元的現金帳戶為例,勝算為30%、盈虧比為4。博彩業下注模式單筆虧損是12.50%,為12500元;交易模式在5%停損的約束下,下注比例是總資金的250.00%,為25萬元,5%的虧損同樣是12500元。

很明顯,在大數法則的基礎上,凱利公式是一種激進的下注模式。在運氣的加持下,確實能夠實現利潤最大化,這也是牛市中後期股神遍地的數學邏輯。但其下注方式,並不適合真實交易環境中的穩健交易者。

上面的案例中,如果交易者以總資金的5%作停損,單筆最大的虧損額就是5000元,最多只能全倉操作,而不能加槓桿。

神奇的凱利公式對於交易者,還有另外一個啟示,重新回到公式本身:

$$f = \frac{勝率}{百分比停損} = \frac{敗率}{百分比停利}$$

當百分比停損很小,甚至趨於0時,f的計算結果就會趨向無窮大。這代表市場出現超低風險甚至無風險機會時,應該加大槓桿。當然,這樣的策略同樣不符合保守的交易者,畢竟還存在意料之外的「黑天鵝」。

連巴菲特也佩服──風控》讀圖》交易心法，讓你的利潤奔跑！

6.3 關鍵為「如何實現一致性獲利」

交易數學的基礎是大數法則。在大數法則約束下，任何一個交易者，即使是大型機構，在整個市場中都是滄海一粟，這也是道氏理論的數學基礎。

交易數學的假設前提是確定的勝率和盈虧比。站在交易者視角，任何一種能夠實現一致性獲利的交易策略，都必須符合整個市場的數學邏輯。因此必然只能在特定的市場階段和市場環境下，實現勝率和盈虧比的相對一致性，從而獲得相對穩定的期望值。動態感知和監控交易策略是否匹配市場，也就成為一致性獲利的關鍵。

同樣地，因為大數法則的制約，即使是高勝算交易策略，首次交易時也可能會失敗，而且可能連續失敗。這樣會導致帳戶在「跌幅」數學法則的作用下，受到嚴重傷害。因此，在交易的初期，更需要有效地控制風險。

交易領域的期望值公式表明，交易策略的百分比停損，對期望值有重大的影響。理解這個數學事實後，交易者應該對交易策略有新的認知，需要考慮交易品項的波動性。

總之，交易數學為交易者提供了分析交易行為的有效工具，其關鍵就是控制交易策略的穩定性 —— 相對穩定的勝率和盈虧比，從而實現一致性獲利。

6.3.1　交易策略的再審視

在技術分析的視角下，任何一種交易策略的基礎盈虧比（第一目標停利位）都是確定的，通常滿足盈虧比為2的要求。在相對寬停損設置的前提下，不確定性主要來自市場背景（不同的市場階段）導致的勝率不穩定。

例如，有效突破交易策略，在順趨勢的市場階段必然是高勝率，可能會在70%左右，盈虧比也可能會提高；在橫盤運動和逆趨勢的市場階段，勝算會陡然降低，甚至會低於20%，期望值為負。

基於這樣的事實，交易者在制定交易策略的過程中，要特別確認交易策略的適用性，重新審視特定交易策略在不同市場階段對應的勝率和盈虧比。換句話說，特定交易策略的勝率和盈虧比，在不同的市場階段有不同的數值，相應的期望值也不一樣。

相對確定勝率和盈虧比後，交易者還必須審視交易策略的百分比停損，其關鍵是交易標的的波動率。這意味著特定的交易策略要與交易品項的波動率匹配，從而在交易體系中明確選股的波動率規則。

交易策略考慮波動率後，自然會影響交易的時間週期。一般情況下，更大的價格波動需要更長的時間。反之，當交易策略考慮時間週期後，其勝算和盈虧比也可能會隨之變化，需要交易者重新平衡。

連巴菲特也佩服──風控》讀圖》交易心法，讓你的利潤奔跑！

6.3.2　交易策略的動態監測

交易策略的動態監測最直接的方法，就是統計和分析交易者的真實記錄。具體做法如下。

第一，建立交易記錄台帳，記錄每一筆實際的交易。

第二，按照交易策略對台帳進行分類。如果是單一交易策略，要排除非標準交易，即使是賺錢的交易也要排除。

第三，統計和分析勝率。獲利的交易次數除以交易總次數，就是勝率；虧損的交易次數除以交易總次數，就是虧率；勝率加虧率等於1。

第四，統計和分析真實盈虧比，一般採用單筆百分比統計。獲利總額除以獲利次數，就是平均獲利率；虧損總額除以虧損次數，就是平均虧損率；平均獲利率除以平均虧損率，就是交易者的真實盈虧比。

第五，動態監控。交易者用短期（例如一週）的勝率與長期的勝率比較；用短期的真實盈虧比與長期的真實盈虧比做比較。

建立從個人視角的監測方法，能夠給交易者帶來巨大的好處，這也是裸K線交易法的基本要求。這些交易行為的數據除了可進行動態監測之外，還能說明交易者優化特定的交易策略，提高勝算和盈虧比。

另外，交易者不能忘記大數法則。

基於個人交易數據的統計和分析，很可能與市場真實情況南轅北轍。例如，在走勢分化的階段，大盤指數是上漲趨勢，並且上漲是由一些特定的板塊所推動的。如果交易者沒有交易當時的強勢股，就會賺了指數不賺錢，個人數據與市場數據不匹配。

交易者要牢記，任何市場表現，甚至匪夷所思的表現，都是所有市場參與者合力的結果，必然滿足大數法則。因此，當個人數據背離市場數據時，交易者要意識到可能出錯了，至少可能在交易品項的選擇上出錯了。

6.3.3　帳戶風控的實戰邏輯

如同交易策略一樣，在沒有交易數學的支撐下，風險控制是靜態的紙上談兵，真實的交易是一個動態過程。

例如，一個10萬元的新帳戶開始交易，假設帳戶總停損為10%，交易策略的盈虧比為2，單筆停損5%，半倉操作。第一筆交易風險是2500元，獲利是5000元。

甲第一筆交易成功，5萬元賺10%，為5000元。第二筆交易採用單筆金額停損，5000元的獲利加上2500元，總計7500元作為單筆停損金額。理論上交易者可以投入15萬元（能夠加槓桿的情況下）進行交易，如果失敗，實際效果也等同於第一筆交易失敗，本金損失2500元。

現金帳戶的情況下，全倉（10.5萬元）操作失敗，5%的虧損後是99750元，交易者本金只損失了250元。假設第二次成功，則獲利10500元，總資金變成115500元。

乙第一筆交易失敗，5萬元虧損5%，為2500元。第二筆交易只能繼續半倉操作，如果繼續虧損，損失為2375元，本金就損失了4875元，變成95125元。

在大數法則的約束下，同樣的交易策略，完全可能出現甲乙兩人的情形。甲兩次交易後，全倉操作可以承擔連續失敗3次的風險，帳戶資金變為99027元。乙只能繼續半倉操作，期待帳戶回本。

很明顯，帳戶風控的動態管理與第一次交易的成敗關係極大，合理的做法是降低第一筆交易的風險。上面的案例中，交易者第一筆交易的風控資金2500元，可以分為兩次。

第一筆交易以25%的倉位操作，如果成功，依托第一筆的獲利，第二筆交易就放大倉位；失敗則繼續降低倉位，以12.5%的倉位操作，從而減緩對帳戶的傷害。

這個方法也適合已經獲利帳戶的反向管控，當總市值明顯降低時，交易者快速縮小總倉位，防止大幅度回吐獲利。

例如，甲兩次成功操作後帳戶資金為 115500 元，第三次全倉操作停損離場，虧損 5775 元，帳戶資金縮水為 109725 元。如果第四次操作再次全倉虧損離場，則會虧損 5486.25 元。第三次和第四次合計虧損 11261.25 元，接近帳戶最高總市值 115500 元的 10%。

因此，第四次操作就不能全倉，需要降低倉位。簡單的處理方式可以為：全倉操作失敗後，隨後的交易改為半倉操作，防止總帳戶虧損 10%。千里之行，始於足下，古人誠不欺我。

第 7 章

學會了嗎?自我練習題——
風控、讀圖及操作!

連巴菲特也佩服──風控》讀圖》交易心法，讓你的利潤奔跑！

7.1 裸 K 線交易者的成長曲線

裸 K 線交易法認為，交易是一種技能。如同其他所有技能一樣，交易經由學習和練習，確實能夠提高交易者的交易技能。華爾街眾多機構和教練，經由對裸 K 線學員的長期追蹤，在大量的數據基礎上，「畫出」裸 K 線交易者的典型成長曲線。

7.1.1 掌握交易最根本的技能

交易領域最根本的技能是風險控制。在沒有掌握風險控制技能之前，交易者談不上任何有意義的成長。一個能夠有效控制風險的交易者，遲早會成長為優秀的交易員。

風險控制的目的並不是不賠錢，而是「小虧」。如果交易者首先能夠做到單筆交易小虧，進而做到帳戶總資金小虧，就會獲得不敗而後勝的優勢。

舉例來說，一個沒有任何技術分析能力的初學者，採用隨機入場的做多模式。

第一，資金分為8份，每份占12.50%。

第二，單筆交易設置8%的停損。

第三，設置每週和每月的最大虧損額。每週或是每月達到虧損額，週期內剩餘時間不交易。

第四，首次使用1份資金進場，初始停損為進場價的8%。如果價格上漲出新高，就以進場價和上漲最高價的平均值為參考點，並以參考點的8%停損（抬高停損價）。隨後把參考點視為新的進場價，重複這個過程，直到停損離場，整個過程不加倉。

第五，賺錢離場後再次進場交易（更換交易品種或是空倉4天），操作增加1份資金，直到全倉；賠錢後則減少1份資金，降低到12.50%後就不變。

如果案例中的初學者嚴格執行5條規則，賺錢的可能性很高，至少不會大虧。原因在於看似簡單的5條規則，事實上使用了總資金分倉、單筆停損、固定時間內金額停損、抬高停損位、贏錢加倉（虧錢減倉）這5種重要的風控措施，足以應對各種市場風險。

以第三條為例，只能做多的初學者連續幾次虧損後，達到了單週的虧損額度，說明市場正處於下跌趨勢中，這條規則就能夠強迫初學者暫時離開市場。

上述5條規則中，只有第四條中的「如果價格上漲出新高，就以進場價和上漲最高價的平均值為參考點」和第五條中的「更換交易品種或是空倉4天」與技術分析和交易策略有關，其餘規則都是風險控制措施，由此可見風險控制能力對於交易者的重要性。

事實上，風險控制的知識並不複雜，確定規則也不難，難點在於執行。交易者需要大量的練習，才能把風險控制變成最根本的交易本能。

連巴菲特也佩服──風控》讀圖》交易心法，
讓你的利潤奔跑！

7.1.2　成長曲線的四個階段

大量研究表明，裸K線交易者的成長曲線分為四個階段，如圖7-1所示。

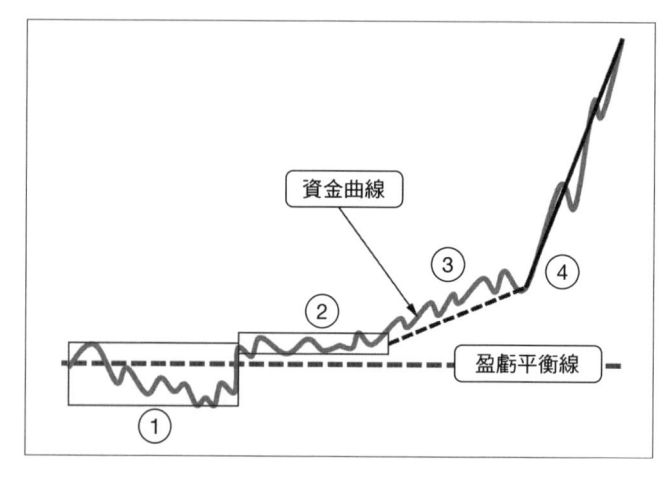

▲ 圖7-1　交易者成長曲線

（1）基本技能和基礎知識的學習：基本技能中，風險控制能力是核心；基礎知識大致對應本書第1～3章的內容，初學者一般需要3個月左右的時間。這個階段初學者不要試圖賺錢，重要的是要學會「小虧」。

因此，圖7-1中①對應的資金曲線，通常在盈虧平衡線下方一點，意味著初學者的小幅虧損。

（2）強化學習和練習：這個階段的學習對應本書4～6章的內容；練習則主要針對不同的交易策略，大量類比練習或是小週期實戰，初學者需要3到6個月的時間。

這個階段最重要的特徵是初學者開始賺錢了，但是賺得很少。原因

在於這個階段的重點,為練習基本的交易策略,並且採用小週期實戰,勝率自然不會太穩定,盈虧比也不會太高。

（3）一致性小幅獲利：這個階段主要是對本書第4～5章內容的深入學習,並且在更大的時間週期上實戰,一般持續6到12個月的時間。進入這個階段後,不能再稱為初學者,應該稱為交易者。一般情況下,交易者會逐漸形成自己的風格。這個階段的實戰操作,一般會嚴格按照交易策略的盈虧比主動停利,資金曲線開始呈現斜率不大的上漲趨勢線。

（4）一致性大幅獲利：成功經由前三個階段的交易者,開始向優秀交易者的目標前進。優秀的交易者能夠識別並掌握市場重大的交易機會,資金曲線呈現大斜率的上漲趨勢線型態。

需要注意的是,上述的時間數據主要來自華爾街大中型機構的內訓,或是裸K線交易法的培訓機構。換句話說,數據中的交易者都有特定的導師或是教練。即使在這樣的條件下,初學者進入第四階段也需要12至21個月。一般交易者既要做學習者,又要做督導人,可能需要更多的時間。

7.1.3　成功交易者的三大特質

華爾街的研究表明,成功的交易者都具備不可或缺的三大特質,分別是紀律、專業和貪婪。

（1）紀律：在不確定的市場中,唯有嚴格遵循風險控制的紀律,才能讓交易者「小虧」。紀律能讓交易者長期留在市場、讓交易者保住牛市的獲利,且能讓交易者躲過熊市的大跌,一輪牛熊市後開啟新的牛市。

新牛市中,有紀律的交易者帶著上一輪牛市的獲利進場；沒有紀律

的交易者,最大的期望則是解套。兩輪牛熊市後,一開始起點相同的交易者,自然顯現出雲泥之別。

（2）專業:任何領域,都只會獎勵真正的專業者。掌握交易的專業技能,只有大量學習和練習,沒有任何捷徑。

（3）貪婪:這是成功交易者進化到優秀交易者的關鍵。當交易者站在市場正確一方時,必須能夠守住自己的籌碼,甚至加大自己的籌碼。這個時候,貪婪就是勇氣的本源。

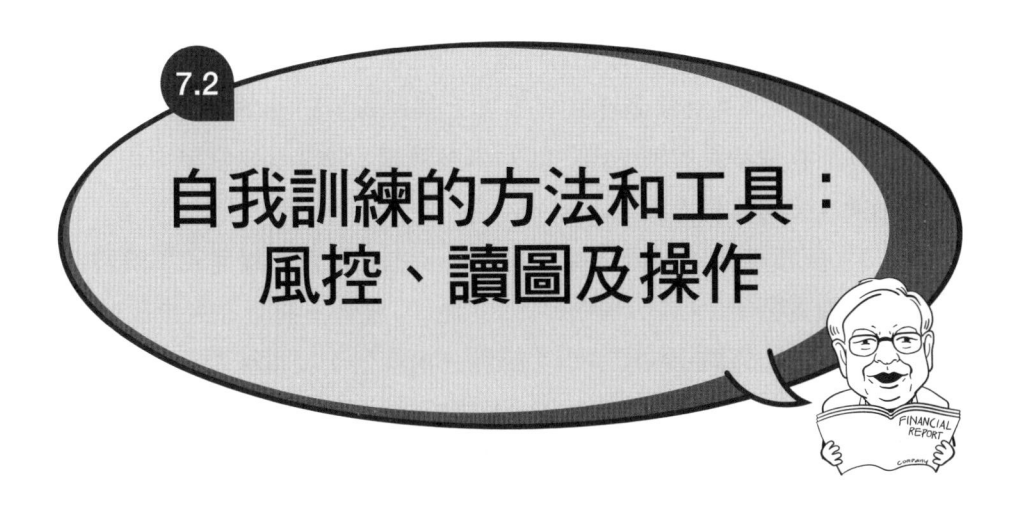

7.2 自我訓練的方法和工具：風控、讀圖及操作

交易技能與駕駛技能本質上沒有區別，訓練的原理和過程也大同小異。現實中，幾乎所有的人都能拿到駕照上路，但優秀的交易者卻並不多見。原因在於每個駕駛員都經過一整套科學的訓練，而多數的交易者只能摸索前進，自我訓練。

裸K線交易者的自我訓練，需要正確的方法和有效的工具，從實踐的角度是「風控＋讀圖＋操作」的交易法，即是風險控制、讀圖和操作三種基本技能的綜合應用。

所有技能類的訓練邏輯都是先練分解動作，再練組合動作，最後才是綜合練習。裸K線交易者的自我訓練也要遵循這樣的原則。

7.2.1　練習，再練習，反覆練習

「練習，再練習，反覆練習」不是簡單重複練習，而是對同一個特定知識點（技能）的遞進練習。以讀圖練習中的孕線為例：

（1）練習：交易者只在圖表中找出孕線，並標記出來。大量的練

習後，交易者能夠一眼識別出任何圖表中的孕線。

（2）再練習：交易者在圖表上加上輔助線，研讀孕線與輔助線的關係，逐漸感受孕線與輔助線之間的內在邏輯。輔助線練好了，再疊加價格結構、交易背景等要素。

（3）反覆練習：練習孕線交易策略，主要是類比操作和風險控制下的小規模實戰。

任何一個知識點（技能）以「練習，再練習，反覆練習」作為一個循環，一般需要練習2到3個循環。開始階段一切都要簡單，簡單的知識點、簡單的讀圖、簡單的技術分析，構成簡單的交易策略，形成明確的練習方案。這樣訓練方案標準明確，交易者能夠自我督導。

一段時間後，交易者可以擬訂相對複雜的訓練方案，例如「逆轉訊號K線+假突破交易策略」。相對複雜的訓練方案也必須遵循「練習，再練習，反覆練習」的基本方法。

7.2.2　交易記錄和復盤

與交易數學中的交易記錄不一樣，訓練階段的交易記錄重點在於對「交易動作」的記錄和分析。

一份夠用的交易記錄，要完整呈現裸K線交易法的「三等二算」。例如，交易者練習「支撐線和壓力線的區間交易策略（做多）」。

第一，價格運行到壓力線附近時，交易者擬訂交易計畫，並做第一張截圖。

第二，價格回落到支撐線附近，交易者做第二張截圖。截圖時需要標注買進的可能小型價格區間。

第三，訊號K線或是窄幅收斂型態出現後，做第三張截圖。

第四，進場做第四張截圖，標注停損價和停利價。

第五，離場做第五張截圖。

第六，離場幾天後做第六張截圖。

早期的復盤分析最好使用截圖，而不是在行情軟體上進行，原因在於行情軟體後續的價格走勢會干擾復盤的效果。很多交易者認為復盤分析唯一正確的答案是後續真實的走勢，事實上並不是如此，其僅是多種可能走勢中的一種。

交易者要牢記，復盤分析的重點不在於盈虧，而在於是否遵循了特定交易規則。

7.2.3 建立個人的交易優勢

交易者在大量的練習過程中，必然能夠逐漸感知到自己的交易偏好，進而確定個人的主要交易策略。

任何一種交易策略都是針對特定的價格行為，任何一種特定的價格行為都是一個過程。更重要的是，在特定價格行為沒有完成之前，隨時都可能轉化為另外一種價格行為。

當交易者確定個人的主要交易策略後，需要針對這種交易策略重新做2到3輪的「練習，再練習，反覆練習」強化訓練。並在訓練過程中理解交易策略的底層邏輯和重要技術，找出「對路」走勢的關鍵節點。由此，交易者就建立了個人的交易優勢。

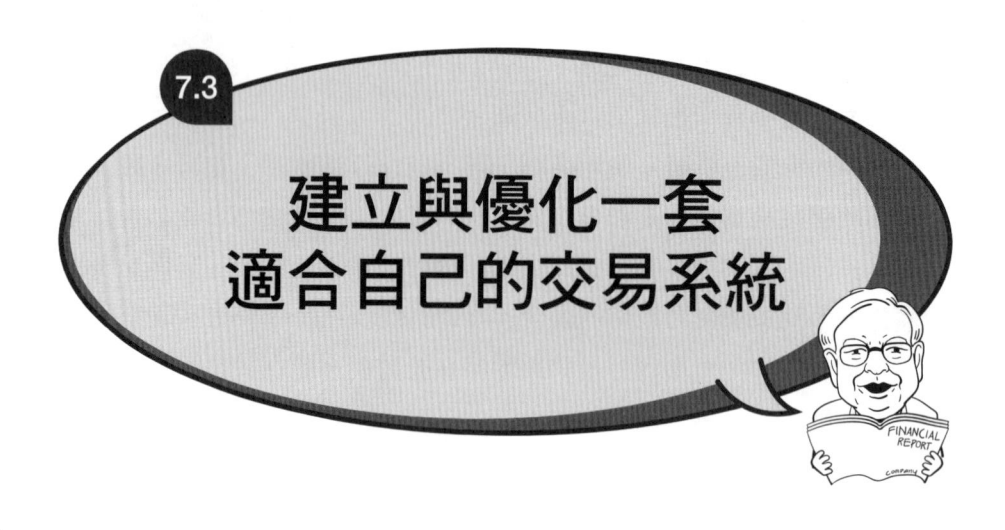

連巴菲特也佩服──風控》讀圖》交易心法，讓你的利潤奔跑！

7.3 建立與優化一套適合自己的交易系統

從初級訓練到建立個人的交易優勢，是一個由簡到繁的過程，建立和優化適合自己的交易系統則是要化繁為簡。交易者要牢記，任何交易系統都有一個基本的前提，即必須滿足帳戶風險控制的所有要求。

7.3.1 尋找和掌握高品質的交易機會

再次回到裸K線交易法的本源：尋找和掌握高品質的交易機會。交易者需要根據自己的交易系統，來定義「高品質」的標準。一般來說，在特定交易系統的適用階段，交易者能夠假設該交易系統具備相對穩定的勝率和盈虧比。因此，「高品質」的標準主要有以下兩點。

（1）波動率：根據交易數學的結論，交易者的實際期望值與波動率正相關，這時，高品質就等同於潛在的高獲利率。股市的波動率通常大於其他市場，在不考慮加槓桿的情況下，太頻繁的停損除了會降低勝率，更大的副作用是在追蹤停損中會過早離場，失去很多利潤。

（2）時間成本：同樣的獲利率，不同的進場位置導致單筆交易的

持續時間有很大的差異。根據複利公式，持續時間直接決定了 n 的大小。

例如，緩慢的價格運動，獲利20%可能需要耗時20個交易日；快速的價格運動可能只需要4個交易日。如果20個交易日的 n 為1，4個交易日的 n 就是5，複利的結果就會有巨大的差異。

另外，就是多交易策略的融合。本書直到現在，所有的討論都基於單一的交易策略，並沒有把幾種交易策略整合到一個交易系統中。但很多裸K線交易者的交易系統，都是以特定交易策略為核心的多策略組合，以包容對自己有利的價格運動。

例如，一個以「支撐線和壓力線的區間交易策略」（做多）為核心的交易者，當價格接近壓力線時，大陽線強勢突破壓力線。這時，有經驗的交易者很可能不會按照原來的交易計畫離場，而是接著按照「有效突破交易策略」繼續交易。

因此，交易機會的「高品質」也表現在潛在的多交易策略的融合與轉換，能夠持續跟進對交易者有利的行情。

7.3.2　完整的交易系統

任何一個交易策略都有底層邏輯和規則表述。所謂化繁為簡，就是用清晰明確的簡要規則，覆蓋底層邏輯的多數情形。

以「有效突破交易策略」為核心的交易系統為例，交易系統不需要找出所有的突破行情，也不需要做足整段行情；同時，交易系統會進入一些不對路的行情，也可能出現行情對路交易虧損的情形。但是，交易系統能夠掌握多數走勢相對標準的行情。換句話說，交易系統要有相對穩定的勝率和盈虧比。

一個完整的交易系統不在於文字的多少，或是規則的詳盡，關鍵在

於要包括三大基本要素,即風險控制、特定價格行為的底層邏輯和買賣規則。

很多交易者往往在買賣規則上下大功夫,而忽略風險控制和特定價格行為的底層邏輯。例如,趨勢結構分為強趨勢、正常趨勢和弱趨勢。如果某個趨勢交易系統的底層邏輯沒有考慮這個因素,其買賣規則下的勝率就會不穩定,也很難做好風險控制。

一般情況下,一個完整的交易系統,第一步是要從特定的價格行為出發,擬定特定的交易策略。第二步是特定價格行為對應的波動率,交易者能否做有效的風險控制。

第三步才是利用輔助線和訊號 K 線擬定買賣規則。第四步是篩選潛在的交易品種,也就是選股方法。第五步是最重要的 —— 動態監測該交易系統的適用條件。所謂的適用條件,就是要滿足交易數學中的大數法則。例如,做多的交易系統需要大盤配合,也需要交易品種比大盤強勢。

7.3.3 交易計畫的前置工作

在本書的最後,必須要討論一下交易者熟悉又陌生的概念 —— 交易計畫。

裸 K 線交易法的交易計畫,是一系列前置工作的落腳點和真實交易的出發點。以簡單的孕線做多交易策略為例:

第一,大盤處於多頭,至少處於橫盤階段,滿足做多交易策略的適用條件。

第二,交易品種表現比大盤強勢。

第三,交易品種出現訊號 K 線,這裡指孕線。

第四,以孕線交易策略正常的盈虧比 1 測算上漲空間,買進價和停

利價之間沒有重要的壓力線。

　　第五，以停損價和可能的進場價為參考，按照風險控制的規則，確定投入的交易資金。

　　第六，價格超過孕線的最高價進場，並以孕線的最低價做停損參考點。

　　第七，等待，讓價格自己運動。如果到了停利價就離場；觸及停損價也會被動離場。

　　一些交易者的交易計畫可能只涉及第五條，有些人甚至沒有停損設置；第六條和第七條，可能是很多交易者交易計畫的全部內容。

　　事實上，即使是最簡單的交易策略，裸K線交易者都需要完成必需的前置工作。沒有前置工作的交易計畫，在裸K線交易法中都屬於隨機交易的範疇，是錯誤的交易行為。

7.3.4　建立與優化交易系統是一個漸進的過程

　　交易者建立自己的交易系統是一個過程，合理的方法是先建立一個簡單的交易系統。簡單，首先是針對的價格行為要簡單，對應的交易策略就不複雜；然後在簡單的模型上，逐漸疊加交易系統所必需的要素，逐漸理解交易系統的本質。

　　例如，以孕線為核心，建立一個簡單的交易系統。

　　第一步，加上大陽線標準。

　　第二步，加上孕線在大陽線中點之上的標準。

　　第三步，加上多根孕線的標準。

　　第四步，加上**趨勢線**標準。

　　第五步，加上大陽線上穿關鍵水平線的標準。

　　⋮

這樣疊加後，價格運動就變成「突破後＋強勢壓力支撐互換」的特定價格行為，普通的孕線交易策略就成為「有效突破孕線進場」的交易策略。該策略要求多根孕線的低點在大陽線中點上，可能會影響勝算和風險控制，交易者要繼續修正。

很明顯，「有效突破孕線進場」是一種偏激進的交易策略，需要大盤的配合（擇時），以及交易品種的相對強勢（選股）。這些標準也需要加到該系統中。

對於有經驗的交易者來說，優化的重點是風險控制和適用條件，而不是技術面上的過度細化。這往往是一些交易者的盲區，需要交易數學的知識和結論做基礎。

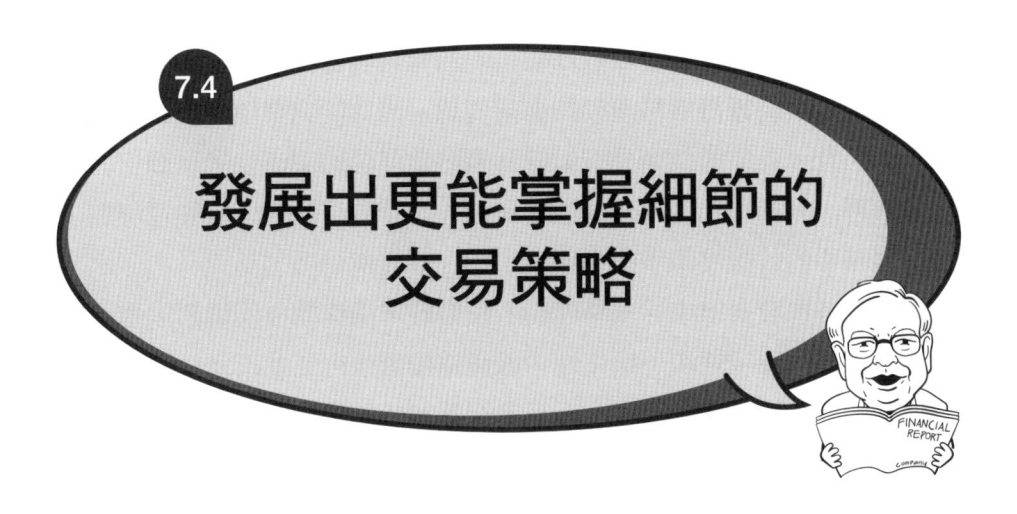

7.4 發展出更能掌握細節的交易策略

進入資訊時代後，一些優秀的交易者在實用層面，再次優化了威科夫的價格循環和價格結構，並衍生出更細節性的交易策略，如圖 7-2 所示，「收斂擴張漏斗模式」就是其中之一。

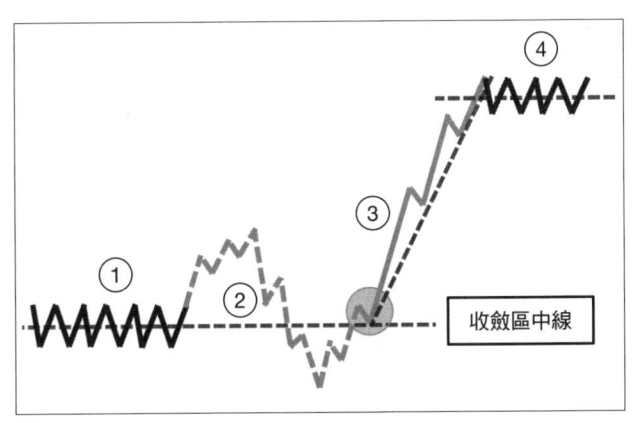

▲圖 7-2　收斂擴張漏斗模式

前資訊時代的交易者多數以報紙上的報價表參與市場，資訊時代的交易者能夠及時獲得價格運動的海量資訊，因此能夠對價格行為進行更深入的研究。先前的技術分析偏好強調特定理論的廣泛性，試圖用一種理論解釋、分析和預測所有的價格運動。這樣的理論偏好，往往增加了交易實踐中的歧義性和不確定性。

資訊時代發展出來的交易理論，則偏好可操作的技術細節，強調特定價格行為的確定性和可操作性，即使這類價格行為並不常見。能夠這樣做的原因在於，資訊時代的交易者能夠有效地識別與篩選某些特定的價格行為模式，並能夠在交易實戰中有效掌握。以下要介紹的「收斂擴張漏斗模式」分為四個階段。

（1）收斂區：以日線為例，收斂區與道氏理論中的窄幅收斂基本上一樣，連續多日在很小的價格範圍內波動。一般情況下，這是威科夫價格循環的吸籌區或是派發區。

（2）擴張區：擴張區是指擺脫收斂區的慣性，價格進行了上下的擴張運動。

（3）趨勢段：當價格從收斂區的下方重新回到收斂區的中線後，如果中線完成壓力支撐互換的價格行為，隨後就會開始一輪相對快速的趨勢運動。

（4）新的收斂區：趨勢運動結束後，價格重新窄幅運動，形成新的收斂區，對應威科夫的再吸籌區或是派發區。

「收斂擴張漏斗模式」以收斂區中線作為關鍵水平線，並據此作為進場點，以及停損設置的參考點；對路的走勢是走完一段小型趨勢；停利標準之一是小型趨勢重新轉為收斂型態。很明顯，這是一個高盈虧比和低時間成本的交易策略，同時也能夠有效控制風險。

如圖7-3所示，案例中的收斂區是一個稍微向下傾斜的吸籌區，隨後向上強勢擴張並跌到收斂區下方。當價格回到收斂區中線上方後，開

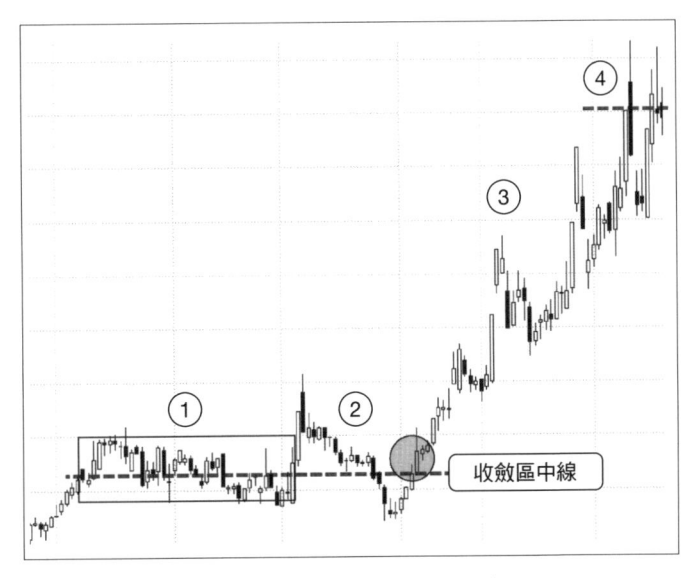

第 7 章　學會了嗎？自我練習題──風控、讀圖及操作！

▲ 圖 7-3　收斂擴張漏斗模式案例

始一段快速的上漲趨勢。

如圖 7-4 所示，黑色圈 ①②③ 是一個大型的「收斂擴張漏斗模式」。白色圈 ① 收斂區的持續時間屬於正常情況；白色圈 ② 收斂區的持續時間偏短，只能在 30 分鐘 K 線圖上看見清晰的結構。

「收斂擴張漏斗模式」除了收斂區持續時間的差異外，還有一種常見的形式。如圖 7-5 所示，價格向上擴張後，向下擴張得到了收斂區中線的有效支撐。

圖 7-6 中的案例，還可以採用裸 K 線交易法中其他的交易策略。① 號線作為支撐線，② 和 ③ 都可以作為壓力線。

① 和 ② 組合，案例中的價格運動就是向上假突破接向下假突破；有效突破後回檔 ② 號壓力線，完成壓力支撐互換。① 和 ③ 組合，價格運動是向下假突破後，向上突破 ③ 號壓力線，回檔穿越 ③ 號壓力線後，再次突破。

251

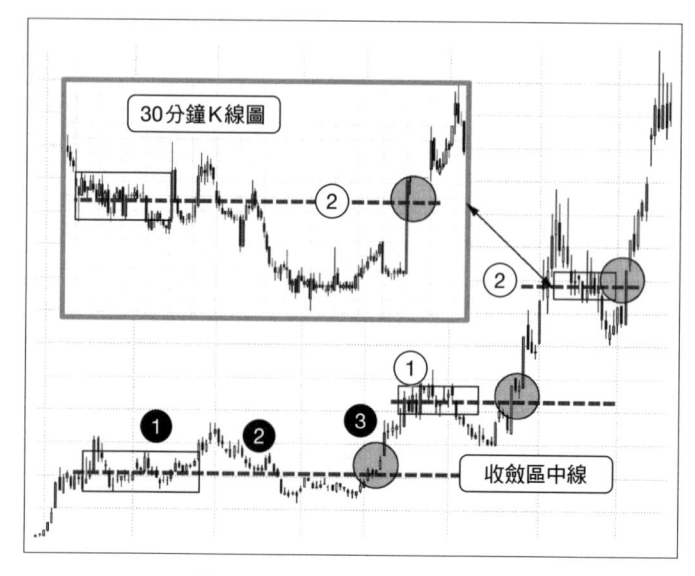

連巴菲特也佩服——風控》讀圖》交易心法，
讓你的利潤奔跑！

▲ 圖 7-4　收斂擴張漏斗模式的類型

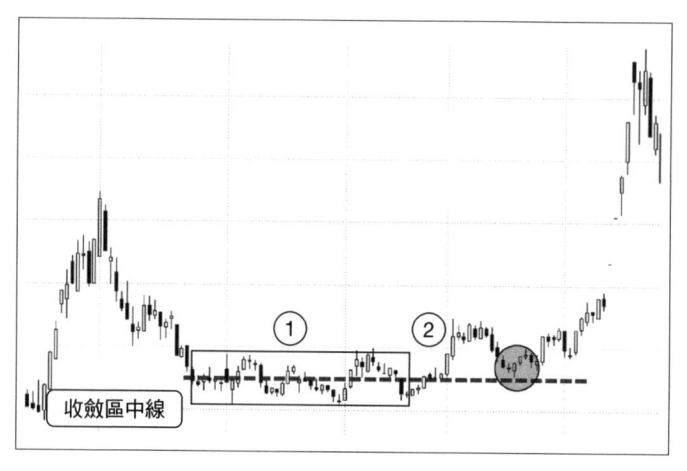

▲ 圖 7-5　收斂擴張漏斗模式的變形

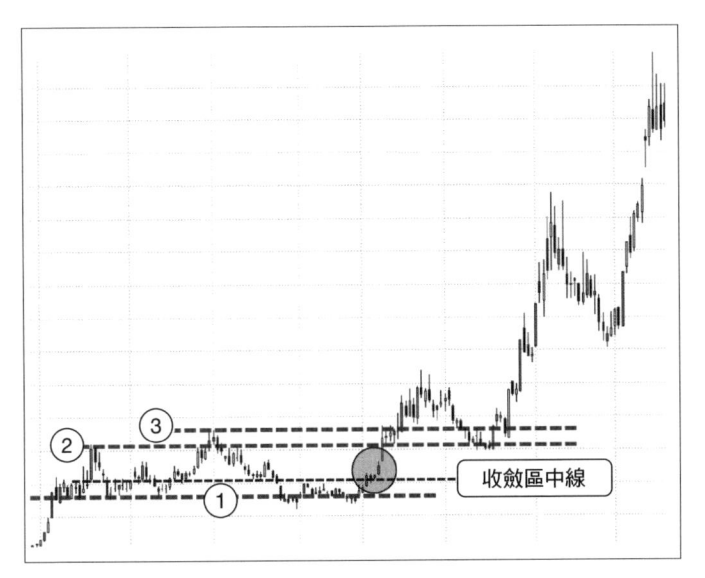

第 7 章　學會了嗎？自我練習題──風控、讀圖及操作！

▲ 圖 7-6　不同交易策略的比較

　　圖 7-6 中的案例表明：「收斂擴張漏斗模式」的風險控制和時間成本更具優勢。需要注意的是，僅僅是案例中的走勢能夠得出這樣的結論，不代表整個市場，或是市場的多數情況都能得出這個結論。真正的結論是什麼，需要交易者自行研判。

　　討論「收斂擴張漏斗模式」的目的在於拋磚引玉。交易者學習和掌握了裸 K 線交易法的基礎工具、技術分析和交易策略後，應該根據個人經驗，逐漸形成適合個人的交易策略。

　　這樣的交易策略基於裸 K 線交易法的原理，疊加了交易者個人的交易經驗，才能成為交易者真正可以依賴的交易訣竅。

7.5 化繁為簡，學習把交易融入生活

人不是，也不能為交易而生，交易只能是生活的一部分。

多數的交易者通常是「兼職」的交易者，交易是理財的重要手段之一；即使是專業的交易者，交易也只是一份工作。但是，交易事實上是最直接的金錢遊戲，而金錢誘惑往往讓人失去了平常心，一些人不幸成為「交易的奴隸」。交易的奴隸把交易作為生活的全部，這是巨大的錯誤。

所有成功的交易者都需要把交易融入生活，就跟會開車一樣，這是一種技能，能夠提高生活的品質，僅此而已。

把交易融入生活的關鍵點在於，交易節奏要與生活匹配。交易節奏主要由交易者的主要時間週期決定，日線適合絕大多數的交易者。交易系統化繁為簡後，交易者不需要繼續大強度地學習和練習，如同拿到駕照後不會再去駕訓班上課。

堅持經過市場驗證的交易系統就好，人生很長，慢慢做。

國家圖書館出版品預行編目（CIP）資料

連巴菲特也佩服——風控》讀圖》交易心法，讓你的利潤奔跑！：公開專家「裸K線操作法」實戰筆記／胡雲生著．－新北市：大樂文化有限公司，2025.5（優渥叢書Money；087）
256面；17×23公分
ISBN 978-626-7422-93-9（平裝）
1. 股票投資　2. 投資技術　3. 投資分析
563.53　　　　　　　　　　　　　　　　114004398

Money 087

連巴菲特也佩服——
風控》讀圖》交易心法，讓你的利潤奔跑！
公開專家「裸K線操作法」實戰筆記

作　　者／胡雲生
封面設計／蕭壽佳
內頁排版／王信中
責任編輯／林育如
主　　編／皮海屏
發行專員／張紜蓁
財務經理／陳碧蘭
發行經理／高世權
總編輯、總經理／蔡連壽
出　版　者／大樂文化有限公司
　　　　　　地址：220新北市板橋區文化路一段268號18樓之一
　　　　　　電話：（02）2258-3656
　　　　　　傳真：（02）2258-3660
詢問購書相關資訊請洽：2258-3656
郵政劃撥帳號／50211045　戶名／大樂文化有限公司

香港發行／豐達出版發行有限公司
地址：香港柴灣永泰道70號柴灣工業城2期1805室
電話：852-2172 6513　傳真：852-2172 4655

法律顧問／第一國際法律事務所余淑杏律師
印　　刷／韋懋實業有限公司

出版日期／2025年5月22日
定　　價／330元（缺頁或損毀的書，請寄回更換）
ＩＳＢＮ／978-626-7422-93-9

版權所有，侵權必究　All rights reserved.
本著作物，由清華大學出版社獨家授權出版、發行中文繁體字版。
原著簡體字版書名為《裸K線技術分析與交易》。
非經書面同意，不得以任何形式，任意複製轉載。
繁體中文權利由大樂文化有限公司取得，翻印必究。